寺内正毅と近代陸軍

堀 雅昭
Hori Masaaki

◉弦書房

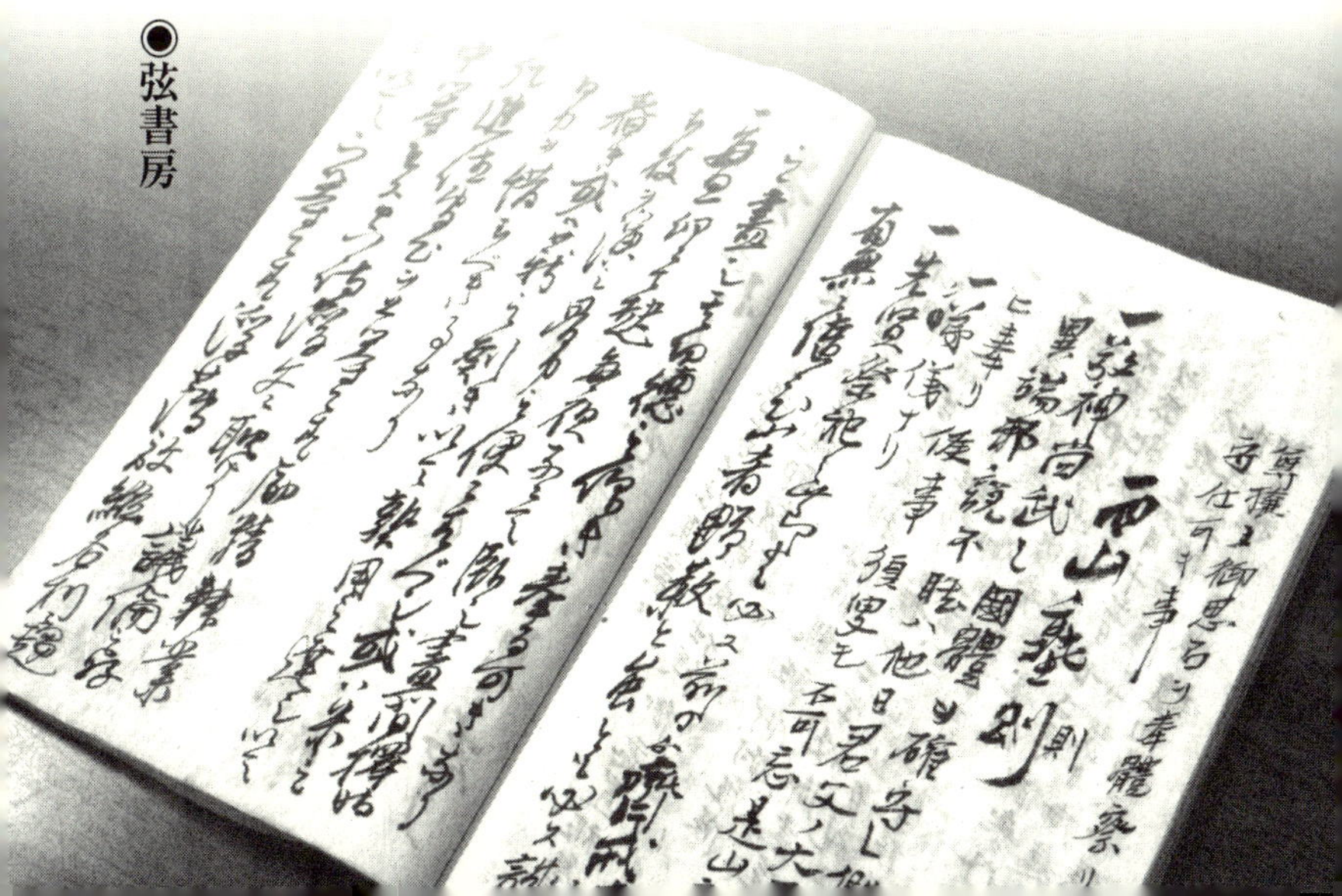

装丁＝毛利一枝

〔カバー表写真〕
陸軍大臣時代の寺内正毅（山口県立大学所蔵）
〔カバー裏写真〕
朝鮮総督府庁舎の塔屋部（山口県立大学所蔵『朝鮮総督府庁舎新営誌』より）
〔カバー折返し〕
寺内正毅自筆の「ビリケン」顔の自画像（山口県立大学所蔵）
〔本扉写真〕
寺内正毅自筆「西山塾則」（陸上自衛隊山口駐屯地内「防長尚武館」所蔵）

目次

はじめに

寺内正毅《てらうちまさたけ》といえば朝鮮統治で血も涙もない武断政治をした、シベリア出兵の撤退時期を逸した、などで名が挙がる。伊藤博文、山県有朋、桂太郎につづく四人目の首相だが、近代史で肯定的に語られた記憶は、まずない。

これまで『井上馨』や『鮎川義介』を上梓したが、陸軍関係はあまり視野に入れてこなかった。陸軍は長州閥と言われるが、研究者が興味を持つのは山田顕義や山県有朋、せいぜい桂太郎や児玉源太郎、田中義一どまりであろう。

陸軍大臣を一〇年間も務めたのに、ここでも寺内は忘れ去られた。どうしてそうなったのか。かなり前から気になっていた。

幸いにも寺内の旧邸近くの山口県立大学に、寺内家から寄贈された二万点に及ぶ資料「桜圃《おうほ》寺内文庫」がある。近くの陸上自衛隊山口駐屯地の「防長尚武館《ぼうちょうしょうぶかん》」にも関係の資料が多く保管されていた。『寺内正毅日記』も明治三三年から亡くなる前年の大正七（一九一八）年までが活字化され、比較的手軽に読める。

そこで、これらの資料を閲覧、解読するうちに寺内が右腕に障害を持った軍人であったことを知った。明治一〇（一八七七）年の西南戦争（田原坂の戦い）で西郷軍に撃たれて右腕を負傷し、以後は左手で敬礼しながら明治一五年末から同一八年末（帰国は同一九年一月）まで、フランス公使館の武官としてパリを中心に過ごした。このときのフランス体験が、近代的な陸軍軍人としての寺内の背骨を作っていた。

もう一つ見えてきたのが、明治四〇年代からはじまる玄洋社系のアジア主義者たちとの濃厚な付き合いだった。杉山茂丸、内田良平、頭山満たちとの連携だ。

彼らが日韓併合における在野側の推進者で、併合後は寺内が初代朝鮮総督に赴任して朝鮮半島の近代化を手がける。悪名高い武断政治も、このときに行われたが、その実行者も玄洋社系の明石元二郎であった。しかし、ともあれ寺内は最初の五年間で京城（現、ソウル）の民主化と近代化をほぼ完成させていた。大正五年に朝鮮を視察した吉野作造も、モダンになった京城の繁栄を素直に讃えている。鉄道、道路、病院建設、植林、農地拡張、学校新設、工場創業など、李王家崩壊と身分制の解体に沿った近代化政策が、寺内のもとで成果を上げていた。

大正五年一〇月に第一八代の総理大臣となるが、二年後の大正七年九月にはシベリア出兵の失敗と米騒動で辞任し、大正八年には六七歳で亡くなる。ところがよく見ると、寺内はギリギリまでシベリア出兵を拒んでいた。それを玄洋社系人脈と後藤新平たちが煽ったのだ。

寺内が陸軍大臣だった日露戦争期に、部下の明石元二郎がロシア革命工作を行い、帝政ロシアを裏側から揺さぶった。しかし大正六年にソビエト共産主義が生まれると今度はそれが新たな脅威となったので、アジア主義者たちの緩衝国創設プラン〔※1〕と連動して、シベリア出兵は実行されていたのである。白樺派の武者小路実篤が宮崎県で「新しき村」運動をはじめたように、軍事分野の「新しき村」運動が寺内のシベリア出兵だったと見ることも出来よう。昭和期の満洲建国の直接的な発端ではないが、先駆的な実験にはなっていた。

そしてまた玄洋社系人脈と寺内が手を結んだ背景も、寺内が若き日に師事した大楽源太郎《だいらくげんたろう》の系譜の延長線上にあったことが浮かび上がって来たのである。

〔※1〕旧ロシア領のグロデコボにおけるロマノフ王朝末裔ホルワット将軍を首班に据えたホルワット政権の樹立計画などを指す（第五章参照）。

「二つの攘夷」と「二つの保守」

大楽源太郎は開国後も攘夷を主張した長州藩士である。寺内は幕末に大楽の門に下った。しかし維新後、西洋派の大村益次郎を暗殺する逆賊が門下から現れ、大楽自身も新政府と対決する脱隊兵騒動の扇動者となる。このため長州を追われた大楽たちは九州に逃げ込み、久留米藩を巻き込んで維新のやり直しを企てた。幕末に久留米藩は真木和泉《まきいずみ》たちが長州藩の尊皇攘夷派と連携し、討幕維新に奔走したが、新時代を迎えると置いてけぼりを食い、新政府に不満を抱く藩士たちであふれ返っていたのである。しかし新政府の厳しい追及により、藩士にまで責任が及ぶことを恐れた久留米藩士たちの手で、大楽は明治四（一八七一）年三月に筑後川畔で処刑される。世にいう久留米藩難事件だ。このとき寺内は逆賊の門人となったのである。

攘夷はここで一度挫折した。しかし「挫折した攘夷派」の精神は、日本一国での攘夷が無理ならアジア諸国と連携した〝新たな攘夷〟としての征韓論を用意した。佐賀の乱や萩の乱、西南戦争の底流に、膨張的アジア主義の思想が流れていたのは、そのためだ。

より高い次元から維新のやり直しが行われてはたまらぬと感じた新政府は、彼らを圧殺して精神まで飲み込む。こうして亡霊となった大楽の魂、すなわち後のアジア主義が「大日本帝国」に宿るのである。

したがって攘夷には明治維新を挟んで二段階があった。

第一段は幕末までの水戸学的攘夷で、長州藩では寺内の師であった大楽の攘夷主義もそのひとつだった。しかし前述のように開国期に久留米藩難事件として挫折した。

第二段は、その「挫折した攘夷派」の精神が、アジア諸国と連携する形で、改めて西欧と対峙する姿で輪郭を現わしたアジア主義だ。萩の乱の残党である頭山満の名で知られる福岡の玄洋社はその代表だった。その勢力の一部は、内田良平の黒龍会を生み出し、いずれも寺内の後半の人生と深く関わる。

維新開国において勝者となった欧化主義と、敗れた側の「挫折した攘夷派」の二つの保守が、大東亜戦争（アジア・太平洋戦争）の敗戦まで同居し、近代史の光と影を主体的に作ったと、私は考える。「挫折した攘夷派」はアジア主義、さらには民権運動や国権主義に派生し、ときには戦争さえ焚きつけながら帝国日本を右へ左へと揺さぶった。彼らにすれば戦争はビジネスチャンスであり、革命に似たパラダイムの転換であった。そして実際、手に入れた台湾、朝鮮、満洲は未来につながる国益を生み出し、アジア近代化の推進力となっていった。

一方で橋川文三が「近代日本と中国」（『橋川文三著作集　7』）で指摘したように、横井小楠や佐久間象山たちが抱いた「高貴な大国としての中国というイメージ」を内包した「日清提携の思想」も並行して存在した。このため「挫折した攘夷派」の精神も同じ位相において提携か、侵略か、というアンビバレント（両面価値的）な近代史を演出することになった。

その境界線上にいたのが寺内正毅だった。なぜ置き去りにされたのか。その実像はどうだったのか。

戦後初の評伝となる本書で、そのことを解き明かしたい。

堀　雅昭

《凡例》

一、正式には藩主の居る場所を冠して萩藩、幕末には藩主が山口に移ったことで山口藩と呼ぶが、俗称として長州藩という呼び方もある。本稿では煩雑さを避けるため、一般的によく使われる長州藩を多用した。

一、朝鮮の名称は、明治三〇年一〇月一二日に高宗《こじょん》が即位したことで朝鮮から大韓帝国、すなわち韓国に名称が変わり、明治四三年八月二二日の日韓併合に際して朝鮮に戻ったのが公式である。しかし正確に書き分けることが不可能なため、本書では「朝鮮」と「韓国」の表記が混在している。

一、「征韓」・「征韓主義」の言葉の使い方について——幕末の吉田松陰の「幽囚録」以来輪郭を露わにした「征韓」思想を一つの起点とし、大日本帝国成立後のアジア主義の源流の意味を持たせた。日本側の軍事力を伴う朝鮮開国と、その後の新体制樹立及び日本との連携まで含めた朝野両側の外交意識として用いた。

第一章

大楽源太郎《だいらくげんたろう》と寺内正毅《てらうちまさたけ》

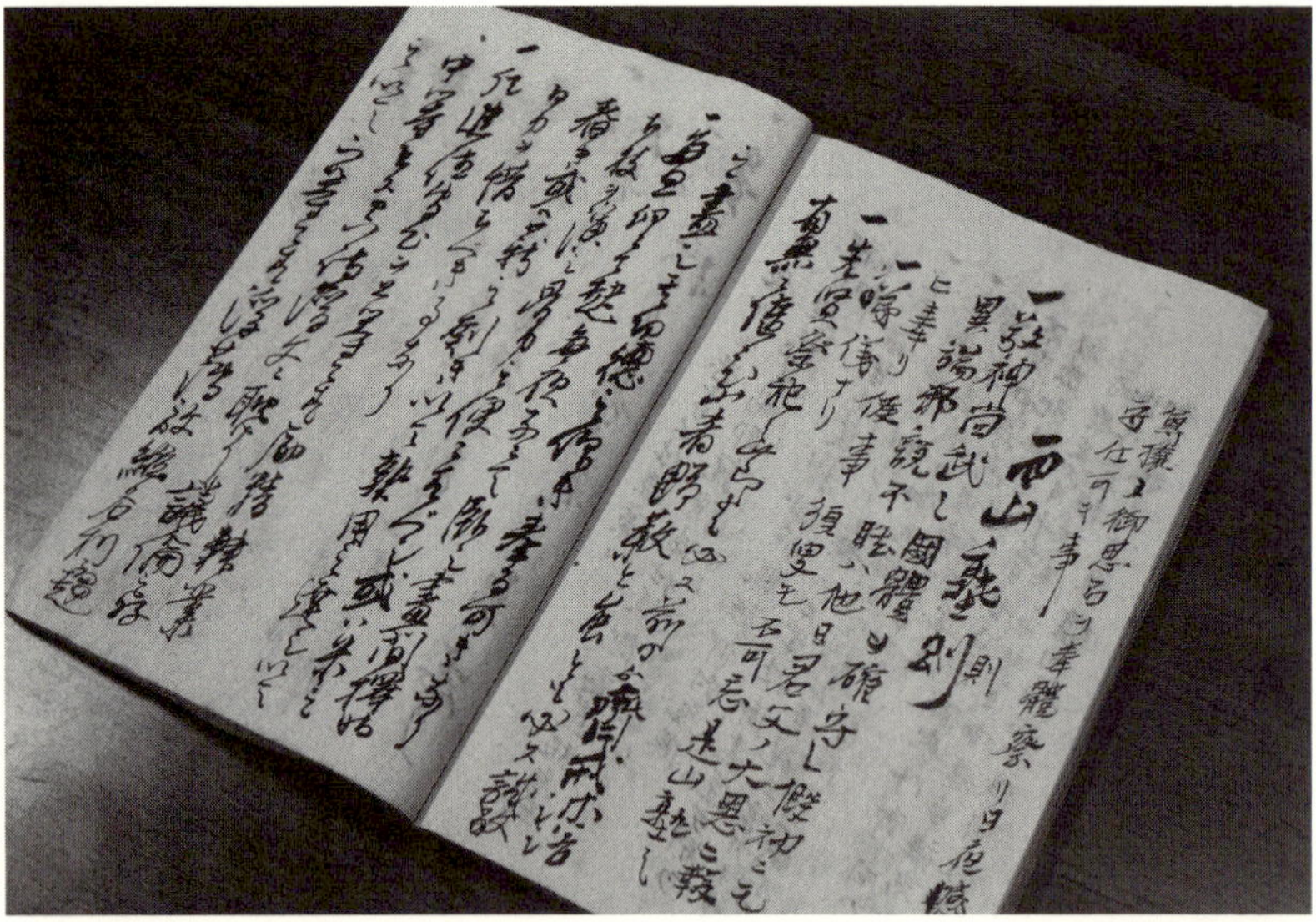

寺内正毅自筆「西山塾則」（陸上自衛隊山口駐屯地内「防長尚武館」蔵『他人不可披見　備忘記
正毅』所収）

此《こ》の世は假《かり》の世

幕末の長州藩では身分にとらわれない「諸隊《しょたい》」が誕生した。

文久三（一八六三）年六月に、高杉晋作が下関の白石正一郎邸で立ち上げた奇兵隊が最初だが、発想のルーツは吉田松陰が安政五（一八五八）年九月に書きあげた「西洋歩兵論」にあった。藩士だけの「正兵」に対して、農民や町人まで含む「奇兵」の隊が生まれたのは、攘夷のために実戦重視のゲリラ隊が必要だったからだ。奇兵隊が立ち上がると、同じような隊がつぎつぎと誕生し、これらを総括して諸隊と呼んだのである。

彼らはやがて身分を越えた隊の宿命として、身分制度を担保した幕府そのものにも矢を引くことになる。討幕軍への変容だ。それが更に〝官軍〟となる。

その転換点は元治元（一八六四）年の禁門の変（蛤御門の変）だった。

長州藩は京都の御所に兵を進め、孝明天皇を建設中の山口城に連れて来る企てを実行する。だが失敗して福原越後、益田右衛門介、国司信濃の三家老が幕府に責任を取らされる形で一一月に処刑された。このとき奇兵隊は、高杉の命令で一二月に長府功山寺に集められ、守旧派の幕府勢力と正面から対峙する。これに諸隊が合流し、慶応元（一八六五）年の年明け早々から、今の山口県美祢市の大田・絵堂界隈で内乱が始まった。

寺内正毅は、未だ寺内寿三郎を名乗っていた一三歳で、足軽を集めた多治比隊《たじひたい》（『増補改訂　もりのしげり』）に属し、本隊の御楯隊《みたてたい》を助けた。そして幕府勢を追い払い、本陣のあった三田尻（現、山口県防府市の瀬戸内海側）に戻ると、本体の御楯隊に抜擢された。

この御楯隊で隊士たちに読み書きを教えていたのが大楽源太郎だった〔※1〕。

大楽は後に久坂玄瑞《くさかげんずい》の遺稿集『江月斎稿《こうげつさいこう》』の編集をした（慶応四年閏四月一三日付の品川弥二郎宛書簡にそのことを書いている〔内田伸『大楽源太郎』〕）学者である。

吉田松陰とも交流があった攘夷派で〔※2〕、「文久三年京都に在りて尊攘運動に熱中し、事に依りて同志に疎んぜられて帰国し…」と『吉田松陰全集　第十巻』（大和書房版）に見える人物だ。「同志に疎んぜられ」た事件とは、佐幕派と交流のあった京都生まれの絵師・冷泉為恭《れいぜいためちか》を現在の奈良県天理市三昧田町で元治元（一八六四）年五月に暗殺したことと、七月に京都で洋学者・佐久間象山の暗殺未遂に関わった二つである。

そんな大楽も大田・絵堂の内乱を千載一遇の好機とばかりに、現在の防府天満宮の正面鳥居付近にあった円楽坊で忠憤隊《ちゅうふんたい》を慶応元年一月二〇日に立ち上げていた（山口県文書館蔵「羅漢寺大砲方日記」）。ところが活躍の場も与えられぬまま解散させられたことに憤慨し、徹底的に攘夷教育を行う私塾・西山塾《せいざんじゅく》を三田尻で開くのである。

寺内は御楯隊士の栗栖毅太郎に誘われて、この塾の門をたたいた。

山口大学総合図書館の「中山《なかやま》文庫」には西山塾の「退塾生名簿」があり、「寺内寿三郎」の名と「栗栖毅太郎」の名が確認できる。

また寺内が在塾中に記した「西山塾則」も、陸上自衛隊山口駐屯地の防長尚武館所蔵の『他人不可披見　備忘記　正毅』に所収されている【第一章扉裏写真】。その冒頭は、神を敬い武道を重んじる国柄を大切に守り、邪悪な思想に左右されず、将来は主君や父親の恩に報いるべきという熱を帯びた言葉からはじまっている。

慶応二（一八六六）年六月からの四境戦争〔※3〕で、寺内は御楯隊士として芸州口の戦いに出征して現在の広島県廿日市市大野四十八坂で七月から八月にかけて幕府兵と戦う（『防長回天史　八』）。そして休戦となった慶応二（一八六六）年一二月二九日に三田尻の問屋口に四隻の軍艦で乗り入れたイギリスのキング提督たちと、長州藩は武器購入契約〔※4〕を交わした。慶応三（一八六七）年の年明け早々、藩士たちにローンを組ませて新兵器の購入を促す「銃器年譜購入令」を公布し（『もりのしげり』）、これに連動した「大隊編制改革」で二月に御楯隊と鴻城《こうじょうたい》隊が合併して整武《せいぶたい》隊が誕生する。その結果、寺内もスライドして整武隊士となるのである。

慶応三年一一月、薩摩兵が三田尻に到着したので寺内は現在の防府市立華浦小学校の場所にあった八咫烏《やたがらす》神社（現、小烏神社）に他の整武隊士たちと戦勝を祈願し（山口県文書館蔵「三藩連合東上一件」）、自らは残留組として尾道に向い福山城の攻略に取り組む。時を同じくして王政復古の大号令で即席の新政府が誕生。長州藩の諸隊は〝官軍〟にリニューアルされて、慶応四年（一八六八〔明治元〕）年の明け草々の鳥羽・伏見の戦いの火ぶたがきって落とされる。戊辰戦争の開幕だ。寺内は二月に三田尻に戻ると大楽の門に戻り、出陣の命令を待つ。そして六月の東北出兵の命令により、一〇月に整武隊士として再び三田尻から出航。一一月に青森に上陸して雪溶けまで寺院で過ごした。年が明けた明治二年四月六日に寺内は福山、弘前、徳山、大野、松前の兵たちと第一軍に編入されて青森港を出港すると、四月九日に北海道の南西部の乙部《おとべ》（現、北海道乙部町）に着き（『防長回天史十二』）、箱館戦争に身を投じた。

整武隊にいた児玉如忠《こだまじょちゅう》は、四月一六日の松前口の戦いで寺内と沖原安太郎、清水清太郎の三人のうち、寺内だけが無傷だったと語る（『維新戦役実歴談』）。寺内たちは榎本武揚《えのもとたけあき》の軍が立てこもる五稜郭《ごりょうかく》を砲撃し、五月一八日に開城させた。戊辰戦争はここに終わり、幕府は滅びた。

神奈川県大磯町の寺内家（第五章「発病と大磯の別荘」参照）には明治二年の箱館戦争時代の寺内の肖像画が残されている。寺内は多治比隊（大田・絵堂の戦い）―御楯隊（四境戦争）―整武隊（箱館戦争）の足掛け五年の戦功により、金二〇両を三〇年に渡って貰う（山口県文書館蔵『旧整武隊士官其他戦功賞典一覧表』）。

すでに新政府の幕は開き、軍隊のリニューアルを考えていたのが大村益次郎だった。かつて「佛朗察《フランス》革命後ノ戦争ニ於テハ此戦闘《このせんとう》法《ほう》益々《ますます》繁《はん》茂《も》シ」と訳したクノープの『活版兵家須知戦闘術門　二』（慶応三年春印刷・明倫館蔵版）に倣い、ナポレオン一世の軍隊をモデルにした西洋式兵制の導入に着手するのである。

箱館戦争期の寺内正毅の肖像画
（寺内家蔵）

寺内が東京に着いた直後の六月二八日に、大村のデザインした西欧流の招魂社が九段に出現する。これも軍事の西欧化に沿った文明開化のシンボルで、一〇年後に輪郭を現わす靖国神社の雛形《ひながた》であった。

しかし九月四日に大村は京都三条木屋町の旅館で攘夷派に襲われる。大楽門下の神代直人《こうじろなおと》（三田尻在住の萩藩士・御楯隊士）、団伸二郎《だんしんじろう》（萩藩寄組の児玉家家臣）、大田光太郎（右田毛利家の家臣）たちが襲撃犯だった。

寺内からすれば、かつての師とその門下生が逆賊となった瞬間だった。

事件の首謀者とみられた大楽は一〇月五日から大内（現、山口市大内）の長野《ながの》村吹屋《むらふきや》にあった親戚筋の中川家〔※5〕に身を隠す（昭和三三年刊『大内村誌』）。近くに残る子孫の中川圓さん（昭和一四年生まれ）の家では、曽祖父の中川清太郎（第一一代）が大楽を匿ったと伝えられてきた。

山口市の「元帥伯爵寺内正毅君生誕地」の石碑と姫山（平成29年6月）

寺内の生誕地碑は、山口大学の正門近くの雑草の茂る広場に建つ。嘉永五（一八五二）年閏二月五日に宇多田家の子として、ここにあった茅葺き屋根の農家で生まれた寺内の幼名は宇多田《うただ》寿三郎《ことぶきさぶろう》。七歳で叔父の寺内勘右衛門のあとを継いで宮野村（現、山口市宮野）に転居するまで、その地で過ごした。

公園として整備する話が持ち上がったのは没後で、大正九年一一月三〇日に起工式が行われ（同年一一月二九日付『防長新聞』）、大正一〇年一二月一八日に石碑の除幕式が行われていた（同年一二月一九日付『防

防府市の繁枝神社の「大楽先生之碑」
（平成28年11月）

長新聞』）。一連の行事が終わると、平川尋常高等小学校の児童たちが「寺内正毅記念の歌」を合唱した。

〈嘉永五とせ春二月　吉敷の郡《こおり》平井なる　日吉の山に響きつゝ　忽《たちま》ち聞えし　呱々の聲…〉

作間久吉（山口県立博物館長）が作詞した一番歌詞から五番歌詞までを額装したものが、山口県立大学附属図書館の二階書庫「桜圃寺内文庫」に残されている。

一方で賊となった大楽源太郎の顕彰碑は、防府市台道の繁枝《しげし》神社の境内に建つ。こちらは久留米で処刑されて（次項「久留米藩難事件」参照）二〇年以上が過ぎた明治二四年一〇月に建てられていた。「大楽先生之碑」の篆書《てんしょ》を山田顕義が書き、撰文を澄川拙三がしており、寺内も建立に尽力したと囁かれた眩しいまでの逆賊碑だ。

寺内は生前、「世の中は悉《ことごと》く假《かり》」と語り、「人間が世に生まれたのも假だ」、「此の世は假の世だから確《しっか》り遣《や》らねばならぬ」と口にしていた〔※6〕。

伯爵にまで昇りつめながらも寂寥《せきりょう》とした生誕地と、近代の前に賊となって散った師の光と影が、寺内の言葉に妙に重なる。

〔※1〕大正八年一一月一三日付『防長新聞』「予の知れる寺内伯（上）児玉（如忠）中将談」。

〔※2〕山口大学総合図書館の「中山文庫」に吉田松陰の兄・杉梅太郎（民治）が文久三（一八六三）年八月二日付で大楽に宛てた書簡がある。高杉晋作、赤根武人、入江九一によって下関で奇兵隊が結成されたことや、松陰の遺稿『留魂録』と『照顔録』を大楽に送ったことを伝えている。

〔※3〕禁門の変（蛤御門の変）で長州藩三家老が自刃に追いやられた第一次長州征伐につづく第二次長州征伐のこと。長州藩の四方の境での戦争だったので、山口県では「四境戦争」と呼ぶ。

〔※4〕『元帥寺内伯爵伝』九七頁。

〔※5〕大楽が身を隠遁した旧庄屋・中川家の屋敷跡は現在の板垣勝平さん宅の場所。

〔※6〕大正八年一一月六日付『防長新聞』「乃木将軍と共に恐がられた寺伯」（国司〔精造〕少将談）。

久留米藩難事件

整武隊を率いていた山田市之允《やまだいちのじょう》（顕義《あきよし》）の口利きで、寺内寿三郎が京都の河東《かとう》操練場内仮屯所に入所したのは明治二（一八六九）年九月四日だった。奇しくも大村益次郎が襲撃された日でもある。徳山の献功隊《けんこうたい》からは児玉源太郎たちも入所しており、彼らはここで教授の揖斐章《いびあきら》からフランス式訓練を受ける。現在の京都大学東南アジア地域研究研究所界隈だ。

大村の傷は深く、オランダ人医師のボードインの手術で一〇月二七日に右大腿を切断したが敗血症が進み、一一月五日に大阪病院で亡くなる。

大村の死んだその日、寺内は大阪城内の練兵所に移動した。

そして第一教導隊の称号が与えられた一一月六日に、大村の遺体は棺に納められて船で三田尻（山口県防府市三田尻）に運ばれ、陸路で鋳銭司《すぜんじ》の自宅に搬送されると長沢池畔の円山《まるやま》に葬られた。神葬祭は一一月二〇日に斎行された。

脱隊兵騒動が起きたのは直後の一二月だった。大村の軍制改革でリストラされた諸隊（旧官軍）の兵士たちが不満を募らせた末の暴動で、背後で扇動していたのが大楽源太郎だった。

後に提出された嘆願書（『奇兵隊反乱史料　脱隊暴動一件紀事材料』）には、最初は攘夷だったのに、いつの間にか軍政が西洋化し、新政府になったとたんに西洋なのか日本なのかわからなくなったことへの悲憤慷慨という決起理由が見える。脱隊兵たちは明治二年一二月一日に三田尻に集まると山口に向かい、山口藩庁（旧山口城）に押しかけたのである。

大村の後釜として兵部大輔《へいぶたいふ》になった前原一誠は鎮圧を大楽に任せようとした。だが木戸孝允は前原を信じなかった。それで井上馨や野村靖たちに鎮圧を命じたことで（『西南記伝　上巻二』）、前原は木戸と不仲となり、明治九年の萩の乱を用意したといわれる。

そのころ寺内寿三郎は大阪で第一教導隊に所属していた。

陸上自衛隊山口駐屯地「防長尚武館」に所蔵される『寺内元帥履歴書　大正八年十月調』には、明治二年一二月の箇所に「山口藩諸隊脱隊鎮定ノ為出張」と見える。寺内は、師の大楽が扇動した脱隊兵騒動の鎮圧に大阪から参加していたのだ。鎮圧は明治三年二月八日からはじまる。

このとき脱隊兵たちを応援したのが、熊本藩の飛び地の鶴崎だった。

熊本藩は野津原《のつはる》、久住《くじゅう》、佐賀関《さがのせき》、鶴崎の四か所の飛び地を持ち、中でも熊本から瀬戸内海へ出る要所の鶴崎は、江戸時代の初めから加藤清正が力を入れて整備した独立自尊の気風に満ちた港町である。僅か一キロメートル四方ながら藩の出張所の御茶屋が建ち、有終館《ゆうしゅうかん》があった。その有終館の人脈が脱隊兵への武器供給に動いたのだ。

いま、大分市東部の鶴崎の大野川をまたぐ国道一九七号の鉄橋のたもとに「熊本藩　鶴崎作事所跡　有終館跡」と刻まれた石碑が建つのが、その場所だ。そもそもは熊本藩士の木村鶴雄〔※1〕が常備軍を置くことを求め、地元の儒学者・毛利空桑《もうりくうそう》（当時七三歳）の命名で明治二年に創設された藩の洋式軍事教練所であった。武器輸送の首謀者は有終館の館長の河上彦斎《かわかみげんさい》で、毛利空桑も呼応していた。

この毛利空桑が毛利元就《もうりもとなり》の弟の元網の系譜につながる人物だったのも面白い。「毛利空桑先生家系」（『毛利空桑全集』）によれば、正室の子の元就が大永四（一五二四）年に誅殺した側室側の生き残りである。毛利家に抹殺されたもう一つの毛利家系譜が時代を越えて、大楽一派を鶴崎の地から応援したのである。

大分市鶴崎の「有終館跡」の石碑
（平成29年１月）

明治三年一月に有終館に入営した熊本藩士の中村六蔵（当時の名は平井誠之介〔※2〕）が「明治初年自歴談」（『史談会速記録　合本四十』）で語るところでは、脱隊兵たちは毛利元徳《もうりもとのり》に面会を求めたがかなわず、大楽を隊長に担いで山口藩庁（旧山口城）を武力で突破し、富永有隣《とみながゆうりん》が兵を挙げたタイミングで援軍することになっていたらしい。河上彦斎が弾薬を乗せた船を長州に送るとき、武器輸送の実務を担ったのが前出の木村鶴雄だった。

ところが長州に着くまえに、脱隊兵たちは鎮圧されていた。武器弾薬は持ち帰るが、間もなく大楽一派が飛び込んで来たので河上彦斎が匿ったという。

明治三年三月五日に大楽は山口の諸隊会議所から出頭を求められたが、その夜、逃亡した記録があり〔※3〕、三月中には鶴崎に逃亡したものと思われる。

一方で脱隊兵たちは、大楽が身を隠していた旧庄屋の中川屋敷からさほど遠くない山口市大内長野柊の柊村長者原《ひいらぎそんちょうじゃばら》で二月中旬に処刑されていた（『山口県史　史料編　幕末維新7』「古谷道庵日乗」）。現在、その地には明治二六年に三浦梧楼《みうらごろう》が建てた供養塔「脱隊諸士招魂碑」が建つのみだ。

新政府が現地捜査に乗り出したことで、河上彦斎は決起できなくなったらしい。

明治三年八月三日に杉孫七郎が野村素介に報告した文書には、大楽が同志四〇名余りと豊後の杵築藩に潜伏していると見える。匿っていた杵築藩士の小串為八が他の藩士たちにも大楽党に加担するよう説得して回っていた。新政府は彼らが攘夷主義を主張しているので苦慮したようだ〔※4〕。

大楽は姫島の庄屋・古庄虎二などを頼りながら、豊後地方の同志たちの間を往来して維新のやり直しの準備を進めた（『毛利空桑全集』）。

明治三年九月ごろ、八女郡の古松簡二が大楽を匿っていたとの情報をつかんだ山口藩は〔※5〕、古松の身辺調査をするため一〇月に山根秀輔を久留米藩に派遣する〔※6〕。このとき古松が大楽を引き渡したのが、久留米藩の応変隊《おうへんたい》のメンバーたちであったのだ。

応変隊は久留米藩の上士・水野正名《みずのまさな》が長州藩の奇兵隊をモデルにして明治元年五月に結成した隊で、戊辰戦争では官軍側について戦ったにもかかわらず維新後の論功行賞がなく、不平士族に満ちていた。こうしたなかで久留米藩の権大参事・小河真文《おがわまふみ》が大楽の隠匿に奔走したのである。

北部九州に不穏な空気が広がったのもこの時期だった。

明治三年一一月に勃発した日田県一揆についても、同年一二月七日の木戸孝允の日記（『木戸孝允日記　二』）に「大楽其他　当春　長州の脱賊の関係ありと聞依て…」と見える。大楽たちが百姓たちを焚きつけ、竹槍に蓆旗《むしろはた》を立てて鉦《かね》を敲《たた》いて鼓《こ》を鳴らす一揆を誘発したとの伝承が日田側にも残る（昭和三年一月一二日から『大分新聞』ではじまった二九回の連載「明治三年の日田県竹槍騒動」）。

明治四年に入ると日田県一揆も鎮圧され、時を同じくして東京で参議の広沢真臣《ひろさわさねおみ》が暗殺された（明治四年一月）。やはり大楽を匿った古松簡二の関与が疑われていた。

久留米藩内の府中町の医師・宮川渉《みやかわわたる》の家で小河真文、立石正介、寺崎三矢吉、大楽の四人が密議したのは明治四年二月一三日だ。「青蓮院宮様」こと（久邇宮《くにのみや》）朝彦親王《あさひこしんのう》を担ぎあげて新政府を転覆する計画で、美作《みまさか》（現、岡山県北東部）でも百姓一揆を誘発させる策謀だった〔※7〕。

しかし密議が漏れて三月一〇日に久留米藩知事の有馬頼咸《ありまよりしげ》（久留米藩第一一代藩主）が謹慎を命じられる。つづいて久留米藩権大参事の吉田博文（水野正名の弟）も免職となり、三月一三日には巡察使の四條隆謌《しじょうたかうた》が久留米に入り、水野正名、小河真文、五〇〇石取りの澤之高《さわしこう》を捕縛した（『福岡県史料叢書　第参輯』）。

この事件を久留米藩難事件と呼ぶ。

そして禁獄三〇日の刑を受けた澤の息子が後に日韓合邦運動の在野側のリーダーとなる武田範之《たけだはんし》だった。久留米藩難事件で一家離散に追いやられた武田は、放浪生活の末に明治一六年に新潟の顕聖寺に転がり込んで雲水生活を送り、その後、杉山茂丸たちと一緒になって、韓国総監になった寺内と深くかかわる。武田もまた久留米藩難事件の延長線上の「挫折した攘夷派」のアジア主義者のひとりであったことになろう。

話を戻すと、新政府による久留米藩への圧迫が強まるなかで、旧藩主の有馬頼咸に責任が及ぶことが危惧されはじめる。そこで三月一四日に水野正名の役宅に大楽を誘って自決を求めたが、大楽は新政府との徹底抗戦を主張した。結局、同志たちは涙を呑んで大楽を殺そうとの結論に達したのだ（『松村雄之進』）。

三月一六日の夜に松村雄之進と太田茂に誘い出された大楽は、筑後川畔の高野の浜の土手を駆け下りたときに柳瀬三郎に背中から切りつけられた。吉田穂足が大楽の髷《まげ》を握って「首を落とせ」と叫び、川島澄之助たちの手で息絶える。遺体は砂浜に埋められ、首だけが鵜飼広登の屋敷まで運ばれ、夜明けに本荘一行の屋敷に移された。

大楽の弟の山県源吾と従者の小野新（小野精太郎）も、高野の浜より下流の豆津の浜で島田壮太郎、大鳥居管吉、篠本廉蔵、川口誠夫、本山岩之丞たちの手で殺害された。同じく従者の村上要吉（渡辺寿太郎）も、鹿野淳二、井上達也、下川襄助の三人により、津福の村はずれの「木実《この み》神社」で自刃に追い込まれた。

川島澄之助が語るところでは、翌三月一七日の晩に大楽の遺体を高野の浜から掘り出し、本荘の家に隠していた首と一緒に法泉寺に埋めに行ったそうだ（『明治四年　久留米藩難記』）。法泉寺は梅林寺の斜向かいに今も残るが、住職の話では当時の話は伝わっていないという。実際、殺害から

久留米市の遍照院の「耿介四士之墓」と
川島澄之助、松村雄之進、柳瀬三郎の墓
（右から・平成28年11月）

二〇年以上が過ぎた明治二六年に墓が建てられたのは、少し離れた久留米市寺町の遍照院《へんしょういん》であった。川島、松村、柳瀬たちが大楽と一緒に殺した山県源吾、小野新、村上要吉たちと共に「耿介《こうかい》四士之墓」として建てた墓碑である。いま訪れると向かって左側に「故川島澄之助墓」、「故松村雄之進之墓」、「故柳瀬三郎之墓」の墓石が一列に並んでいる。彼らこそが禁獄七年の刑を受けながらも、後に「耿介四士之墓」を建てた面々だった。

実は山口県側にはこれ以前に建てられた大楽の墓が残る。防府市台道の繁枝神社から約一キロ南の柴山という山の中で、地元住民も足を踏み込まない鬱蒼たる木々の間の獣道の先に鎮座する三基の墓石のうち、一番手前の「大楽奥年夫婦之墓」だ。「奥年」は「弘毅」と共に大楽が用いた号で、右側面に久留米で殺された「明治四年三月十六日没」の文字が見える。左側面に刻まれた「明治一二年三月十二日没」が妻りちの没年であろう。妻の死後に夫婦墓の形で密かに建てたのは、帝国憲法発布時の大赦令の前だったからだ。そういえば明治一二年一二月一三日付の『朝日新聞』に、旧門人の有志二〇名ばかりが大楽の「墓碑」建設を計画している記事がある。年が明けた明治一三年一月二九日の同紙にも一二〇〇円の寄付が集まり「建設に着手する」と書いてあるが、それと関係があるのだろうか。残りの二基は大楽の父・山県信七郎の墓と、側面に「昭和十八年十一月」と刻まれている「大楽家累代之墓」である。

話を久留米に戻そう。

明治四四年秋の久留米地方陸軍秋季特別大演習で、遍照院の境内の高山彦九郎の墓に侍従が差し向けられる際、「耿介四士之墓」を久留米市が移転しようとしたことがあったという。そんな矢先に朝鮮総督になっていた寺内が訪ねて来て墓前に線香と花を捧げて拝み、宿舎の主人に恩師墓地の清掃料一〇〇円を託して久留米を離れていた（『久留米郷土研究会誌　第八号』）。寺内が生涯、師の大楽を尊崇していたと伝えられる逸話である。

久留米藩難事件の処理は極秘に行われた。しかし久留米藩内だけの出来事でもなかったことが明治四年一二月三日に極刑に処された小河真文の周辺から見えてくる。一緒に処刑されたのが外山《とやま》光輔《みつすけ》と愛宕通旭《おたぎみちてる》の二人の公卿と、比喜多源二《ひきたげんじ》（愛宕通旭の家令）、初岡敬次（秋田県士族）、古賀十郎（柳川藩士）、河上彦斎（熊本県士族）たちであったからだ。この事件は別に二卿事件と呼ばれ、愛宕通旭に国学を教えていた比喜多が新政府転覆をそそのかし（雑誌『新旧時代』大正一四年一一月号「愛宕通旭の陰謀一件」）、同じく生源寺希琥が外山光輔を焚きつけたとされている（雑誌『新旧時代』大正一五年六月号「外山光輔の陰謀」）。生源寺希琥は、明治元年の神仏分離令当時の廃仏毀釈を断行した近江日吉神社の社司・生源寺希徳の叔父であり、国家神道人脈である。

彼らが処刑された一二月三日に、旧島原藩士の丸山作楽《まるやまさくら》も逮捕されていた。

丸山は同志の古松簡二、静野拙三、井桁理一郎、神原精二、中村誠七郎、岡崎恭輔、夏吉利雄、篠本廉蔵、建野郷三たちと朝鮮に乗り出そうとしていた矢先だった。ジャーディン・マセソン商会から汽船を買いつけた岡崎が、熊本藩士の中村六蔵を従えて秋田に赴き、初岡敬二に連絡し、初岡が仲間を集めて征韓の準備にかかるというものだ。新政府は大楽人脈の「挫折した攘夷派」たちが朝鮮と連携し、より大きなアジア主義の形で明治維新のやり直しを行うことを恐れたのだろう。日本だけでの攘夷が無理なら、アジアと手を結んで西欧列強と対峙しようという在野側の征韓主義の起点が丸山の周辺からも浮かび上がる。

大楽隠匿に連座した旧久留米藩士たちは、大久保利通の士族授産計画に沿って、福島県の安積野《あさかの》（現、郡山市）の開拓に投じられた。森尾茂助ら一〇名の先発隊が久留米を出発したのは明治一一年一〇月で、以後も安積野への入植が進み、明治一五年九月には久留米水天宮が勧請される（『郡山市久留米鎮座　水天宮　御勧請百周年記念誌』）。昭和五〇年八月に久留米市が郡山市と「姉妹都市盟約」を結んだのも、大楽事件に端を発する近代史の光と影といえよう。


〔※1〕木村鶴雄は当時、三一歳。林櫻園の門人で、後の神風連の乱で決起する太田黒伴雄や加屋霽堅《かやはるかた》たちとも親交があった。有終館へは明治二年六月に常備軍の指揮士として入営し、河上彦斎、古荘嘉門、毛利空桑たちと運営にあたった首脳陣（『肥後先哲偉蹟』「木村邦舟」）。

〔※2〕『豊後鶴崎町史』五七二頁。

〔※3〕『奇兵隊反乱史料　脱隊暴動一件紀事材料』一五六頁。

〔※4〕『奇兵隊反乱史料　脱隊暴動一件紀事材料』一六〇頁。

〔※5〕昭和五年一二月刊『月刊　福岡県人』「大楽源太郎の最後〔上〕」。

〔※6〕『奇兵隊反乱史料　脱隊暴動一件紀事材料』一七一頁。

〔※7〕『久留米人物誌』（六六四～六六六頁）の明治四年九月一四日付の小河真文の口上書による。

栄光と挫折

明治四（一八七一）年二月二二日に、新政府は山県有朋の指導で長州、薩摩、土佐藩から兵を採用して御親兵とした。寺内寿三郎も同郷の山口素臣や滋野晴彦たちと御親兵に採用されて五番大隊付になる。久留米で大楽源太郎が殺される一ヶ月前だ。

七月一四日に廃藩置県が断行され、寺内は八月一四日に陸軍少尉、一一月二三日に陸軍中尉になる（陸上自衛隊山口駐屯地「防長尚武館」蔵『寺内元帥履歴書　大正八年十月調』）。

その前日の一一月二二日付の児玉源太郎宛の書簡で、寺内正毅を名乗っているので、廃藩置県期に寿三郎から正毅に改名していたようだ。

したがって、これ以後は寺内正毅を使う。

寺内が陸軍大尉へと昇進したのは明治五年二月二七日で、御親兵が近衛兵と名を変えたのが明治五年三月九日であった。当然ながら寺内も近衛兵四番大隊兵へスライドする。

天皇直轄の軍司令部として山県有朋は近衛都督《このえととく》となり、武官の地位も向上した。しかし、なぜか四日後の明治五年三月一三日付で寺内は教導団に戻される。

山口県出身者でも山口素臣や井上光たちは近衛兵に残された。

鹿児島県出身者も全員が近衛兵にスライドしていた。

にもかかわらず、寺内だけがそこから外された形となったのである。

斎藤聖二は、「二十歳の寺内は、これを左遷と受け取り、将来の可能性が閉ざされた気になったのだろう」(『シオン短期大学研究紀要　三六』「西南戦争前後の寺内正毅」)と語る。実際、これ以後、寺内は出勤しなくなり、六月四日には教導団もクビになり、兵学寮の管轄に置かれる。事実上の休職だ。大楽の殺害事件から一年後のタイミングだった。

日田県一揆、久留米藩難事件、二卿事件、丸山作楽の征韓未遂事件などの関係者の取り調べが進み、一連の事件の全貌が明らかになってきた時期と重なっていた。「左遷」理由が、師であった大楽の関与した事件とどれほど関係があったかを知る資料は見当たらないが、門下生として疑いの目を向けられていた可能性は十分にある。

ともあれ明治五年六月の事実上の休職から、明治六年八月二七日に戸山学校に入学する（『寺内元帥履歴書　大正八年十月調』）までの約一年二ヶ月間、二〇歳の寺内は憧れのフランス留学を夢想しながら独学するしかなかった。

明治六年八月、陸軍兵学寮戸山出張所が現在の東京都立戸山公園（新宿区）の場所に開設されたのは、同年一月の徴兵令により、六鎮台の士官を統一的に教育するためだった。そして明治七年二月に陸軍戸山学校と名が変わる。

顧みれば、徴兵令のルーツもフランス革命に帰着される。一七九八年九月にナポレオン一世の軍隊が導入した徴兵制では二〇歳から二五歳の男子が徴兵名簿に記載され、必要に応じて軍隊に召集された。西洋近代の国民国家の大衆軍の出現こそが、徴兵制を必要としたのだ。したがって徴兵制の出現も、「自由・平等・博愛」というフランス革命の産物だった。

このため、戸山学校も自ずと西洋主義的な軍事教育が行われる。寺内が入学したのは、そんな雰囲気の創成期の戸山学校だった。

西郷隆盛の征韓論により、不穏な空気が流れていた時期とも重なる。

征韓論の発端は、明治四年一一月に台湾に漂着した琉球人が殺害されたことで、明治五年一〇月に台湾出兵が話題に上ったときにある（出兵は明治七年五月に実現）。このとき朝鮮も日本を「無法之国」と揶揄したので、新政府は朝鮮にも出兵論を唱えた。そんな矢先に西郷隆盛が遣韓大使《けんかんたいし》となって渡韓し、自ら朝鮮と交渉を行うと言い出し、板垣退助、大隈重信、後藤象二郎、江藤新平、大木《おおき》喬任《たかとう》、副島種臣《そえじまたねおみ》ら六参議（木戸孝允は病欠）が賛同したのである。西郷は、捨て身の征韓を行うことで朝鮮と連携して欧化路線に進む新政府を顚覆する計画を秘めていた。未遂に終わった丸山作楽の征韓未遂の焼直しといえる方針で、不穏な気配を察知した新政府側は、井上馨が太政大臣の三条《さんじょう》実美《さねとみ》と右大臣の岩倉具視を動かして西郷の渡韓を中止させた。その顚末が明治六年一〇月二四日の西郷の辞任となり、翌二五日に板垣、後藤、江藤、副島らが辞任する政変をもたらす。

下野した面々が愛国公党を立ち上げたのが翌明治七年一月で、その延長線上に薩長主導の藩閥政治を打破する目的で民撰議院設立の白書を提出した。ここに自由民権運動の火ぶたが切って落とされたのである。

欧化主義の手段としての陸軍戸山学校の対極に位置したのが、「挫折した攘夷派」の引き起こした征韓主義と自由民権運動であったという構図になろう。実際、民撰議院設立白書の提出から一ヶ月後（明治七年二月）に、江藤新平を担いだ旧佐賀藩士たちが征韓を称えて蜂起した。「江藤新平を中心とする佐賀の乱の如きは、佐賀征韓党によつて起こされた純然たる対外硬の烽火」と語ったのは『東亜先覚志士記伝〔上巻〕』である。

新政府は陸軍を駆使して二月一九日に佐賀征討令を発して鎮圧にかかる。その結果、二月二三日に陸軍大尉の児玉源太郎が現在の新鳥栖《しんとす》駅（鳥栖市原古賀町）界隈の「肥前の安良川の激戦」で右腕首と左上膊を被弾し、福岡の假病院に搬送されている（宿利重一著『児玉源太郎』）。

旧黒田藩士の越智彦四郎と武部小四郎も、佐賀の乱に合流するつもりだったがタイミングを失し、埋め合わせに欧化路線を推進する大久保利通の暗殺を箱田六輔たちと企てた（『玄洋社社史』）。

大楽源太郎の久留米藩難事件から生まれた「挫折した攘夷派」の憤懣は、各地で士族の反乱、征韓主義、さらには民権運動の形で火を噴き始めたのである。

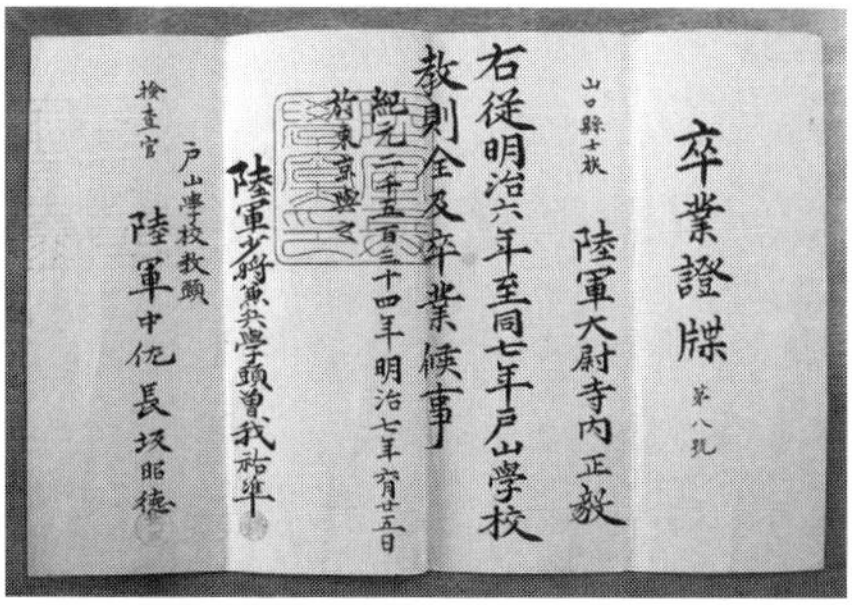
卒業證牒　第八號
山口縣士族　陸軍大尉寺内正毅
右従明治六年至同七年戸山学校教則全及卒業候事
紀元二千五百三十四年明治七年六月廿五日
陸軍少將兼兵學頭曽我祐準
戸山學校教頭
検査官　陸軍中佐　長坂昭徳

戸山学校「卒業證牒」（山口県立大学蔵）

寺内が戸山学校を卒業するのは佐賀の乱が鎮圧された後の明治七年六月二五日であった。桜圃寺内文庫には同日付で「山口県士族　陸軍大尉　寺内正毅」と記された「卒業證牒《しょうちょう》」が残されている。

それから半年余り後の明治八年一月一八日に寺内は陸軍士官学校の生徒指令副官になる。教官として軍事訓練を担当することになったのだ。

陸軍士官学校の場所は、現在の防衛省庁舎の建つ市ヶ谷台の高台だ。明治七年一二月に校舎の一部が完成し、陸軍士官学校としての形が整いはじめた矢先に赴任したことになろう。

実は陸軍士官学校も、ナポレオン一世が創設したフランスのサン・シール陸軍士官学校〔※1〕をモデルにしていた。明治五年五月に横浜に到着した第二次フランス軍事顧問団団長のシャルル・アントワーヌ・マルクリー中佐が、山県有朋と話し合い、最初の組織を組み立てていた（『維新とフランス　―日仏学術交流の黎明』）。

大阪の北浜にあった料亭「花外楼《かがいろう》」で大阪会議が開かれたのは、寺内が士官学校の教官になって一ヶ月が過ぎた二月一一日である。西洋近代に倣った立憲政体への移行が合意されたことで各地に民権結社の結成が相次ぎ、大阪では二月二二日に民権結社の大同団結大会というべく愛国社の創立大会が開かれる。福岡でも八月に武部小四郎を社長に据えた矯志社《きょうししゃ》、越智彦四郎を社長に据えた強《きょう》忍社《にんしゃ》、箱田六輔を社長に据えた堅志社《けんししゃ》の三社が結成された。

寺内が最初の妻タニと結婚したのは、こうした民権結社の結成が各地で相次いでいた明治八年七月一八日である。戸籍には、「明治廿三年九月廿日　東京府四ツ谷区塩町ニ於テ死亡」とタニの死去が朱書きされている。明治二三年九月に亡くなるまでの一五年間が、愛妻タニとの夫婦生活だったことになろう。

むろん新婚生活時代も悠長ではなかった。結婚一ヶ月後の明治八年九月に、江華島（現在の仁川国際空港のすぐ北の島）の沖で雲揚艦の艦長・井上良馨《よしか》が朝鮮側から攻撃されている。井上良馨は応戦して永宗島（仁川国際空港の場所）を占領する。その後始末で明治九年一月に黒田清隆（特命全権弁理大臣）と井上馨（同副全権弁理大臣）が江華府で朝鮮側と会談し、二月に日朝修好条約を結んで釜山が「特別居留地」として開港されている。以後、帝国日本は元山津や仁川斉物浦に順次「特別居留地」を設定して、朝鮮政府の行政・司法権から独立した日本の領土の延長地を作る。それが明治四三年の日韓併合の事実上のスタートという見方もできる（『日清戦争前後のアジア政策』）。

ところで釜山が開港された翌三月に、日本では廃刀令が出た。さらに八月に士族の家禄が廃止されると旧士族の不満が一気に高まる。旧幕藩体制の崩壊は、挫折した攘夷派の不満に火をつけ、一〇月二四日の熊本の神風連の乱、二七日の秋月の乱、二八日には長州萩の前原一誠の義挙、すなわち萩の乱を用意した。

萩の乱では旧萩藩士の横山俊彦が連絡役となり、翌二九日に旧会津藩士の永岡久茂たちが千葉県庁の襲撃計画をたてて逮捕される思案橋事件が東京で起きている。各地の没落士族が足並みをそろえて新政府打倒の烽火《のろし》をあげつづけた。このときも寺内は陸軍士官学校の教官として、二年前の戸山学校の学生時代の佐賀の乱のときと同様、訓練にのみに専念していた。

山口県には面白い話が残っている。

吉田松陰の叔父・玉木文之進の養子となって玉木家を継いだ乃木希典の実弟・正誼《まさよし》が前原党に与して萩の乱で戦死していた。このことで文之進も田床山《たどこやま》北麓の吉田松陰の生誕地の近くに鎮座する玉木家の墓前で一一月六日に自刃する。玉木家墓所の近くに松陰の甥・吉田小太郎（杉民治の長男）の墓もあり、裏に「明治九年丙子十一月一日　戦死行年十九歳」と刻まれている。やはり前原党に加わり戦死していたのだ。吉田松陰の一族も明治維新後は「挫折した攘夷派」になっていたのだ。

吉田小太郎は、「前原党ノ志ハ攘夷ニアルト心得」て萩の乱に加わったと「吉田小太郎略伝」（岩波書店版・昭和一一年刊『吉田松陰全集　第十巻』）が明かしている。そして前原自身も遺書「思ひのまゝ」で、以下の征韓主義、のちのアジア主義に転嫁されていく言葉を書き残していた。

「国防は朝鮮を取つて根拠として台湾に出兵し、更に支那を奪ふて亜細亜全洲を統轄し、以て欧米各国を鎮圧せる長期の画策を国是にさだむべき」（妻木忠太著『前原一誠傳』）。

これは吉田松陰が下田踏海事件後、安政元（一八五四）年一一月に萩の野山獄で記した「幽囚《ゆうしゅう》録《ろく》」で語った一節の踏襲である。

すなわち北海道を開拓して新たに領主を置いて統治させ、カムチャッカ半島とオホーツク海を手に入れ、琉球を属国とし、日本国内の領主同様に天皇に拝謁させ、朝鮮に攻め込んで人質をとり、（神功皇后期の）古の盛時のように朝貢をさせ、北は満洲の地を割《さ》いて手に入れ、南は台湾やルソン諸島を収めて順次積極的な勢いを示し、「然る後に民を愛し、士を養ひ」国境を護れ、という主張である。あるいは安政三（一八五六）年七月一八日付の久坂玄瑞《くさかげんずい》宛の手紙でも、アメリカとロシアをつなぎとめた隙に北海道を開拓し、琉球を手に入れ、朝鮮を取って、満洲と支那を押さえ、インドまで勢力圏に置くといった強烈なアジア膨張論を述べていた。

こうした吉田松陰のアジアに向かう熱望を継承した前原党の決起に、筑前の箱田六輔や頭山満ら新政府に不満を持った旧黒田藩士たちも呼応したのである。箱田は萩の乱の勃発直後の明治九年一一月七日に逮捕され、つづいて大久保利通暗殺計画が露呈したために、翌八日には福岡の薬院出口の頭山の家に警部長の寺内正員が乗り込んできた。

頭山が家に戻ると松浦愚《まつうらおろか》も来て、家宅捜索があったことを知り、二人で抗議のために警察署に出向くが、そのまま逮捕される。つづいて奈良原至《ならはらいたる》、進藤喜平太《しんとうきへいた》、大倉周之助ら矯志社（民権結社）の同志たちもイモずる式に捕まり、全員が福岡の獄に繋がれる。

萩の乱は四日前に決起した熊本の神風連とも連動していたし、前日に暴発した秋月の乱ともつながっていた。新政府に鎮圧された神風連の面々は熊本大学近くの桜山神社の招魂碑の列として眠り、旧豊津藩士（旧小笠原藩士）に討たれた秋月藩士たちの墓は、福岡県京都郡みやこ町豊津甲塚《かぶとつか》墓地（八景山護国神社近くの阿弥陀寺の墓地）に鎮座する。また、明治九年一二月三日に萩で処刑された前原一誠の墓は萩市土原の弘法寺にある。

こうした状況を巻き返すかのごとく、九州を舞台に西南戦争がはじまるのは、前原の処刑から二ヶ月余りが過ぎた明治一〇年二月からだった。

〔※1〕ナポレオン一世の命で一八〇三年にパリ郊外のフォンテーヌブロー宮殿内に開校し、一八〇八年にサン・シールに移されたことでサン・シール陸軍士官学校の名になった。

田原坂と動かぬ右腕

西南戦争は西郷隆盛が私学校党一万五〇〇〇人を率いて鹿児島城を出発した明治一〇（一八七七）年二月一五日にはじまった。

新政府は二月一九日に征討令を出して大阪鎮台を出兵させ、補充用として紀州方面の青年を募集して後備歩兵第六大隊を編成した。

陸軍士官学校の教官だった寺内正毅が、隊長心得（隊長代理）になるよう陸軍省から命じられたのが二月二八日であった。与えられた任務は徴兵を訓練して実戦で使えるようにすることだったが、二五歳の寺内は自ら前線への出征を希望した。

熊野座神社の境内石柱に残る西南戦争の弾跡
（平成29年５月）

このため、辞令が出てわずか一日で後備歩兵第六大隊長心得を辞している。

神戸から船に乗ると、官軍側総督の有栖川宮熾仁親王の本営が置かれていた南関（現、熊本県玉名郡南関町）の正勝寺に飛び込み、翌七日には征討軍団付きとなる。さらに一〇日に第二旅団付きとなり、翌一一日には近衛歩兵第一聯隊第一中隊長として田原坂口正面の戦線に出陣した。

田原坂は現在の熊本市北区植木町豊岡の一帯だ。

国道二〇八号の田原坂交差点を県道三一号線に入ったところから一の坂、二の坂、三の坂とつづく。坂を登り詰めると今は田原坂公園があり、一五キロメートルほど南下すれば熊本鎮台の置かれていた熊本城に達する。

寺内が出陣したのは、県道三一号線に入った道路沿いに残る眼鏡橋の辺りであった。官軍側の田原坂攻めの拠点で、三月四日から戦闘が始まり、三月二〇日までの一七日間が激戦となった。田原坂公園の北約五〇〇メートルの山中に鎮座する熊野座神社には、そのときの銃撃戦での被弾跡と思われる凹みが境内に建つ石柱に残されている。

こうした激戦中の三月一七日に事件が起きる。西郷軍の壘《とりで》を攻撃していた寺内が、右胸鎖骨の右上膊（右上腕）を撃たれ、「高瀬軍団病院」に運び込まれたのである（『寺内元帥履歴書　大正八年十月調』)。高瀬病院は玉名市高瀬で治療所になっていた寺々を指していた。

官軍側に属した川口武定《かわぐちたけさだ》の著した『従征日記』には、一七日に「激戦ニ至リ」として、「一タヒハ進ミ、一タヒハ退キ、或ハ勝チ或ハ負ケ、遂ニ若干ノ地位ヲ進メタリ…」とつづけている。

三月一七日の出来事が、寺内にとって生涯忘れられないことになったのは、三五年を経た明治四五年三月一七日の寺内の日記に、「田原坂ヲ攻撃シ成ラス空ク塁壁前ニ負傷セシナリ」と記していることでもわかる。しかも寺内は、その日、知人を招いて「小宴」まで開いていた。右腕負傷三五周年パーティーである。

寺内の右腕被弾から三日後の明治一〇年三月二〇日に田原坂は陥落した。

三月二八日には、萩の乱で下獄した頭山満の同志である越智彦四郎と武部小四郎が、現在の福岡市南区寺塚にある興宗禅寺境内の穴観音の中で決起を密議して西郷軍に合流する兵をあげた。だが、すぐに鎮圧されている。福岡の乱と呼ばれたこのときの決起に、旧黒田藩士の内田良五郎(内田良平の父)や弟の平岡浩太郎も加わっていた。平岡は豊後に逃れて西郷軍に合流したことで、東京の市ヶ谷監獄に収監された。その監獄で久留米藩難事件の古松簡二と一緒になり、薫陶を受けていた。大楽源太郎の「挫折した攘夷派」の精神を受け継いだ平岡は、明治一一年一月に出獄した後に炭鉱事業などで財を成し、その資金をもってアジア近代化を牽引した経済的アジア主義者となる。穴観音の北の平尾霊園の特別区に建つ「魂の碑」は、福岡の乱の慰霊メモリアルだ。

ところで田原坂陥落後も、西郷軍は四月一五日に熊本城に入城するまで抵抗をつづけた。寺内の履歴書には、四月一〇日に「大阪臨時病院ニ転入」と見える。

手術を行った大阪臨時陸軍病院の院長は、後の軍医総監・石黒忠悳《いしぐろただのり》だった（『懐旧九十年』）。最初は腕を切断する予定だったが、寺内が大粒の涙を流し、「おれは軍人ぢや。手棒《てんぼう》などになって耐《たま》るものか。ア丶こんなことと知つたら、潔く戦場に屍《かばね》を晒《さら》して来るのぢやつたに」（『長州の天下』）と嘆いたことで温存治療が施される。

その結果、一〇月二二日に帰宅療養を許可されている。

寺内は翌二三日に大阪から東京に向かい、一一月九日には近衛歩兵第一聯隊第一大隊第一中隊付として士官学校に復帰した。だが、その後も右腕は動かず、左手で敬礼しながら軍人渡世を歩くしかなかった。

前掲『長州の天下』には、出世してから時折、郷里に戻ると顔なじみが絹地や紙を持ち寄り、ひっきりなしに字を求めた場面が描かれている。無理やり筆を持たせて揮毫させるわけだ。すると寺内は右腕の肘を左手で握り、「手首をぐるぐる廻して揮毫」した。明治四三年五月に朝鮮統監として渡鮮する際には揮毫を二〇〇枚も書かされ、そのときも右腕の肘を左手で握り、実質は両手で揮毫していたという。なるほど朝鮮総督だった大正二年二月二三日の寺内の日記にも、「揮毫ヲ為シ五十余枚ヲ走筆ス」と見え、大正五年三月一二日にも、「朝来　揮毫ヲ為ス、五十枚余」と記されている。

細い字は右手で書いたとの証言もあるので（『元帥寺内伯爵伝』「伯の揮毫」）、日記や書類だけなら右手の指先の力だけで書けたのだろう。しかしいずれにせよ軍人で右腕に大きな障害が残ることは致命的で、当時の常識では廃兵で当然だった。

試しに陸上自衛隊に聞いてみたが、今では右腕に障害があれば採用できないという。防衛省も似たような答えで、身体障害者は事実上雇えないという。むろん当時も実戦への参加は不可能だったので、西南戦争以後の寺内には大隊長や連隊長としての現場経験はない。にもかかわらず陸軍のトップにのし上がり、総理大臣まで務めたのだから並大抵の努力ではなかったはずだ。何事にも妥協せず、書類も隅から隅まで目を通して青鉛筆でチェックしないと気が済まない完璧主義も、身体欠陥の克服経験に由来していたのであろう。自他共に厳しく、全て秩序づけて仕事をこなし、さらには融通が利かぬとまで揶揄された原理主義的ストイックさも、障害のある腕の埋め合わせだったと考えれば納得がいく。

馬に乗る寺内正毅（山口県立大学蔵）

山口県立大学附属図書館が保管する二万点に及ぶ寺内正毅に関する資料「桜圃寺内文庫」には、寺内自身が写った古いアルバム写真も多く所収されているが、右腕を隠すように斜に構えているポーズが多い。集合写真では寺内だけが斜め向きなので、かなり目立つ。よく見ると右腕の肘が逆に折れ曲がった姿や、右腕を背中側に隠している姿も確認できる。乗馬姿もあるが手綱は左手のみで握られ、右手はやはり背中側に回されている。軍刀も左手で握り、煙草を持つ手も左手だ。右手で帽子を軽く握った写真もあるにはあるが、決まって動きのない記念写真だ。

明治一〇年九月二四日に西郷隆盛が城山で自刃して西南戦争は幕を閉じた。福岡の変により山口県の獄に移されていた頭山満、進藤喜平太、宮川太一郎、奈良原至たちも釈放されて福岡に戻る。そして一一月七日に博多湾に伸びる海の中道に開墾社を開く（大正六年版『玄洋社社史』）。場所は旧博多湾鉄道時代の機関庫のあった界隈で（『郷土研究第一輯　志賀島の研究』）、現在のＪＲ香椎線の西戸崎駅の近くである。

内務卿の大久保利通が、東京の紀尾井町で六名の暴徒に暗殺されたのが明治一一年五月一四日で、これに頭山は歓喜した。そこで奈良原を連れて海の中道から小倉《こくら》に出て、宇和島まで船で渡り、土佐の板垣退助の門を叩くのである（前同『玄洋社社史』）。板垣が活動休止になっていた愛国社（板垣が明治八年二月に大阪で創立大会を開いていた）の再興に向けて動きはじめていたときである。

頭山は明治一一年九月に大阪で開かれた愛国社再興大会に出席して帰郷すると、開墾社を改新して現在の福岡市中央区赤坂一丁目付近に民権結社の向陽義塾《こうようぎじゅく》を立ち上げる。別名・向陽社で、年も押し迫った一二月のことであった。

面白いのは、翌明治一二年九月に「福岡本町　向陽塾」の名で彼らが「討清義勇軍　向陽社の檄」（昭和一三年四月一日付『玄洋』所収）を出していたことだ。清と戦うための義勇兵募集を行っていたのである。

背景には明治一二年四月に琉球藩が廃され、沖縄県が設置された琉球処分があった。清から見れば、自らの支配域の冊封体制から、琉球が日本に横取りされた形だったので軍事的圧力を強めたわけである。これに対抗して向陽社から討清義勇軍の派兵が企てられたことになろう。前原一誠が遺書で記した「支那を奪ふて亜細亜全洲を統轄し」という意識の再燃で、実際は派兵に至らなかったが、アジアに向かう意識は直後の明治一二年一二月に向陽社から名を変えた玄洋社（『増補版　玄洋社発掘』）に引き継がれてゆく。

玄洋社は明治二〇年八月に言論機関として『福陵新報』を創刊する。

福陵新報社の最初の社屋は向陽社の建物を改造したもので、創刊時の社長は頭山満で、副社長が鹿野淳二、創業主幹が香月恕経《かつきひろつね》、幹事が杉山茂丸、結城虎五郎《ゆうきとらごろう》、月成勲《つきなりいさお》、伊地知迂橘《いぢちうきち》、新井真道、今村為雄、郡利《こおりとし》たちであった（『九州産業大観』）。このうち鹿野淳二は大楽源太郎に従った村上要吉（渡辺寿太郎）を久留米で自刃に追い込んだ旧久留米藩士の残党であった。

福岡市舞鶴の「玄洋社跡」の石碑
（平成29年4月）

玄洋社が現在の福岡市中央区舞鶴に移ったのは『福陵《ふくりょう》新報』創刊に伴うものだったようだ（『玄洋　第六九号』「明治二十年頃」）。舞鶴の「ＤｏＣｏＭｏ九州ビル」の歩道に面した小さな花壇に据えられた「玄洋社跡」の石碑の裏には、日本の独立を守りアジアの解放を目指して活躍した玄洋社が、昭和二一年にＧＨＱが解体を命じるまでの約六七年間、その地にあったと刻まれている。

ここから内田良平の全国版アジア主義団体「黒《こく》龍会《りゅうかい》」（発会式は明治三四年二月に東京の神田錦輝館で行われた）も生まれていた。

そんな彼らが後に欧化政府の陸軍を率いる寺内正毅に接近し、近代的な枠組みの中で東アジアの近代化の原動力になる。日清戦争とその結果としての台湾統治。つづく日露戦争とその結果としての満洲権益保護策と日韓併合、さらには第一次世界大戦期のシベリア出兵に至るまで、自ら連携出来得る東アジア近代化の目的が背後にあった。新政府から発展した帝国日本は、「挫折した攘夷派」から派生したアジア主義者たちの協力で、自己の独立も維持できたのである。

第二章

寺内正毅のパリとアジア

寺内正毅が散策したパリの中心部にあるリュクサンブール公園〔旧リュクサンブール宮殿の庭園〕
（平成29年 5 月・堀瑞巴撮影）

近代的軍隊の導入——閑院宮載仁親王《かんいんのみやことひとしんのう》とパリに

明治一四（一八八一）年一〇月一二日に参議の大隈重信をはじめ、政府内部の民権派官僚が下野する。「明治一四年の政変」だ。同時に一〇年後の国会開設が約束された。一緒に下野した官僚は、イギリス流の立憲政治を求めていた矢野文雄（矢野龍渓）、犬養毅、尾崎行雄、中上川彦次郎《なかみがわひこじろう》、小野《おの》梓《あずさ》、河野敏鎌《こうのとがま》、前島密《まえじまひそか》たち一五名だった。

追い落とした側の井上馨や伊藤博文にしても、もとは幕末のイギリス留学組でイギリス流の国づくりを進めていた。しかし不平等条約（安政の五ヶ国条約）の解消にてこずり、二五ヶ国からなるドイツ帝国（連邦国）でもっとも有力なプロイセン王国（明治四年一月成立）の専制君主型の憲法導入に舵を切り変えることにしたのだ。一八七〇年九月二日（明治三年八月八日）にナポレオン三世がプロイセン軍に降伏する普仏戦争でのフランス敗北の影響もあった。日本は政治体制も、憲法も、ドイツ流に変更する実験に出たのである。

明治天皇が陸海軍の軍人たちに軍人勅諭（「陸海軍軍人に賜はりたる敕諭」）を下賜《かし》したのは、「明治一四年の政変」から三ヶ月が過ぎた明治一五年一月四日だった。

佐賀の乱（明治七年）から神風連、秋月党、萩の変（明治九年）で表面化した一連の士族反乱、つづく西南戦争と福岡の乱（明治一〇年）を鎮圧した新政府は、百姓町人階級からなる民主的な国民軍の精神的支柱を必要としていた。

軍人勅諭のもうひとつの理由は、竹橋事件の収拾にあった。

西南戦争の論功行賞に不満を持った近衛砲兵大隊が宮城の北の竹橋の駐屯地から赤坂離宮（明治六年五月の皇居の火災以来の仮皇居）に向かい、天皇に直訴する騒動を起こしていたからだ。明治一一年八月二三日の出来事で、共に決起した東京鎮台予備砲兵第一大隊も含めて五三名の処刑者を出していた。

天皇の統帥権を「天皇躬《てんのうみ》つから軍隊を率ゐ」と軍人勅諭が豪語したのは、天皇が兵の指揮権を有した古代の軍隊に戻すという苦肉の策だ。見習うべきは神武天皇としながらも、実態は旧藩時代の封建意識から抜け出す軍事の革新であった。朝鮮でも兵制改革を巡って壬午《じんご》の軍乱が起きており、フランスやドイツに将校を派遣して西欧型の近代的軍隊の導入を進めたかったのだ。

その推進役に選ばれたのが、明治一〇年一〇月に一二歳で陸軍士官学校幼年部に入学していた閑《かん》院宮載仁親王《いんのみやことひとしんのう》である。徴兵令が太政官布告で制定されたのが明治六年一月で、一二月には宮内省からすべての皇族に対して「皇族自今《じこん》海陸軍ニ従事スヘク」という通達が出されていた。皇族といえども入隊を免れ得ず、男子皇族の全員が軍人になる公平性が強制された。このため閑院宮も軍人にならざるを得なかったのである。

神奈川県の「小田原市立図書館所蔵閑院宮資料」（『小田原市郷土文化館研究報告　No.53』）に「閑院宮載仁親王殿下御事歴書　自御誕生至仏国御留学」（以下、「閑院宮載仁親王殿下御事歴書」と略す）なる資料が残されている。そこに一二歳の閑院宮が明治一〇年一〇月一六日に陸軍士官学校中幼年生徒室に入校した記録がある。それによると東京の市ヶ谷台の陸軍士官学校内にあった陸軍幼年学校に入学後、明治一一年五月二三日に陸軍士官学校生徒室に入舎していた。

実は寺内正毅が士官学校生徒大隊指令官になったのが明治一一年六月二五日で、入学間もない閑院宮の教育に携わっていたのである。このため閑院宮のフランス留学が明治一五年九月に決まると、寺内も随員として西欧に赴くことになる。思ってもない、棚からボタモチだった。

桜圃寺内文庫には明治一五年九月一九日付で太政官が「陸軍歩兵少佐寺内正毅」に宛てて「御用有之佛国へ被差遣候事」と命じた証書が残されている。

閑院宮が一七歳、寺内が三〇歳のときで、もうひとりの随行員が宮内省職員の松井修徳だった。

陸上自衛隊山口駐屯地内の「防長尚武館」には大庭景陽（白石正一郎の実弟）が寺内に贈った漢詩「奉送」が残されている。

奉送

陸軍歩兵少佐寺内正毅君陪随

閑院親王之佛蘭西

意気鷹揚笑上舟男

児何説別離愁当年

破賊呈奇策萬里陪

王試被《あそばされ》游立馬風霜荒

塞暁卸帆煙月古城秋

行過蘇士神應快一水
中分両大州
辱交　大庭景陽拝学

閑院宮は明治一五年一〇月一四日の朝六時四五分の汽車で新橋駅から横浜に向かい、横浜港からフランス船タイナス号に乗ってパリ留学に旅立つ。出航当日の寺内の日記「明治十五年　懐中日記」（国立国会図書館憲政資料室『寺内正毅関係文書　五十一』所収）にはつぎの記録が見える。

「晴、午前六時三十分　汽車ニテ東京ヲ発ス。八時十五分前、横濱東海鎮戍府ヲ発シ仏国郵船タイナス号ニ搭ス。浅横ニ検察アルヲ以テ出動待宿ス。再ビ浪ニ揚ル。午後九時、横濱ニ投錨ス。貴紳、将官、其他知友ニ餘ヲ送ル者皆東海鎮戍府ニテ袂ヲ分ツ」

以後の旅程を寺内の日記から追っておこう。

まず一〇月二四日に香港を発し、二七日にはフランス領のサイゴンに着く。三〇日に「新嘉波」ことシンガポールに着くと、そこには陸兵一四〇〇名がいて、近々港口に砲台を築造し、砲兵を編成するという話を鎮台から耳にする。一一月五日には「錫蘭島」ことセイロン島に到着し、一三日には「亜傳」ことアラビア半島南端のアデンに着く。「英領ニ属ス」場所で、「紅海ノ咽喉」でもあるため、「防禦」は特に「厳密」で、砲台の築造は「堅固」と語り、目にしたアラビア兵が、「躯幹《くかん》強大《きょうだい》」な体格に驚いていた。

以後は紅海を進み、スエズ運河を越えて二〇日にポートサイドに到着し、石炭を積み込んで二六日に南フランスの地中海に面したマルセイユ港に着いていた。しかし上陸用の小型船が横付けできず、船中での待機を強いられ、二八日の朝、ようやく上陸できたのだ。八〇〇キロメートル近くも北に離れたパリに入ったのは翌二九日である（「閑院宮載仁親王殿下御事歴書」）。

閑院宮一行を迎えるにあたり、明治一三年から同二三年まで初代在日フランス公使館付武官を務めたアレクサンドル・ブウグアンが、パリにいた陸軍大臣ジャン＝バティスト・ビヨに送った書簡が残っている。そこには閑院宮が四年間、東京の陸軍準備学校（陸軍幼年学校）で学科やフランス語の授業を受けたことに加え、パリでも三年から四年間、個人授業を受けてサン・シール陸軍士官学校への入学準備をする予定や、さらにはサン・シール履修後も三年間、フランス軍の異なる兵種の連隊内で実務を行う予定が報告されていた。

寺内については陸軍士官学校の歩兵教練課の課長として閑院宮に随行すること、また田島応親《たじままさちか》の交代要員で在仏日本公使館付駐在武官に就くこと、さらには「知的で勤勉な士官」で「フランス語を話すことができる」などの報告がされた。

松井修徳についても、閑院宮と陸軍幼年学校の同級生であること、留学中は「執事兼家庭教師」の任務がある報告が見える（『仏蘭西学研究　第四二号』「閑院宮載仁親王とフランス」）。

いずれにせよ寺内にすれば、明治五年から温めつづけてきたフランス留学の夢が一〇年後に実現したことに変わりはなかった。憧れのフランスで、見るものすべてが新鮮で魅力的だった。

一一月二九日の午前一〇時にパリに入ったときには雪が降っていた。日記には、「暁来雨ト雪降ル」とある。リヨン駅に到着すると公使の井田譲《いだゆずる》と「田島」こと公使館付武官の田島応親が「迎接」

パリのチュイルリー公園。背景はルーブル美術館
（平成29年5月・堀瑞巴撮影）

した。そして在フランス日本公使館（以下、公使館と略す）員の大山綱介の紹介で、夜は「コンチネンタルニ泊」した。

現在もオペラ座の正面に建つ「インターコンチネンタルパリルグランホテル」（Intercontinental Paris Le Grand）のことだ。落成した一八六二年は日本でいえば文久二年で、その年、幕府の欧米使節団が泊まった、日本人にとっては縁の深いホテルでもあった。

翌一一月三〇日の日記には、「晴　巴里は冬季晴天気ト雖モ日光ヲ視ル甚稀」と見える。パリの冬は晴れていても太陽が出るのはまれで、「午後　チュイレリー宮近傍ヲ散歩ス」とつづけている。

セーヌ川河畔に建つルーブル美術館から西のコンコルド広場までの噴水や彫刻で飾られている現在のチュイルリー公園の界隈を散策したのだ。つづいて公使館を訪ね、夕食後も「近傍ヲ散歩」すると、田島少佐と「公事」を話し合う。

その後を日記で追えば、一二月一日には凱旋門からコンコルド広場までの約二キロあるシャンゼリゼ通りを歩いている。

一二月四日には凱旋門の南のガリレー街に閑院宮と一緒に部屋を借りていた。

これも公使館職員の大山綱介の斡旋によるもので、職場の公使館の近くだった。

下宿が決まり、腰を落ち着けて周囲を見回すと、パリはフランス革命とナポレオン一世（ナポレオン・ボナパルト）の威光に満ちていた。

明治二年九月に京都の河東《かとう》操練場でフランス式兵学の訓練を受けてから一三年が経ち、ようやくフランス式兵学の本場であるパリに立てたのだ。

フランス革命でヨーロッパを近代化に導いたナポレオン一世は、一七六九年八月一五日、フランス支配下の地中海の小島コルシカで貧乏貴族の子として生まれていた。嘉永五（一八五二）年生まれの寺内より八三歳も年長である。しかし自由と平等を標榜し、個人の価値が尊ばれるフランス革命がなければ革命左派のジャコバン・クラブに属していたナポレオン一世がヨーロッパの覇者になることはなかった。農家に生まれて足軽の家を継いだ寺内が、明治維新という革命戦争が無ければ世に出ることがなかったのと似た境遇である。

寺内が渡仏した一八八二（明治一五）年はパリ民衆がバスチーユ牢獄を襲撃した一七八九年七月一四日から九三年が経っていた。ノートルダム大聖堂でナポレオン一世の戴冠式が挙行され、フランス革命が幕を閉じた一八〇四年一二月二日からでも七八年後である。しかしパリにはナポレオン一世の威光が眩しく輝いていた。

現在、エッフェル塔の下に広がるシャン・ド・マルス公園の端に旧陸軍士官学校が残っているが、そこもナポレオン一世が入学し、卒業した兵学校だった（エッフェル塔は一八八九年にパリ万国博覧会で建てられたので当時はない）。

寺内の下宿からわずか五〇〇メートル北のエトワール凱旋門も、皇帝に即位して二年後の一八〇六年に着工された記念碑だった。三〇年をかけて一八三六年に完成したナポレオン一世のメモリアルモニュメントである。

そのエトワール凱旋門から二キロメートル東に進んだコンコルド広場も、フランス革命期の一七九三年に国王ルイ一六世や王妃マリー・アントワネットたちが処刑された場所である。処刑前

エトワール凱旋門（平成29年5月・堀瑞巴撮影）

コンコルド広場（平成29年5月・堀瑞巴撮影）

セーヌ川。右手がマリー・アントワネットの牢獄コンシェルジュリー（平成29年5月・堀瑞巴撮影）

の彼らが収監されていたコンシェルジュリーもセーヌ川に浮かぶシテ島に当時の姿で残っていた。

　顧みれば寺内の師・大楽源太郎は、頼山陽《らいさんよう》の三男・頼三樹三郎《らいみきさぶろう》の門人であったが（『大楽西山詩存』）、その三樹三郎の父であった頼山陽は、文政元（一八一八）年にナポレオン一世を讃える漢詩「仏郎王歌《ふつろうおうのうた》」を作っていた。そこに「国内游手収編行（国内《こくない》の游手《ゆうしゅ》収《おさ》めて行《こう》を編《へん》す）兵無妻子武趪趪（兵に妻子無く　武趪趪《ぶこうこう》）たり…」と見えるのは、国内の浮浪者を集めて編成した軍隊の兵士たちは妻子を持たないので勇猛果敢な武威を発揮したという意味である。身分を越えた大衆軍を組織してブルボン朝を倒して政権を握ると、ナポレオン一世はフランス革命の理想の実現に向けて奔走した。そしてヨーロッパを代表する偉大な統治者に成長したのである。西欧の近代主義は軍事や軍制まで含めてフランス革命からはじまっていたのが、現地に立つとよくわかった。

　寺内が経験した長州藩の明治維新にも、フランス革命の影響が見え隠れしていた。

　例えば安政六（一八五九）年四月七日に吉田松陰が佐久間象山の甥・北山安世《きたやまやすよ》に宛てた手紙にも、「那波列翁《ナポレオン》を起してフレーヘードを唱《となへ》ねば復悶医《いや》し難し」〔※1〕と見える。同じ時期に吉田松陰が野村和作に宛てて、「草莽崛起《そうもうくっき》、豈《あ》に他人の力を仮《か》らんや。恐れながら、天朝も幕府・吾《わ》が藩も入〔要〕らぬ、只《た》だ六尺の微軀《びく》が入用」〔※2〕と草莽崛起《そうもうくっき》を命じた背景にもフランス革命の影が浮かぶ。

　日本の明治維新の「王政復古」のように、フランス革命にも「復古」精神があったと指摘したのは三谷博の『愛国・革命・民主　―日本史から世界を考える』である。革命を主導した第三身分が国民議会の創設を決議したときの絵（画家ジャック・ルイ・ダヴィドが描いた絵）に、人々が右手を斜め上に上げている姿が描かれていたからだ。ナチスで有名になった構図であるが、古代ローマ人た

ナポレオンの墓があるアンヴァリッド
（平成29年5月、堀瑞巴撮影）

ちが公的な約束をするときのポーズで、この「復古」精神が、ナポレオン一世の誕生につながっていた。

日本では明治三年一〇月に太政官が陸軍をフランス式、海軍をイギリス式に定めていた。大楽源太郎門下に暗殺された大村益次郎のフランス兵学重視の姿勢が、あたかも冥界から蘇るように公式採用されたのである。

寺内がナポレオン一世に憧れていたことは、「七十年の古を偲び。また〈ワーテルロー〉の丘に上りて英雄の末路を追弔し」たという『元帥寺内伯爵伝』の記述からも伺い知ることが出来よう。多忙な仕事の合間を縫って、パリから北東に約三〇〇キロメートルも離れたベルギーにまで足を運び、ナポレオン一世の最後の戦跡「ワーテルロー」を訪ねて「英雄の末路を追弔し」ていたからだ。

一八一四年五月四日にナポレオン一世はエルバ島に流され、ブルボン王家が復活した。しかし翌年三月には脱出してパリで再び帝位についたことで、守旧派は結束してワーテルローの戦いでナポレオン一世を再び打ち砕き、遠くのセント・ヘレナ島に流したのである。そこで息絶えたナポレオン一世だったが、没後も人気は衰えず、一八三〇年に七月革命が起こり、再びブルボン王家はフランスを追われたのだった。

その後、フランスではブルボン王家の傍系オルレアン王家のルイ・フィリップが王位を継いだ。フィリップは若き日に革命側からフランス革命に参加していたことで、ナポレオン一世の遺骸をパリに運び、一八四〇年一二月一五日にパリのアンヴァリッド（廃兵院）に安置し、パリの礎とする。

革命由来の近代思想は、甥のナポレオン三世（一八五二年一二月二日即位）の第二共和制に受け継がれた。寺内が目にした時代のパリの街並みが、その結果だった。パリの景観の一つ一つが、自ら身を投じた明治維新と重なって見えたはずである。

寺内の日記の続きを追うと、明治一五年一二月八日から閑院宮の教育がはじまり、寺内は九日にはブローニュの森から来た仕立屋に洋服を新調させていた。そして一一日からは、自らも「仏語」を習い始める。

桜圃寺内文庫には年が明けた一八八三（明治一六）年に発行されたフランス地図『CARTE DE LA FRANCE』が保管されている。フランス留学中に寺内が手に入れたものであろう。パリの北に見える「LA MANCHE」はイギリス海峡だ。フランスではラ・マンシュ（海）と呼ばれていた。

〔※1〕大和書房版『吉田松陰全集 第八巻』二九二―二九四頁。安政六年四月七日付「北山安世宛」。
〔※2〕大和書房版『吉田松陰全集 第八巻』三一九―三二一頁。

大山《おおやま》巌《いわお》　欧洲巡視団

明治一六（一八八三）年から同一八年に至る寺内正毅のフランス時代の日記は国立国会図書館憲政資料室の『寺内正毅関係文書　五十一』から『同　五十二』にかけて所収されていた。そこから行動を眺めると、まず、明治一六年三月二四日に田島応親少佐と一緒にパリから約七〇キロメール南のフォンテーヌブローに赴いていた。そこで留学中の楠瀬幸彦の案内で陸軍砲工学校を見学していたのである。翌二五日にはパリの南西二〇キロメートルの場所にあったベルサイユ宮殿まで足を運び、あまりの「壮観」さに素直に驚いている。狩猟地だったベルサイユにルイ一三世が建てた館を、息子のルイ一四世が一六六一年から改築したのがベルサイユ宮殿のはじまりだった。だがフランス革命で一七八九年一〇月に市民軍が宮殿に乱入してルイ王朝が倒れ、革命終了後の一八三七年に博物館となっていた。寺内が見たのは、その博物館としてのベルサイユ宮殿だった。

寺内は、四月八日にセーヌ川のシテ島の南に位置するリュクサンブール公園を散策している【第二章扉裏写真】。公使館は下宿に近いジョゼフィーヌ街七五番地（現、マルソー街七五番地）にあった。高さ五〇メートルに及ぶエトワールの凱旋門（五四頁写真）から南東へ三〇〇メートルの場所だ〔※1〕。

太政官から「佛国公使館附被仰付候事」と命じられたのが五月七日だった（桜圃寺内文庫）。この日、公使館付となったのである。

渡仏から半年余りで、今度はフランスに来る邦人たちの世話をする立場になったわけである。ナポレオン一世が作ったサン・シール陸軍士官学校（ベルサイユ宮殿から約三キロメートル西）に在籍していた日本人に、木村雅美（男爵）、赤羽正登（工兵少尉）、小倉準（歩兵少尉）、楠瀬幸彦（砲兵少尉）、森雅守（砲兵少尉）、上原勇作（工兵少尉）、黒瀬貞次《くろせさだじ》（陸軍省出仕）たちがいた〔※2〕。

明治一六年六月二四日の日記には、「午後　田島ノ病気ヲ訪フ《とぶら》」と見える。田島応親が病気だったこの時期、「仏語ヲ学ブ」と日記に多用している。

上原勇作によれば、軍政調査のために寺内はフランスの軍事教育資料を木村雅美に、軍政制度の参考書を楠瀬幸彦に集めさせていたという（『元帥寺内伯爵伝』「在佛中の伯」）。

つづいて七月九日の日記に、「陸軍省より仏国公使館付仰旨」と書いていた。病気の田島応親少佐と入れ替わる形で、正式にフランス公使館の武官に任命されたのであろう〔※3〕。

七月一四日にはフランス革命を記念したパリ祭を目にしていた。

当日の日記に「閲兵式拝観ニ出場ス」と見えるのが、そのときの様子だ。すなわちサン・シール陸軍士官学校の生徒をはじめ、憲兵隊、工兵隊、砲兵隊などが整列し、「頗《すこぶ》ル盛観《せいかん》ナリシ」と感銘を受けていた。

一七八九年七月一四日のバスチーユ牢獄襲撃から九四年を経ていたが、フランス革命の喜びを祝福していたパリの民衆たちの熱気を寺内は目の当たりにしたのである。後にパリ祭と呼ばれるセーヌ川界隈で盛り上がる革命記念祭を、寺内は「ラセーヌ祝祭」と当時の日記に綴っていた。

この日、バスチーユ広場のすぐ北のレピュブリック広場（共和国広場）でもマリアンヌ像が落成していた〔※4〕。フリジア帽子をかぶったフランス共和国の象徴マリアンヌが右手にオリーブの枝（平和の象徴）を掲げ、左手に「人権宣言」の刻まれた石碑を持つ姿がパリに登場した瞬間だった。

レピュブリック広場のマリアンヌ像
（平成29年5月・堀瑞巴撮影）

七月一六日には「午前　仏語ヲ学ブ」とあり、午後には「ドクトルマンタン」に会い「右手ニ関スル機械ヲ調整スル」と記している。動かない右腕の治療のため、医者のマンタンの診察を受けながら技手のような「機械」の調整をしていたが、おそらく気休め程度のものであったのだろう。

七月二三日には、「田島より事務ノ引継ヲ受ク」とあり、在フランス公使館の仕事の引き継ぎを行っている。

九月一〇日は「天気　殊《こと》ニ好《よ》シ」で、午前に公使館で仕事をして田島が来館したので「相伴シテ」ポルトガル公使館を訪ね、「国立フールバールニ至リ、手帳一個ヲ買付シテ帰ル」とある。「国立フールバール」は、セーヌ川右岸の複数の大通りの通称、グラン・ブールバールのことである。「国立」とは近くにある国立劇場「オペラ座」のことであろう。そこで寺内は手帳を買い求めていた。

日本では、明治一六年も終わりに近づいた一二月に、岩倉具視《いわくらともみ》が芝の延遼館《えんりょうかん》に地方長官を集め、山県有朋（参議院議長）が軍備拡張論を演説していた。

前年（明治一五年）七月の壬午の軍乱などで、朝鮮への派兵まで含めた軍事拡大が求められていた。

山県の演説は、明治一八年度からの兵隊の増員を実現し、六鎮台制を六師団制に改め、第七軍管区の北海道への屯田兵《とんでんへい》増設につながる。

また、陸軍大学校が明治一六年四月一二日に始業したにもかかわらず、大学にふさわしい教官も足りておらず、フランスから参謀少佐か大尉を一名、招聘《しょうへい》する計画も立ち上がっていた。陸軍士官学校の将校教育にも新時代にふさわしい制度が必要で、当時のグローバリズムに耐えうる憲法制定も急がれていたのだ。

すでに見たように「明治一四年の政変」でドイツ派が台頭し、明治一五年三月には井上馨が伊藤博文らをヨーロッパに送り出し、憲法調査をさせていた。ドイツ式へのシフトが決定的となったのは、伊藤たちが帰国した明治一六年八月である。それをきっかけに陸軍もフランス式からドイツ式にシフトされる。山県の軍備拡張論は、こうした流れに沿っていた。その結果、陸軍卿の大山巌をトップに据えた総勢一五名のヨーロッパ視察団が明治一七年二月一六日にフランス船メンザレー号で横浜から出航することになる。彼らが向かったのは、まずは寺内のいるフランスだった。

大山は普仏戦争の観戦で一八七一年二月（明治三年一二月～同四年一月）に最初の渡仏を行い、翌一八七二年二月（明治四年一二月～同五年一月）には勉学のために二度目のパリ入りをしていた。したがって三度目の渡仏となる。

他のメンバーを「大山陸軍卿欧洲巡視日録」（『元帥公爵大山巌』）から拾いあげれば以下の面々となる。
②三浦梧楼（士官学校長・陸軍中将）、③野津道貫（東京鎮台司令官・陸軍少将）、④桂太郎（参謀本部管西局長・陸軍大佐）、⑤川上操六（近衛第一連隊長・陸軍大佐）、⑥橋本綱常（陸軍病院長・軍医監）、⑦

小池正文（会計局副長・会計監督）、⑧矢吹秀一（海防局員・工兵少佐）、⑨村井長寛（砲兵大隊長・砲兵少佐）、⑩志水直（総務局庶務課長・歩兵少佐）、⑪小坂千尋（陸軍大学校副幹事参謀大尉）、⑫原田輝太郎（歩兵少尉）、⑬伊地知幸介（砲兵大隊副官・歩兵中尉）、⑭野島丹蔵（東京鎮台付・歩兵中尉）、⑮俣賀致正（会計局付・三等軍吏）の計一五名である〔※5〕。

大山視察団のうち、寺内と同郷の長州人は三浦梧楼、桂太郎、小坂千尋の三人で、なかでも岩国出身の小坂はサン・シール陸軍士官学校の卒業生だった。明治三年一二月から同一一年八月までの七年八ヶ月間もの長期に渡りフランスに滞在したフランス通だ（アジ歴資料「サンシール学校在校者人名取調の件」）。

一方の薩摩人は大山巌、野津道貫、川上操六、伊地知幸介の四名で、「陸の長州、海の薩摩」のバランスがとれている。

大山の一行が横浜港を出航する直前の明治一七年一月一六日に、寺内は午前一〇時に離任する田島を伴い、ベルサイユで世話になった人たちに挨拶回りをしていた。サン・シール陸軍士官学校の校長兼大尉のメーリルラにも挨拶に出向いている。

田島の帰国パーティーは明治一七年一月一九日の夕方に開かれ、光妙寺三郎、大使館職員の大山綱介、第一次軍事顧問団の団長だったシャノワーヌ、同じく同顧問団のジュールダンたちが参加した。第二次軍事顧問団で来日したビレー大尉やアンゴーも加わり、総勢八名での賑やかな送別会となった。彼らは「仏国士官ニテ嘗《かつ》テ日本ニ在《あ》リシ者」でもあり、大いに盛り上がる。

田島がパリを発ったのが二月一日で、八日にはサン・シール陸軍士官学校からデビース隊長が公使館にいた寺内を訪ねている。

三月二三日にはイタリア駐在の浅野長勲公使から大山巌の視察団が「那波里《ナポリ》」に着くと電報が入る。寺内は夜七時に汽車でイタリアに向かう。

大山の一行がナポリに着いたのは三月二六日だった。

フランスから陸軍大学校教師の雇い入れをするため、一行は横浜港を出港したが、出航直後の二月二〇日に、山県有朋が陸軍卿の西郷従道《さいごうつぐみち》（海軍卿だが大山の外遊時には陸軍卿を兼任していた）に対して、フランスからの雇用計画を変更してドイツから将校一名の雇い入れを求める文書を送っていた。教師招聘の変更について、桂と山県の「周到な策謀」と『陸軍創設史』は語っている。

ナポリで大山たちを迎えた寺内は約二週間、イタリアで行動を共にする。そして四月一一日に「羅馬《ローマ》」で大山たちと別れ、一足先に「巴里《パリ》」に戻り、改めてフランスで出迎える準備にかかる。大山たちが「リヨン停車場」（パリの中心部から南東に寄ったセーヌ川右岸）に到着したのが五月四日だった。

翌五月五日から大山一行は、パリでフランスの陸軍官房長官、外務卿、陸・海軍卿たちと面会し、五月一三日の午前一一時にはジュール・グレヴィ大統領に「謁見《えっけん》」していた。

五月二二日の寺内の日記には、「午後一時半、陸軍卿、仏国陸軍卿ニ面会シ教師一条ヲ示談シ相整フ」と見える。寺内は大山とフランス陸軍卿の二人と面会し、陸軍学校への教師雇い入れについて話し合っていたのだ。五月二六日には（官）房長と面会してアンリー・ベルトー大尉に面談することを決め、五月二九日にはベルトー大尉が寺内に会いに来ている。大山たちのパリ滞在中に合流したサン・シール陸軍士官学校卒業生の原田輝太郎は、大山の斡旋によってフランス国陸軍大学校に入学する（『元帥公爵大山巌』）。

六月二一日に、ロンドン（イギリス）に向かう大山たちを寺内は蜂須賀《はちすか》茂韶《もちあき》公使たちと見送った。

つづいて七月一〇日の日記に、「午後　公使館ニ到リ　教師條約書条ニ関スル書面ヲ認メ　公使ニ相談シ　明日ノ公信ヲ以テ発送スルヿ《こと》ヲ決ス」と記している。ベルトー大尉たちの雇用手続きに入ったのであろう。翌七月一一日に、「ベルサイユ第二輜歩兵大隊へ村田銃ヲ三挺ヲ送ル」と見え、八月八日にもベルサイユで「村田銃ノ試験ニ相ス」と記していた。

村田銃は慶応二（一八六六）年にナポレオン三世が徳川幕府に贈った二〇〇〇挺のフランスのシャスポー銃がもとになっている。正確にはシャスポー銃の後進型「グラー一八七四年式小銃」を手本にして、明治九年に陸軍がヨーロッパに派遣した村田経芳が研究開発して明治一三年に陸軍が採用した「十三年式村田銃」のことだ。帝国陸軍最初の国産銃の村田銃を改良するため、寺内は本家本元のフランスでの改良実験に立ち会っていたことになろう。その結果、明治一八年に全長を一五ミリ短くし、薬室上部に二つのガス抜き穴を開け、分解と結合が簡単に行える「十八年式村田銃」〔※6〕が登場する。この「十八年式村田銃」が明治一九年にほとんどの鎮台に行き渡るのである〔※7〕。

七月一八日の日記によると、この日、寺内は再びベルトー大尉と会い、七月二三日にはベルトーやシャルル・ルルーなど四人分の渡航費として一二万一八〇〇円、「仏価」にして一万一七〇〇フランを渡していた。九月から一〇月にかけて来日し、ベルトー大尉は士官学校の教官に、キュール砲兵軍曹とド・ビラレ中尉は戸山学校の教官に、シャルル・ルルーは陸軍教導団軍楽長になっている。

ところで大山たちは、七月一三日にベルリンに入るとドイツ公使の青木周蔵《あおきしゅうぞう》と打ち合わせを行い、ドイツの外務省や陸軍省を訪問している。

三浦梧楼が『観樹将軍回顧録』で、「吾輩等の一行が、既に仏国を立って独逸《ドイツ》へ往つた時」というので、そのころの話であろう。フランスから大演習に参加するように要請が来たが、「日仏共同の交渉」を持ちかけられることを嫌った大山巌が、代わりに三浦をパリに戻らせた。案の定、グレヴィ大統領から三浦は歓待される。

当時、「仏国はシナとトンキン戦争を開いておった」と三浦が語るのは、ベトナム北部の中心都市トンキン（東京＝ハノイの旧称）で紛争が起きていたからだ。明治一六年に清の朝貢国ベトナム（安南）をフランスが支配下に置いたことで、同年一二月にフランスと清との間で小競り合いが始まり、次第に拡大して、清仏戦争にもつれ込んでいた。

三浦はフランス側が自分たちを手厚く歓迎した背景を、日本を味方につけて清国と戦わせる考えがあったからと明かす。「仏国は日本の歓心をかって、味方に引き入れんとの腹であった」というのである。

実際、フランス軍は台湾の基隆《きーるん》と対岸の福州《ふくしゅう》を攻撃し、明治一七年八月二四日には福州近海で激戦となり、四〇〇名の水兵を乗せた清国軍艦一艘を討ち沈めている（八月二六日付『読売新聞』）。二八日には清がフランスに宣戦布告した（九月一日付『読売新聞』）。

明治一七年八月三〇日付の『防長新聞』は「福州形勢」と題し、上海で一三日に発行された新聞「字林滬報」の記事を転載している。それによると清国軍艦の封港を防ぐためにフランス軍艦八艘が福州の海面に停泊し、別に一艘の軍艦が配置されているとしている。

こうしたなか大山の一行は七月二三日にはモスクワ（ロシア）に向かい、八月一二日にはベルリンに戻る。そして一〇月二〇日にベルリンを発って以後はウィーン（オーストリア）、パリ、ロンドンを巡り、一二月一日にニューヨーク（アメリカ合衆国）に上陸して、ワシントンでチェスター・アラン・アーサー大統領に面会すると一〇日にニューヨークに戻ってグラント将軍に会う。そしてシカゴを経由して二六日にサンフランシスコ港から日本に戻るのだ。横浜港に着いたのが翌明治一八年一月二五日だった（『元帥公爵大山巌』）。

寺内は明治一七年九月一九日付で陸軍中佐に昇進していた。大山が政府の方針に従い、ドイツからメッケル少佐を招聘することを決めたのも、このときである。

大山は一〇月八日に、寺内にベルリンに来るよう電報を打つ。寺内は夜八時の汽車でパリを発つと、翌一〇月九日の「夕八時三十分」にはベルリンに着いた。

一〇月一一日付けで大山は西郷従道と山県有朋にメッケルの雇用を手紙で伝えている。二年の雇用期間で月給五〇〇ドルという条件だ。後の話になるが、メッケルが横浜港に着くのが明治一八年三月一八日である。

明治一七年一〇月一二日の日記には、「日本ヨリ森二等軍医来着」と見える。森鷗外が二等軍医のとき、寺内はベルリンで出会っていたことになろう。

一〇月一三日には、大山と「大砲ノ事ニ関シ談話シ意見ヲ聞ク」とある。ベルリンで大砲の打ち合わせを行った寺内は、大山たちがオーストリアに向かう一〇月二〇日まで滞在した。パリに戻ると、フランス陸軍砲隊部長のカネーに大砲注文について相談し、再び大山たちとイギリスに渡ってロンドンで落ち合うとアームストロング社に一門、ホルジュシャンチェー社に一門を注文することを一一月二〇日に決めている。後者のフランスのホルジュシャンチェー社の正式名は「Forges et Chantiers de la Méditerranée」（ホルジュ・エ・シャンテェー・ド・ラ・メディテラネ社）。日本語では「地中海の鉄鋼及び造船会社」であろうか。軍艦や大砲を製造するフランスの軍事会社で、有名なところでは明治一九年に建造された日本海軍軍艦「畝傍《うねび》」の製造元である。残念ながらこの軍艦は、日本に回送される途中で消息不明になった。

こうしてパリやイギリスで寺内が大砲注文に奔走していたころ、日本では朝鮮開化派の青年官僚の金玉均《きんぎょくきん》と朴泳孝《ぼくえいこう》たちが、外務卿の井上馨に親日派政権の立ち上げを働きかけていた。しかし井上が拒んだため、金は福沢諭吉に助けを求め、福沢がフランス帰りの後藤象二郎《ごとうしょうじろう》を紹介して門下の井上角五郎もクーデターに協力する態度を示すのである（『自由党史〔下〕』）。福沢の四男であった福沢大四郎（明治一六年生まれ）が、「朴泳孝、金玉均その他四、五名の朝鮮人がずっと泊まり込んでいたこともある」（『父・福沢諭吉』）と明かすように、甲申事変《こうしんじへん》の黒幕のひとりが福沢諭吉だった。

クーデター資金は、後藤が明治一五年一一月から一緒にフランスに留学した板垣退助と連れ立って永田町のフランス公使館を訪ね、「亜細亜の半島に新立憲国を建造せん」とそそのかして一〇〇万円を手に入れた（『自由党史〔下〕』）。

駐日フランス公使のサンクイッチが気前よく一〇〇万円を出したのは（『東亜先覚志士記伝〔上巻〕』）、三浦が語ったようにフランスが日本を味方に引き込みたかったからであろう。福沢たちは、それをうまく利用してクーデター資金を手にすると自由党メンバーと組んで、朝鮮の漢城（現、ソウル）の郵便局の開局式で閔泳翊《びんえいよく》（閔妃《びんび》の甥）ら閔氏政権の大官六名を殺害する朝鮮独立党のクーデター、甲申事変を明治一七年一二月四日に用意した。一気に親日派政権を樹立する試みだったが、すぐに鎮圧された。理由は日本政府が本腰を入れて協力しなかったからである。失敗した金玉均と朴泳孝たちは日本に亡命した。そして事件の後始末として、年が明けた明治一八年一月九日に井上馨と朝鮮側の金弘集《きんこうしゅう》の間で漢城条約が締結される。このとき金たちの引き渡しを朝鮮が求めたが、井上は突っぱねた。金は再び福沢の庇護を受け、しばらく福沢邸に身を隠すことになる。

明治17年12月の甲申事変の舞台となったソウルの「郵征總局」（平成17年8月）

　フランスの軍資金援助を得ての甲申事変は、しかし頓挫した。一方でフランス自身は清との戦いに勝っていた。この時期、ジュール・フェリー首相は、清が賠償金を支払わない場合は台湾を占領すると強気の発言をしている（明治一七年一二月一〇日付『防長新聞』「台湾占領」）。実際、フランスは清仏戦争の勝利を足がかりにベトナムからカンボジアにまたがるフランス領インドシナ連邦を設置する（一八八七（明治二〇）年）。また、一八八〇年から九五年までの一五年間で海外での支配地域を面積・人口とも約一〇倍に膨らませている（『近代フランスの歴史　―国民国家形成の彼方に―』）。こうした国威がフランス革命一〇〇年記念として開催された一八八九（明治二二）

年の第四回のパリ万国博覧会として表面化するのだ。清仏戦争勃発（明治一七年）から五年後の開催で、今では観光名所として名高いエッフェル塔もこのとき（明治二二年三月）完成されていた。フランスにおける植民地拡張主義も並行して加速していた時期である。

ところで寺内は明治一八年一月一五日の日記に、「本日　独逸《ドイツ》より日本陸軍へ雇用シ少佐メッケル氏ト面会ス」と書いている。ドイツから日本に向かう途中のメッケルに会い、今後を話し合っていたのだ。メッケルの採用は陸軍のドイツ化を意味していた。明治一七年四月に在東京フランス公使館の武官だったブーゴアンが西郷従道に抗議していたが、そのことで日本政府がドイツ化への流れを変えるはずもなかった。粛々と寺内が手続きを進めて、メッケルの陸軍大学校赴任が実現したのである（『陸軍創設史』）。

清仏戦争に勝利した後に建設されたエッフェル塔（平成29年5月・堀瑞巴撮影）

〔※1〕『鮫島尚信在欧外交書簡録』の口絵写真に、現在も残る「旧パリ日本公使館全景」の写真が載っている。また、公使館の凱旋門から東南へ三〇〇メートルの距離は『明治維新と西洋国際社会』（一六六頁）による。

〔※2〕「サンシール学校在校者人名取調の件」（明治四一年六月・アジア歴史資料センター公開資料）。

〔※3〕アジア歴史資料センター公開資料（以下、アジ歴資料）『公文類聚第七編　明治十六年　第十五巻』には「五月七日官吏進退」として「陸軍歩兵少佐寺内正毅ヲ在仏国公使館附ト為ス」とあり、同日付で「在仏国公使館附陸軍歩兵少佐田島応親へ帰朝ヲ命ス」と確認できる。実際の交代が二ヶ月後にズレ込んだのであろうか。

〔※4〕現在、台座に設置されている「Histoire de Paris」〔パリの歴史〕の説明板に、「La ceremonie d' inauguration eut lieu le 14 juillet 1883」と記されている。一八八三年七月一四日に落成式を行ったという意味である。

〔※5〕役職は『公爵桂太郎伝　乾巻』で補足した。陸軍の階級は上から「将官」、「佐官」、「尉官」の順で、それぞれに上から「大」、「中」、「少」が付く。

〔※6〕『日本の軍用銃と装具』一三頁。

〔※7〕『明治後期産業発達史資料　第二三二巻　明治工事史　火兵・鉄鋼篇』（五九頁）には、「明治十九年に至り、各鎮台の携帯火器は、殆んど村田銃を以て整備するを得たり」と記されている。

サン・シール士官学校からの手紙

明治一八（一八八五）年二月七日の寺内の日記に「カネー氏より砲ノ図面ヲ渡セラル」と見える。前年秋（明治一七年一〇月）にパリで大砲注文の相談を持ちかけたフランス陸軍砲隊部長のカネーから大砲の設計図が届いたのだ。

二月一三日には楠瀬幸彦中尉が会いに来て「大砲ノ事ヲ談シ」、二月一九日には「アムストロング氏より大砲ノ図面ヲ受ク」と記されている。注文していたフランスのホルジュシャンチェー社とイギリスのアームストロング社の大砲の設計図が出そろったのだ。寺内は三月二日にカネー氏と契約を結ぶ。

寺内はフランスの参謀本部に軍事用の通信機器を見学に行き、三月一八日には約一八〇〇フランの機械も購入している。

四月に入ると一日、五日と陸奥宗光が寺内を訪ねて来た。

陸奥は西南戦争期に土佐立志社系の一部が呼応した嫌疑で、禁獄五年の刑を受けて明治一六年一月まで獄中にいた。その直後に憲法調査の外遊から戻った伊藤博文に影響を受け、自ら明治一七年四月にアメリカ経由で七月にロンドンに渡ると、明治一八年三月末まで滞在し、さらにパリに渡った。寺内に会ったのがそのときだった。もっともパリにいたのは短期間で、四月一八日にはベルリンに到着している。

寺内も、陸奥と別れた後にイギリスに旅立つ。

四月一二日の日記には、午後七時に「龍動《ロンドン》へ向フ」と見え、一四日にはアームストロング社を訪ねて大砲の「製作（ヲ）委《まか》シ」ている。つづいて一八日には「巴里《パリ》ニ帰ル」と記す。日本陸軍の近代化は寺内を通じてフランスを拠点に進められていたのである。

なお、六月三日の日記には、「ホルジュシャンチェー・大砲代価第一廻ノ代ヲ拂フ」。六月二二日の日記には、「カネー氏ト面会シ第二回拂金ヲ渡シ」と見える。二度に渡ってホルジュシャンチェー社へ大砲代金の振り込みをしているのだ。

寺内の帰国話が六月六日に出ていたことが、「午後公使館ニ到ル　本部長ヨリ直《じか》ニ帰朝スベキノ命ヲ受ク　直《じか》ニ其細件ヲ問合ス」という当日の日記でわかる。

パリに住み始めて二年半余りが経っていた。桜圃寺内文庫には七月一七日付で太政官から「歩兵中佐寺内正毅」に宛てて「御用有之帰朝被仰付候事」と帰朝を命じる証書が残されている。だが、九月に行われるフランス陸軍大演習を参観することになり、加えて日本政府もドイツ式の軍制導入に進み始めていたので、一〇月一三日にパリの下宿を引き払うとドイツ視察の旅に出ている。「閑院宮載仁親王殿下御事歴書」によると、閑院宮載仁親王がサン・シール士官学校の入学試験を受けたのは八日後の一〇月二一日で、入学は三一日であった。

閑院宮の入学と同じ一八八五（明治一八）年に入学した四〇七名の士官候補生のうち、外国人は閑院宮を入れて僅か四名だった（『仏蘭西学研究　第四二号』所収・中津《なかつ》匡哉《まさや》「閑院宮載仁親王とフランス」）。彼ら第七〇期生の学年名は「安南（Ａｎｎａｍ）」。清仏戦争により同年六月に結ばれた天津条約で安南とトンキンを清がフランス保護領として公式に認めたことに由来する学年名である。寺内は閑院宮のサン・シール士官学校の入学準備を済ませて、ドイツ視察に出たことになろう。

一〇月二五日の日記に、「午後　独逸都より帰巴」と見えるように、寺内はその日、ドイツの首都であったベルリンからパリに戻った。そして一一月二〇日に「汽車ニテ巴里ヲ発ス」とあり、帰国のためにパリを出た様子がわかる。つづいて一一月二二日にマルセイユから出航すると、一ヶ月余りの海の旅を経て明治一九年一月六日に横浜港に降り立つのである。

帰国途上の寺内に宛てて、閑院宮が書いた手紙が陸上自衛隊山口駐屯地内の防長尚武館に残されていた。レターヘッドにラッパや剣、軍旗などを組み合わせたデザインが施され、「PREMIER《プルミエール》 BATAILLON《バタイロン》 DE《ド》 FRANCE《フランス》」（フランスの第一大隊）の文字がリボンにあしらわれている。その下の花瓶状の絵に「St.CYR」の印字がある。Saint-Cyr、すなわちサン・シールのことだ。

このサン・シール士官学校の第一大隊専用の便箋に、閑院宮は寺内の帰国を惜しむ手紙を書いていた。在フランス日本公使館に入れ替わる形で赴任した旧薩摩藩士の野津鎮武のことをフランス語が理解できないうえに自分たちに「相談モ無」く、旧薩摩藩士の大山巌や吉井友実の「親戚故」に決まったと、人事への不満も綴られていた。藩閥を作った長州と薩摩だが、たがいにライバルで仲が良いとは言えなかった。閑院宮は寺内らの長州閥の中にいたのである。そのうえで閑院宮は、日本の軍隊の武威を海外に示して帝国日本の存在をヨーロッパ人に知らせるため、今以上に勉学に励み、皇国のために尽くすので引き続き補佐して欲しいと切望していた。また裏面の文末に、「サンシール校ニ於テ認メ一千八百二十五年十二月八日　載仁／寺内正毅殿」と記していた。

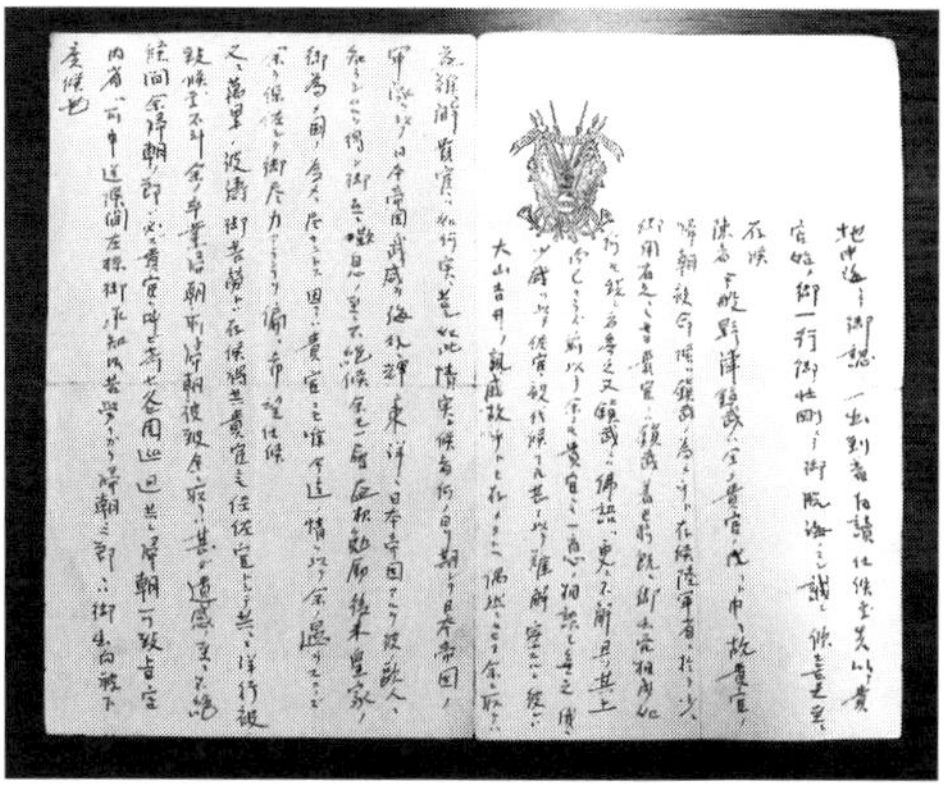

帰国途中の寺内に向けて閑院宮載仁親王が送った書簡
（陸上自衛隊山口駐屯地内「防長尚武館」蔵）

明治一八年一二月八日にサン・シール士官学校内で、閑院宮はこの手紙を書いていたのだ。

閑院宮はその後もフランスにとどまり、明治二〇年八月にサン・シール士官学校を卒業すると、同年一〇月一日にパリから直線距離で二五〇キロメートル南西に位置するソミュール騎兵学校に入学した。そして明治二一年八月三一日に卒業すると一〇月二〇日にツール府第七軽騎兵聯隊付となる（「閑院宮載仁親王殿下御事歴書」）。こうして明治二四年七月一四日に帰朝するまで、「八ヶ年十ヶ月」〔※1〕をフランスで過ごすのだ。

息子の閑院宮春仁王《かんいんのみやはるひとおう》は、「父は非常にフランス好きであった」と語り、「フランス語は実に堪能で、外人との交際もあか抜けていた」と回想している。帰国後は家庭内でもあぐらをかかず「徹底的に椅子の生活」を通し、「洋服、洋食を好み、日常生活は主として洋式であった」〔※2〕という。

同様に寺内もフランス趣味の生涯を送ったが、それは寺内がフランス側から高く評価されていたからでもある。その証拠にフランス政府が寺内に与えた四枚もの勲章授与証が桜圃寺内文庫に保管されている。

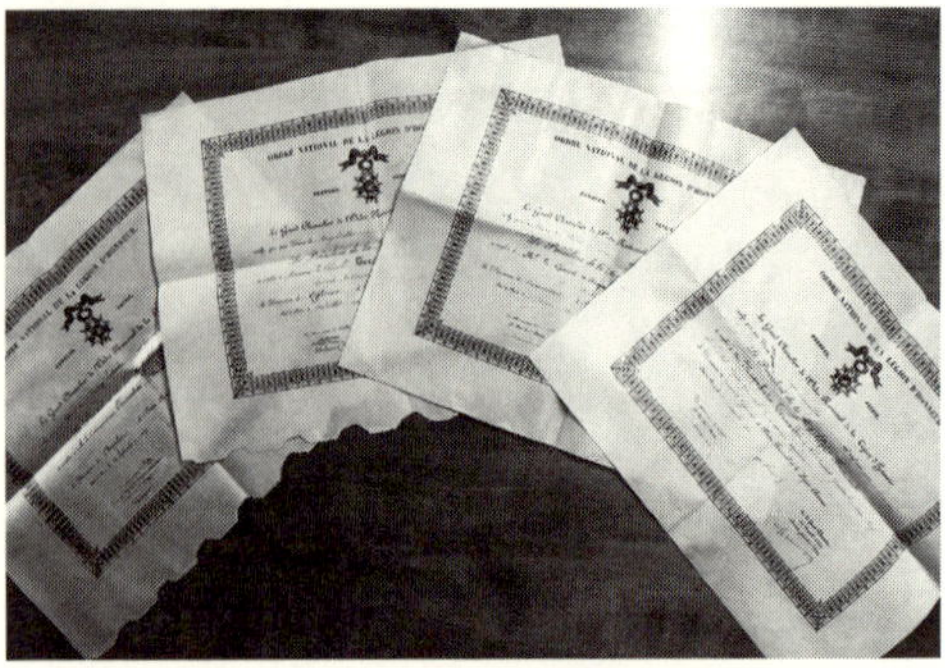

寺内正毅に授与されたレジオン・ドヌール勲章授与証。左から五、四、三、二等（山口県立大学蔵）

まず、フランス在任中の一八八四（明治一七）年九月一五日付で授与されたレジオン・ドヌール五等勲章〈シュヴァリエChevalier〉の授与証である。

つぎに帰国後の一八九一（明治二四年）七月二一日付で授与された四等勲章〈オフィシエOfficier〉だ。

三枚目が一八九七（明治三〇）年一月九日付で授与された三等勲章〈コマンドールCommandeur〉。

最後が一九〇一（明治三四）年一一月二六日付で授与された二等勲章〈グラントフィシエGrand Officier〉であった。

レジオン・ドヌール勲章は一八〇二年五月一九日にナポレオン一世（ナポレオン・ボナパルト）により創設されており、フランスでは現在に至るまで最高位の勲章として知られる。日本の文化人でも平成一四年に小説家の大江健三郎が三等のコマンドール、平成一七年には建築家の安藤忠雄が五等のシュヴァリエ、平成二八年にはタレントの北野武が四等のオフィシエを受賞して話題になった。

在日フランス大使館の説明によると、共和国大統領の決定のもとで明治期から日本人に対しても授与されてきたが、外国人には三等コマンドールが大臣クラス、二等グラントフィシエが首相クラス、一等グランクロワ（Grand Croix）が国家元首クラスという内規があるらしい。寺内はフランス在任中から帰国後の一七年間で五等から二等まで、四階級のレジオン・ドヌール勲章を授与されていたのである。

〔※1〕アジ歴資料「サンシール学校在校者人名取調の件」。

〔※2〕『皇族軍人伝記集成　第九巻　閑院宮載仁親王・閑院宮春人王　上』四八〜四九頁。

第三章
帝国日本とアジア主義

閔妃の遺体を焼いて捨てたと伝わる景福宮内の香遠池。背景は北岳山（平成17年 8月）

士官学校の校長となる

「一昨日　横浜着の仏国郵船タナイ号にて帰朝されたり」

明治一九（一八八六）年一月六日にフランスから寺内正毅が帰国したことを一月八日付の『読売新聞』が伝えた。三年三か月ぶりに横浜港に上陸したのだ。

陸軍卿の大山巌は、寺内を帰国させて陸軍教育を刷新する方針を決めていた。近代的な立憲制に基づく初代伊藤博文内閣が発足（明治一八年一二月二二日）したばかりでもあった。井上馨を外務卿から外務大臣に、大山を陸軍卿から陸軍大臣にスライドした他は、つぎの顔ぶれだった。

【内務大臣】山県有朋、【大蔵大臣】松方正義、【海軍大臣】西郷従道、【司法大臣】山田顕義、【文部大臣】森有礼、【農商務大臣】谷干城、【逓信大臣】榎本武揚。

長州（伊藤・井上・山県・山田）と薩摩（松方・西郷・森）を軸に、土佐派の谷と幕臣の榎本が加わっている。

三月一日に寺内は陸軍大臣秘書官に引き上げられる。

歩兵操典、鍬兵操典取調委員、臨時陸軍制度審査委員などを兼任する仕事で、右腕が不自由ながらも事務方として陸軍の近代化に全力を注ぐことになる。

戸山学校の次長になるのは四月一九日だった。

二日前（四月一七日）に辻新次、古市公威、長田太郎、山崎直胤、平山成信、栗塚省吾たちとフランス学校の創設を企画したばかりのときだ。「仏学会設立趣意書」には、「仏朗西《フランス》学ヲ修ムル者ニ便利ヲ与フルノ旨趣ヲ以テ、一ノ完全ナル仏学校ヲ府下ニ設立センコトヲ計画」と見える。

寺内を含む七名のフランス留学組たちはフランス学校の設立のため、辻を会長に据えた仏学会を五月二二日に立ち上げる。そして理事に古市、長田、引田利章、岸本辰雄、土屋政朝、田中弘義、寺尾寿たちが選ばれた。この仏学会が明治一九年一一月に神田小川町一番地に東京仏学校を創立するのである。

その場所は現在の千代田区神田小川町二丁目の一帯だった。JR中央線の御茶ノ水駅のから約五〇〇メートル南で、隣接する東京法学校と明治二二年五月に合併して和仏法律学校となったのが、現在の法政大学の母体となる。

寺内は和仏法律学校の理事こそ長年務めたが、学校運営に直接は携わらなかった。むしろ戸山学校次長としてフランス派の陸軍教育を実践していくのだ。

その後の寺内の動静を『寺内元帥履歴書　大正八年十月調』で追うと、明治二〇年六月一五日に陸軍士官学校の校長心得となっていた。「心得」とは「代理」の意味だ。校長職は将官クラスだったので、佐官（中佐）の寺内は「校長心得」となったわけであるが、異例の抜擢である。

一一月一六日に大佐に昇格した寺内は、翌一七日には正式に校長に昇格した。以後、明治二四年六月一三日に第一師団参謀長になるまでの三年半余りを第九代の校長として過ごした。

校長となった寺内は、フランス式の軍隊礼法を取り入れた『曲礼一斑《きょくらいいっぱん》』の原案を作り、奥山三郎に補綴《ほてい》させて小冊子にして生徒に配布した。当時のものは確認できないが、それに近い明治二六年一月付の「緒言」のある『曲礼一斑　全』が靖国神社の偕行文庫に残されている。掌に乗る小冊子で、外装は洋綴じだが、頁は和綴じで、表裏で一丁となっており、全部で二五丁。和洋折衷形式で、冒頭に「人ノ人タル所以ハ礼アルヲ以テナリ」と見える。軍人が礼を実践するためのハウツー本だが、旧来の儒教的「礼」ではなく、洋式のマナー集である。出てくるのは「敬礼」、「服装」、「訪問　及　名刺」、「迎接」、「紹介」、「談話」、「宴会」、「吸烟」の八項目で、陸軍士官学校への徹底的な洋式導入意識が伺える。

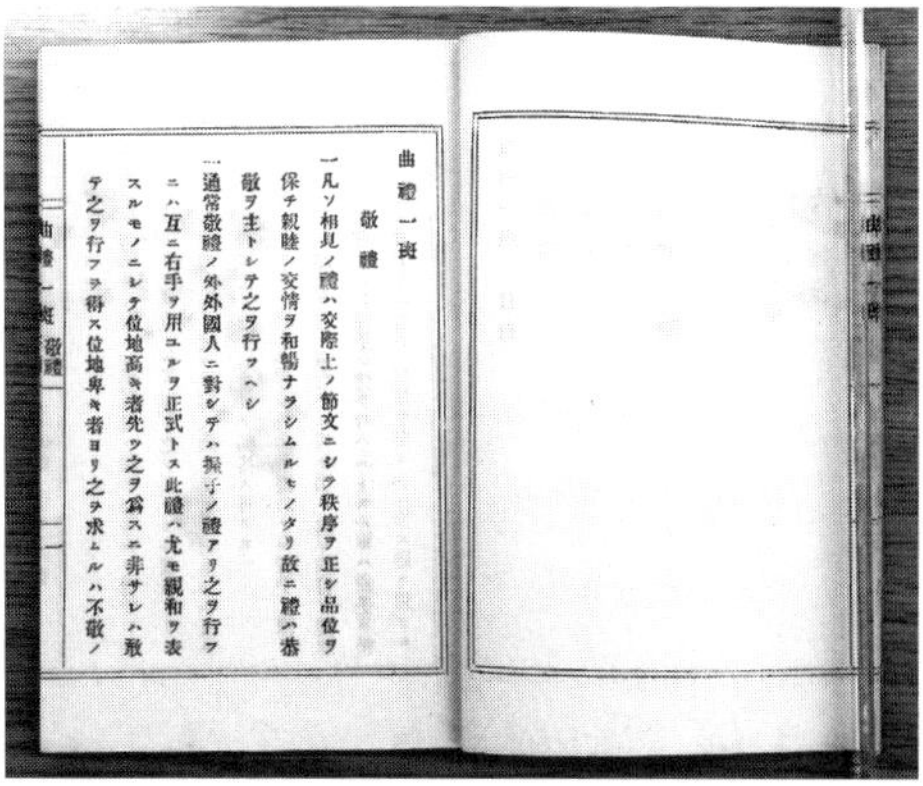
曲禮一斑
敬禮
一凡ソ相見ノ禮ハ交際上ノ節文ニシテ秩序ヲ正シ品位ヲ保チ親睦ノ交情ヲ和暢ナラシムルモノタリ故ニ禮ハ恭敬ヲ主トシテ之ヲ行フヘシ
一通常敬禮ノ外外國人ニ對シテハ握手ノ禮アリ之ヲ行フニハ互ニ右手ヲ用ユルヲ正式トス此禮ハ尤モ親和ヲ表スルモノニシテ位地高キ者先ツ之ヲ爲スニ非サレハ敢テ之ヲ行フヲ得ス位地卑キ者ヨリ之ヲ求ムルハ不敬ノ
曲禮一斑　敬禮

『曲礼一斑』（明治26年刊・靖国神社偕行文庫蔵）

例えば「敬礼」では外国人と右手で握手することや、室内で帽子を取ることなどを説いている。「服装」では、自分の資格を表す格好を奨励し、頭髪や髭は不潔にならないように説く。華美な服装や装飾品はかえって田舎者に見えるので謹むようにと語り、シャツは白色で、靴は足に合った光沢のある皮靴が好ましいなどのこだわりようも面白い。「訪問　及　名刺」では名刺の使い方について、他人を訪問する際は白い厚紙に自分の姓名を印刷した名刺を持参し、主人と夫人がいる場合は二枚の名刺を渡すように指導する。訪問は午後が好ましく、食事の時間にかからないよう気をつけるように、とも。「迎接」では温和な顔で客人を迎え入れることを説き、「紹介」では地位が高い方や女性に、地位の低い人や男性を紹介する場合、先に地位の高い人や女性に了解を得て、つぎに地位の低い人や男性を紹介すると指導する。軍人は西洋流のレディーファーストを守れとクギを刺し、「談話」では、まず他人を楽しませることが重要と語る。「宴会」では氷菓子を食べるときのスプーンの使い方や、種のある果物を食べる時は種を口に入れないようにと語り、最後の「吸烟」では、人が多く集まる場所ではタバコは慎み、特に欧米各国の風習では女性のいる場所での喫煙は無礼と諭す。

その厳密さと徹底した欧化趣味ぶりが、寺内のフランス経験を反映した編纂であることを強く印象づける。軍人こそが近代化の推進役といわんばかりだ。

実際に寺内は士官学校の学生たちの食事も洋式に改め、西欧文化を徹底して取り入れようとした。世界に通用する紳士の品格のうえに日本式の忠君愛国精神を根付かせる実験で、昭和期の国粋的な軍国主義とは異質である。むしろ井上馨の鹿鳴館政策の踏襲といってよい程のバタ臭さだ。

明治二一年九月に寺内は偕行社幹事に当選して、児玉源太郎に代わって偕行社編纂部長となると『偕行社記事』の刊行にも力を注ぐ（『元帥寺内伯爵伝』）。寺内にとって『偕行社記事』も『曲礼一斑』と同じ位相にあり、すなわち近代化の推進手段だった。『偕行社記事』の発行には、月曜会事件が関係していた。

偕行社は明治一〇年二月に東京に設立された在京将校たちの親睦団体で、明治一四年五月に創刊した機関誌『偕行雑誌』があった。一方で明治一四年一月に若手軍人グループの黒川通軌、三浦梧楼、鳥尾小弥太、曾我《そが》祐準《すけのり》、児玉源太郎、寺内たちが月曜会を立ちあげていた。そこで浅田信興や長岡《ながおか》外史《がいし》が中心となり、明治一八年七月から月刊で『月曜会記事』を刊行したが上層部に睨まれて、『月曜会記事』は止められる。その延長線上に山県有朋や大山巌ら陸軍のボスに三浦梧楼、鳥尾小弥太、谷干城、曾我祐準らフランス派の中堅・若手将校グループ「四将軍」たちが圧迫され、解散に追い込まれたのが月曜会事件だった。

こうして『月曜会記事』を『偕行雑誌』に一本化するとの名目で、新たに『偕行社記事』を発行することになったのである。このとき児玉源太郎や寺内が主流派に引き上げられて編集部長に就いたわけで、「山県―桂―児玉―寺内」という陸軍長州閥の再編が行われたことを意味していた。

明治二一年七月に刊行された第一号『偕行社記事』（国会図書館デジタルコレクションで閲覧可能）を見ると、日本の公使館に送られてくる外国雑誌などを翻訳し、「平易ニ各将校」に提供するため、偕行社に嘱託して『偕行社記事』を発行するという創刊理由が語られている。実際、一八八八（明治二一）年四月一五日にフランスで発行された「佛国陸海軍将校会雑誌」の抄訳として「英国新設自転車隊」の記事が見える。他の記事も、国際的視野に立っている内容である。

こうした流れの上に明治二四年一〇月に、陸軍大学校で初めてカリキュラムに国際法が登場していた（アジア歴史資料センター資料「陸軍大学校教則定む」）。

寺内が校長を務めた陸軍士官学校は、現在の防衛省の場所（東京都新宿区市谷本村町）にあった。明治七年一二月に最初の校舎の一部が完成して以来だが、当時の建物は当然ながら無い。いま訪れると巨大な防衛省のビルの場所に、昭和一二年六月に建設された旧陸軍士官学校本部の一部が、僅かに位置をずらして市ヶ谷記念館として残されているだけだ。その一階部分が昭和二一年から行われた極東国際軍事裁判（東京裁判）の大講堂として復元され、ガラスの陳列ケースに士官学校関係の品々を見ることが出来る。その中に、「寺内校長と将校一同　寺内順子さん寄贈」と紙札に書か

陸軍士官学校の校長時代の寺内正毅〔2列目右から6人目・明治21年頃〕（市ヶ谷記念館蔵）

れた集合写真があった。「順子さん」とは寺内正毅の嗣子・寿一の後妻である。写真の縁に、色あせたペン文字で「9代校長」、「明治21年頃」と見え、それが正しければ、寺内が正式に校長になって間もない時期で、『偕行社記事』の創刊と重なる三六歳のときであろう。なるほど後に「ビリケン」と仇名《あだな》された両端がつり上がった眉毛《まゆげ》を持つ寺内の姿が見える。右腕不能とは思えぬほど凛々しい髭が顔の下半分に蓄えられてもいる。

実は、この明治二一年に面白い事件が起きていた。寺内の没後に『元帥寺内伯爵伝』を編んだ黒田甲子郎《くろだこうしろう》は当時、士官学校の学生だったが、卒業前日に酔っ払って木の上から小便をして、下にいた軍隊長に飛び散り、営倉に入れられたのである。そして翌日の卒業式で校長の寺内から直々に退校処分を下されたのだ。桜井忠温《さくらいただよし》は『大砲の秋』で、退学の申し渡しをする寺内の姿を描いたが、「これからどうするか、前途を誤ってはいかんぞ」と口にして、その後も気にかけていたとしている。寺内が徹底した法治主義をとったことで、軍人を諦めた黒田は『東京日日新聞』の従軍記者となり、日清戦争で戦時記事を書く。日清貿易研究所出身の三烈士（山崎羔三郎、鐘崎三郎、藤崎秀）のひとりである山崎とも行動を共にして、敵の秘密書類を手に入れる軍功もたてている。日露戦争でも徹底した戦時記事を書いたが、戦争が終われば用済みとなって明治四〇年に退社する。そのタイミングでロシアに向かう桂太郎を新橋駅に送りに行った寺内と、ばったり出くわしたのだ。「このごろはどうしているか」と寺内が声をかけると、「浪人しています」と黒田が答えると、「そりゃいかん。うちへ来い」といって秘書に迎え、寺内が初代朝鮮総督になったときも官邸に住まわせるのである。

こうして黒田は私設秘書として寺内の身の回りのことや、寺内に寄せられる文書や書簡類のほとんどを把握することになった。かつて士官学校を退学させられた不良学生が、最後は側近中の側近になったわけだ。

やがて寺内が大正八年一一月三日に亡くなると、田中義一と後藤新平が発起人となり銅像建立計画が立ち上がるのに併せて、黒田が評伝を担当することになる。大正九年一月から九月まで執筆に明け暮れ、翌一〇月一五日に発行されたのが前出の『元帥寺内伯爵伝』だったのである。寺内順子さんが寄贈した寺内家旧蔵の『元帥寺内伯爵伝』もまた桜圃寺内文庫に所蔵されている。千葉功氏（学習院大学文学部教授）が「研究者は誰も使わない」と語り、永島広紀氏（佐賀大学文化教育学部准教授）が著者の黒田を「ほとんど無名」と蔑んだように〔※1〕、大学の研究者には評判の悪い評伝である。たしかに随所に不正確さが目につくが、黒田の経歴を見たとき、もっとも執筆にふさわしい人物だったこともうなずける。

市ヶ谷記念館の二階には、作家の三島由紀夫が昭和四五年一一月に自決した陸上自衛隊東部方面総監室（旧陸軍大臣室）が復元保存されていた。その部屋に至るバルコニー風の廊下の壁上部に、士官学校の歴代校長の肖像写真が並んでいた。寺内の肖像には「第9代・第14代　校長」と見える。

第九代校長につづく第一四代校長時代は、日清戦争後の明治三一年二月一八日から同年一二月二三日までであった。

〔※1〕『寺内正毅と帝国日本』に所収される研究者たちの座談会「桜圃寺内文庫の可能性─新出資料が語る近代日本─」による発言。肩書は当時。

帝国日本とアジア主義

清は明治一七（一八八四）年にベトナムを巡って清仏戦争の主人公となる。

朝鮮では年末に甲申事変が勃発し、翌明治一八年にはイギリスが巨文島《きょぶんとう》を占領する。こうした不安定な東アジア情勢を見据えたように、日本は明治二〇年一月に「防禦要領書《ぼうぎょようりょうしょ》」で東京湾口、紀淡、下関、鳴門、豊予の五ヶ所を最重要防禦地点に定め、砲台を建設していくことになる。

日本は新政府から大日本帝国へ脱皮にかかっていた。その転換点が明治二二年二月一一日の大日本帝国憲法発布である。

しかし発布日に大事件が起きる。

自衛隊山口駐屯地の入り口近くの神福寺の墓地に鎮座する「西野文太郎之墓」が、その事件のメモリアルだ。側面に、「明治廿二年二月十一日死于」と刻まれているのは、西野文太郎（当時二五歳）が永田町の文部大臣官邸で文部大臣の森有礼《もりありのり》を刺殺し、その場で官憲の手で殺された年月日である。

すなわち帝国憲法の発布日だった。墓の右手に「西野家之墓」、「西野義一夫婦の墓」と並ぶが、最後の墓石が西野の父・義一の墓であった。

義一は長州藩主の毛利《もうり》敬親《たかちか》を祀る野田神社の神官だった（明治二二年二月一三日付『朝日新聞』「森文部大臣遭難の詳報」）。

発端は明治二〇年一一月に森文部大臣が三重県を視察した際、伊勢神宮参拝での不手際を明治二一年八月一日の『東京電報新聞』が「無法ノ振舞」と題して報じたことにある。それから半年後

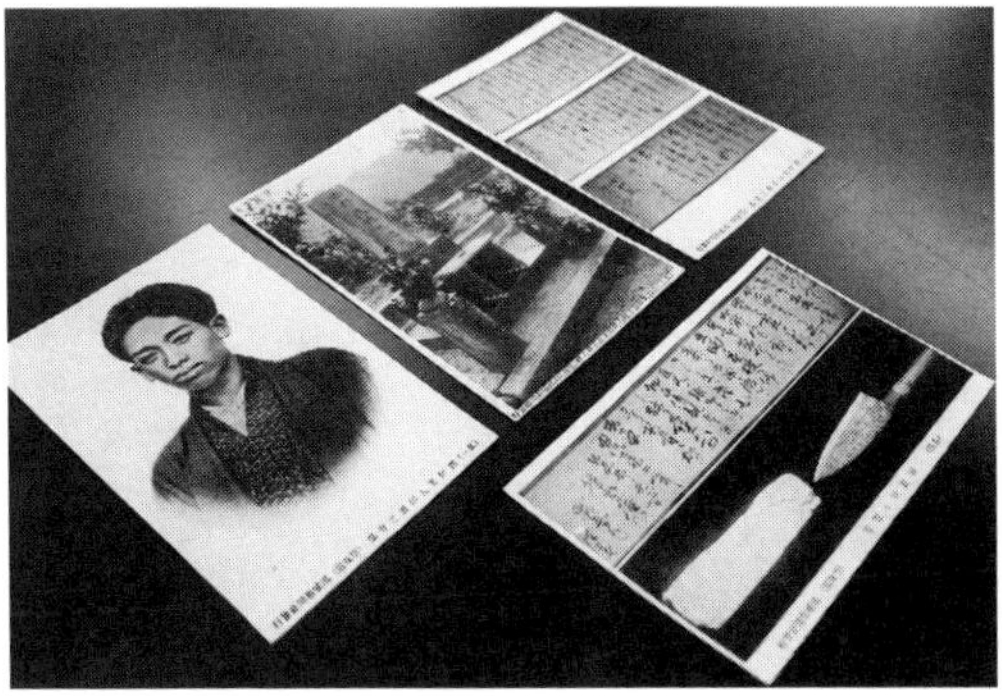

西野文太郎の絵葉書（山口県文書館蔵）

に西野文太郎が用意した斬奸状《ざんかんじょう》は三通あった。二通を両親と三浦梧楼に宛て、残り一通を決起時に懐中に忍ばせていた。このため三浦にも嫌疑が及んだ。『観樹将軍豪快録』によると維新後の長州の退廃を嘆く西野文太郎を、内務省職員の原川魁介に頼んで雇用するなど、三浦が生活の面倒をみていたらしい。

狂気にみちた事件だが、世間の同情は意外にも西野に集まる。最初に葬られた谷中天王寺の墓地には、多くの芸者が参りに来た（二月二四日付『読売新聞』「別品の墓詣」）。そして西野の偉人伝も次々と刊行されはじめるが、内務大臣によっていずれも発売禁止となる（三月一四日付『読売新聞』）。以後も伝記発行と発禁が繰り返された。

出身地の山口県では鴻城新聞社が西野の記念絵葉書まで作っていた。山口県文書館にはイケメン風の「西野文太郎君之肖像」と、現在の神福寺境内の墓の写真「山口町神蓮寺境内　西野文太郎君之碑」、そし

て家族に宛てた遺書「西野文太郎君之遺墨」と、暗殺に使われた出刃包丁と斬奸状の写真を印刷した「斬奸状と霊刃」の四枚が保存されている。

陸軍士官学校の第九代校長として洋式の『曲礼一斑』、洋式の食事、西洋の軍事を紹介する『偕行社記事』の発行など、欧化主義を陸軍教育に取り入れていた寺内にとっても無関心ではおれなかったはずである。しかも、かつて賊として滅びた師・大楽源太郎の「挫折した攘夷派」の延長線上ともいえる同郷人の起こした惨事でもある。

面白いのは西野の義憤が冥界から蘇るように、大日本帝国憲法発布と同時に明治天皇の「大赦ヲ行ハシム」の言葉〔※1〕が発せられたことだ。

賊となった大楽や、明治七年の佐賀の乱、明治九年から翌一〇年二月にかけての新政府と対決して滅びた旧士族たちの罪が、この瞬間に消えたのだ。森と西野の死は近代日本の逆光となり、生まれたばかりの帝国日本の胃袋に飲み込まれた。

防府市大道《だいどう》の繁枝《しげし》神社の大楽顕彰碑（二〇頁）も、大赦令《たいしゃれい》から二年余りが過ぎた明治二四年一〇月に建てられていた。大楽の暗殺に手を染めた久留米勤皇派を顕彰する「西海忠士之碑《さいかいちゅうし》」も、大赦令後の明治二五年一〇月に久留米城址に建てられていた。久留米の遍照院に明治二六年に建てられた「耿介《こうかい》四士之墓」（二七頁写真）も同じ流れに沿っていた。

天皇の「大赦ヲ行ハシム」の呪文で、「挫折した攘夷派」とその延長線上の征韓主義が、帝国日本のアジア主義に転化した瞬間だった。

まず表面化したのは、上海に日清貿易研究所を創立するプランだった。主体は、陸軍参謀本部の

荒尾精が日清貿易研究所の学生を募った勝立寺（現在の姿・平成29年９月）

荒尾精《あらおせい》である。

明治二二年一二月二一日に荒尾は、福岡市天神四丁目（当時の地名は橋口町）の日蓮宗の勝立寺《しょうりゅうじ》に来て、日清貿易研究所の生徒募集を行う。現在は大東亜戦争（アジア・太平洋戦争）後に境内が削られ、本堂も建て替わったが、場所は昔のままである。

集まったのは福岡県立中学修猷館《しゅうゆうかん》生徒六〇〇人、博多商業学校生徒六〇人、その他、実業家や有志者たちだった。

荒尾は日本が「東洋の商圏」を支配し、「東洋の英国」になるべきと主張した。帝国主義の「弱肉強食の世」には砲弾薬、軍艦、兵隊が必要で、そのために「金力」が要るので、自分も陸軍の参謀本部を辞めて商工業者に仲間入りしたと叫んだのである（『荒尾精氏日清貿易談　博多・青年須読』）。

実は少しウソが混じっていて、荒尾は参謀本部を辞めていなかった。

明治一九年三月の清国派遣の命で渡清して偵察後に帰国し、明治二二年五月一〇日付で改めて参謀本部から再渡清の命を受けていたからだ（『川上操六征清意図並に荒尾義行復命書』）。

早くも日本では清、朝鮮半島、ロシアへの軍事情報将校の派遣が、明治新政府誕生と同時に始まっていた。

明治初年から明治一〇年までが第一期。

明治一一年から明治一五年までが第二期。

明治一五年から日清戦争はじまる明治二七年までが第三期。

したがって荒尾は第三期の派遣将校となる。

日清戦争を想定した参謀本部の川上操六《かわかみそうろく》（明治二二年三月九日に参謀次長に就任）たちが、清国軍情報の収集を促すために荒尾のプランを吸い上げて日清貿易研究所の創設を後押ししたのである（『東アジア世界史探求』「明治期日本参謀本部の対外諜報活動」）。

背景にはロシアのシベリア鉄道敷設計画への危機感があった。

一八九一年、日本でいえば明治二四年五月にウラジオストックで起工式が行われ、シベリア鉄道の工事が着工されるが、漢口楽善堂《かんこうらくぜんどう》にいた在野志士たちが計画を耳にしたのが早くも明治二一年の春だった（『東亜先覚志士記伝〔上巻〕』）。その対策のために、日清貿易研究所構想が動き始めたのである。

そこに至るまでの荒尾の略歴を見ておこう。

荒尾は尾張藩士の荒尾義済の長男として安政六（一八五九）年に生まれ、精に改める前は義行を名乗っていた。父は明治維新後に商人となるが一家は没落。明治六年春に一五歳で麹町警察署の警官だった菅井誠美（後の栃木県知事）の書生となり、明治一一年に教導団に入り、翌年には陸軍軍曹となって大阪鎮台に赴任した。後に日清貿易研究所を任せる根津一《ねづはじめ》と知り合うのは明治一三年に陸軍士官学校に入ってからだ（根津はドイツ人教官メッケルを批判して中退）。陸軍歩兵少尉に任じられたのは卒業後の明治一五年の冬で、二四歳のときである。翌一六年春に歩兵第一三連隊付となり、熊本に赴任。明治一八年に参謀本部支那部付となり、翌一九年に清国内の調査のために派遣将校として上海に向かう。明治一五年の壬午の軍乱や明治一七年の清仏戦争と甲申事変など、陸軍でも清との戦争に備えた諜報活動の必要に迫られていたときであった。荒尾は上海の楽善堂で目薬を販売していた岸田吟香《きしだぎんこう》を訪ねて目的を告げると、岸田は漢口にも支店を出すといって荒尾に漢口楽善堂を任せた。上海から揚子江を約一一〇〇キロメートル遡った漢口に荒尾が着任すると、清仏戦争の際に福州や中野二郎や彼が日本から呼び寄せた井深彦三郎、山内嵓らに加え、宗方小太郎、高橋謙、井手三郎、中西正樹、緒方二三たち二〇名ばかりが集まった。彼らは内員と外員とに分かれ、内員は漢口に駐在し、外員は各地の情報収集に努めたのである。

当時収集した情報が明治二五年八月二九日に日清貿易研究所から発行された『清国通商綜覧』に反映されている。第一門から第七門まで区分され、「第一門　商業地理」だけでも「第一章　総説」、「第二章　十八省」、「第三章　廿五港」、「第四章　気候」、「第五章　風俗」、「第六章　教育」、「第七章　宗教」といった百科事典的な大著だ。

日清貿易研究所の学生募集で荒尾が未だ各地を奔走していた明治二三年四月、陸軍士官学校の校長の寺内正毅は士官学校条例を改正して、将校の使命を三ヶ条で明らかにしていた。

第一は、将校は国家の干城であること。

第二は、上官の命令に従い、部下には温和粛正に接し、同僚には友誼《ゆうぎ》（友人としての愛情）や恭敬《きょうけい》

（謹み敬うこと）の気持ちを持つこと。

第三は、生を捨て義を取り　身を殺して人民を保障すること。

いずれも明治一五年一月四日に明治天皇の言葉で示された軍人勅諭を将校教育に反映させた内容だった。参謀本部を辞めて商工業者に仲間入りしたと語った荒尾だが、実際は、大日本帝国憲法を実現できる寺内の将校教育の実践の流れの上で行動していたのである。

こうしたなか、明治二三年九月二〇日に寺内は一五年連れ添った妻タニと死別する。残されたのは一二歳の寿一を筆頭に、一〇歳のサワ（後の児玉秀雄の妻）、そして生まれたばかりの須恵（後の福羽真城の妻）だった。このため長谷川貞雄（海軍主計総監を務めた）の娘タキと再婚して、子供たちの世話を任せる。

その時期については戸籍に、「明治廿四年十一月七日　静岡県長上郡掛塚村　平民　長谷川貞雄長女入籍」と見える。前妻タニの没後一年余りで後妻タキを迎えたことになろう。

ところで荒尾も同じタイミングで苦難に見舞われていた。

明治二三年九月に上海に日清貿易研究所を開所したものの、一一月に東京で開かれた第一回の帝国議会で野党の「民力休養」のスローガンで予算が大幅に削減され、アテにしていた補助金がもらえなくなったのだ。しかも三〇〇名の応募者を一五〇名に厳選して上海に連れて行ったが、ホームシックにかかる学生が続出した。結局、明治二四年二月一五日には約三〇名の学生を退学させて組織を整理し、校舎も上海市内から競馬場前（清国上海英租界湧泉路第拾號）に移して再出発をはかる（『日清戦勝賠償異論　―失われた興亜の実践理念―』）。

寺内が陸軍士官学校校長から陸軍の第一師団参謀長に転じたのは、同じ明治二四年六月一三日であった。翌二五年九月八日に参謀本部第一局長に転じるまで、その職を全うする。

荒尾の日清貿易研究所は、約三年間の研修を終えて明治二六年六月に最初の卒業生を送り出す。支那を旅行中だった川上操六は卒業式に顔を出し、生徒の前途を祝していた（『陸軍大将　川上操六』）。しかし八九名にまで卒業生は減り、彼らはそのまま上海河南路に開設された日清商品陳列所での実習に入る。

山口県文書館蔵の『日清商品陳列所創立趣旨　同陳列所規則』には、西欧由来の「富ノ存スル所」としての資本主義を国力と認め、日清貿易の振興によって大陸に日本人の資本力を構築する目的が記されている。アジアと連動する力は近代資本主義の衣をまとい、アジア主義となって発露する。

こうして近代化を急ぐ帝国日本と、陸奥宗光が『蹇蹇録《けんけんろく》』で語る「依然往古《いぜんおうこ》の習套《しゅうとう》を墨守《ぼくしゅ》」するだけの「頑迷《がんめい》愚昧《ぐまい》」たる清との対決は「西欧的新文明と東亜的旧文明との衝突」となって表面化する。その文明の「衝突」に備えて、寺内は帝国陸軍の将校精神のレベルアップをはかり、一方では荒尾によって在野の力を糾合する大陸工作機関としての日清貿易研究所の準備が進んでいたことになろう。

明治二七年七月の日清開戦（宣戦布告は八月一日）に際して日清貿易研究所は閉鎖され、卒業生二〇〇名余りが大本営の従軍通訳や軍事間諜（スパイ）となって戦場を駆け回る。近代日本の光と影は、欧化とアジア主義の表裏だが、戦場で両者は融合し、アジア近代化に向けた爆発的エネルギーと転化するのであった。

〔※1〕明治二二年二月一一日の『官報　号外』の「勅令」で発表された。明治期の大赦はこのときの明治憲法発布大赦と明治三〇年一月の英照皇太后《えいしょうこうたいごう》大喪大赦の二回。

開戦の準備

第二次伊藤博文内閣が発足したのは明治二五（一八九二）年八月八日である。

首相の伊藤博文を除く発足時の内閣の顔ぶれはつぎであった。

【外務大臣】陸奥宗光、【内務大臣】井上馨、【大蔵大臣】渡辺国武、【陸軍大臣】大山巌、【海軍大臣】仁礼景範、【司法大臣】山県有朋、【文部大臣】河野敏鎌、【農商務大臣】後藤象二郎、【逓信大臣】黒田清隆、【拓殖務大臣】高島鞆之助。

九月八日には寺内正毅も陸軍参謀本部第一局長になり、一〇月には山県有朋が、今後一〇年間で完成するシベリア鉄道が「東洋の危機」を招くと上申書で危機感を露わにした〔※1〕。

こうして日清戦争にむけた準備が水面下で進んでいく。

その先駆けを明治四年の久留米藩難事件で一家離散となり、彷徨《ほうこう》の末に明治一六年に新潟の顕聖寺に転がり込んだ武田範之《たけだはんし》が担ったのも偶然ではあるまい。武田は朝鮮半島南端に浮かぶ金鰲島《きんごうとう》に渡り、親日派の李周会《りしゅうかい》に「明治二十五年秋」（『鰲海鉤玄《ごうかいこうげん》』）に会っていた。

李周会は朝鮮の貴族階級の両班《やんばん》の出身だったが、明治一五年の壬午の軍乱で親日派と見なされて金鰲島に流され、明治一七年の甲申事変でも金玉均の仲間と見られたことで日本に亡命していた。

そして再び金鰲島に戻り、島の開拓に取り組んでいたときである。

武田が李周会と会ったのは、朝鮮に親日派政権を立ち上げる工作のためだった。発端は杉山茂丸《すぎやましげまる》が『百魔』(「一攫千金の有利事業」)で語るように、玄洋社の結城虎五郎《ゆうきとらごろう》が金鰲島で李周会と会い、漁業開発の計画を立てて帰郷したときにある。このとき結城が五〇〇円の資金を求めてきたので、杉山が叔父の林また吉を説き伏せ、林に自分の弟の駒生を養子に入れると約束して金録公債七〇〇円を引き出すと、現金に換えて結城に渡したのである。その際に杉山が武田に協力するように伝え、武田は結城と彼の友人たちと一緒に金鰲島に渡ったのだ。なお、武田を顕彰する「洪疇武田範之和尚碑《おしょうひ》」は、耳納山《みのうざん》沿いの発心公園(久留米市草野町)の駐車場に今も建つ。

ともあれ、「西欧的新文明と東亜的旧文明との衝突」は避けられないものになりつつあった。キリスト教者の内村鑑三でさえ、文明を巡る「義戦」と語った日清戦争の準備だけが水面下で進む。

参謀本部第一局長の寺内正毅が紀淡、芸予、下関の各海峡を参謀本部員の東条英教《とうじょうひでのり》少佐(東条英機の父)と石井隼太大尉を伴って巡視したのは明治二六年一月であった(『日清戦争の軍事戦略』)。戦時に必要となる召集条例を定めるために召集条例審議委員が設けられ、第一局長の寺内が召集条例審議委員長となったのが同年一月二三日だ(『寺内元帥履歴書　大正八年十月調』)。

寺内は参謀本部編集課長の竹中正策と東条英教に草案を書かせると、第一師団歩兵第三連隊を使って演習召集を行う。そして旅費の算出や召集令達の届く時間をシミュレーションして、五月一三日に召集条例草案が完成。五月二〇日の召集条例会議委員に配布される。参謀次長の川上操六の列席のもとで検討会議が開かれたのは九月二六日で、このときの結果を「修正陸軍召集条例草案」

として寺内が一〇月六日に陸軍大臣の大山巌に提出している。

兵員や軍事物資輸送のための山陽鉄道の敷設も同時進行していた。

明治二六年三月二二日に寺内は鉄道会議議員を命ぜられている（『寺内元帥履歴書　大正八年十月調』）。その後、六月ごろに「三原―広島」間の土地買収が九割がた終了し、九月二〇日に寺内は川上操六、陸軍次官の児玉源太郎、海軍軍令部長の中牟田倉之助、海軍次官の伊藤雋吉らと会合を開き、翌日の陸軍大臣官邸での会議に備えた。こうして明治二七年四月三〇日に、「三原―広島」間の工事が竣工し、六月一〇日から営業運転を開始する。

大陸での軍隊の大規模移動や通信、食料、物資輸送といった兵站の計画作成も急がれていた。これも明治二六年下半期に「戦時陸軍電信取扱規定」、「戦時弾薬補給令」、「戦時輜重兵《しちょうへい》大隊勤務令草案」、「弾薬大隊勤務令草案」、「架橋縦列勤務令草案」などが調整され、いずれも明治二七年二月には配布されている。したがって明治二七年四月ごろには戦争準備が、ほぼ完了していたことになろう。

残るは、新旧文明の衝突に火をつける手段だけだった。

その任を担うのが、杉山茂丸と親日派朝鮮人の宋秉畯《そうへいしゅん》だった。宋は日本でいえば安政五（一八五七八）年に、牛を売買する「賤民」の父と娼婦「蝎甫《かるぼ》」を母にして咸鏡道で生まれていた。

朝鮮の身分制度は上から王室、王族、両班《やんばん》（文官に任用される文班と、武官に任用される武班の二つ）、中人（技術館を世職とする家柄）、庶孼《しょげつ》（両班の私生児）、常民、賤民（最下層の奴婢、俳優、巫覡《ふげき》、白丁《はくちょう》）の七段階であった〔※2〕。

賤民出身の宋は八歳のときに京城に来て、女郎屋の幇間《ほうかん》（太鼓持ち）を務めるうちに客としてきた閔妃《びんぴ》の甥・閔泳煥《びんえいかん》の寵愛を受けて閔家の門番に引っ張られ、それがきっかけで出世する（明治四三年九月二五日付『東京朝日新聞』「半島人物誌（二）宋秉畯」）。

宋は一四歳で科挙に合格して明治一〇年に大倉喜八郎と釜山に商館を開くなど、早くから日本人と交流した。そして壬午の軍乱後には謝罪使として朴泳孝や金玉均らに随行して明治一五年一〇月に初来日した。明治一七年の甲申事変では首謀者の一人として日本に亡命。杉山との交友も、そのころはじまっていた。

そんな宋が杉山と芝浦の塩湯で日清戦争を導くための密談を行うのである。

杉山の講演録『邦家の大事を語る』によると、幕末の不平等条約の改正が進まない苦悩を口にしたとき、宋が日本の力を世界に見せるために朝鮮を叩けと提案したらしい。渤海湾《ぼっかいわん》沿岸の旅順、大連、威海衛《いかいえい》を攻撃するのが効果的とする提案を杉山が川上操六に伝えに行くと、すでに参謀総長の有栖川宮熾仁親王《ありすがわのみやたるひとしんのう》、海軍大臣の西郷従道、司法大臣の山県有朋、外務大臣の陸奥宗光たちの間で開戦計画が進められていたそうだ。杉山の言うとおりなら、明治二七年の初頭には政府側の戦争準備は、ほぼ終わっていたことになろう。

奇しくも閔氏政権に対する内乱の形で、全羅道古阜郡で東学党が蜂起したのが、時を同じくする明治二七年二月だった。

偶然は重なる。『時事新報』は明治二七年三月三〇日に「金玉均＝上海に暗殺せらる」と報じた。二八日に上海で日本人経営のホテル「東和洋行」で、同行の洪鐘宇《こうしょうう》の手で親日派の金玉均が銃殺されたのである。しかも狙撃犯の洪を清の李鴻章《りこうしょう》が保護したことで、清国憎しの感情が日本国内で高揚した。国民感情レベルでも日清戦争の準備は整えられたことになろう。しかも、待ってましたとばかりに玄洋社が動き始めるのである。

まずは釜山にいた玄洋社社員の大崎正吉が東京の二六新報主筆の鈴木天眼に東学党決起を伝え、頭山満に情報がもたらされる。杉山が山県有朋から工作資金を手に入れ、同志に渡韓を促したのも、そのときであった（『杉山茂丸伝　―アジア連邦の夢―』）。玄洋社の内田良平が筑豊の赤池炭鉱からダイナマイトを携えて門司港の石田旅館に同志と合流して釜山に渡り、天佑侠《てんゆうきょう》を結成すると「五月初旬」に東学党に合流した。こうして東学党はさらに激しく燃え上がる。

参謀総長の有栖川宮熾仁親王は、朝鮮での混乱の情報収取の名目で、伊地知幸介（砲兵少佐）を五月二〇日に釜山に派遣した。

伊地知は駐韓公使館付武官の渡辺鉄太郎と駐在総領事の室田義文《むろたよしあや》と話し合い、京城（現、ソウル）の杉村濬（代理公使）と情報を交換して五月三〇日に帰国した（『明治二十七八年日清戦史　第一巻』）。寺内が川上操六の自宅に呼ばれたのはこの日の夜で、朝鮮の状況を詳しく説明した。朝鮮から戻ったばかりの伊地知幸介も同席していた（『日清戦争の軍事戦略』）。その後、六月二日に杉村代理公使から、朝鮮が清国に東学党鎮圧の援軍を要請したとの電報を受けた日本政府は、邦人保護を名目に出兵を決断する。

日本の出兵は理にかなっていた。

甲申事変（明治一七年一二月）の結果、日本は清と明治一八年四月に天津《てんしん》条約を結んでいた。朝鮮の有事の際に日清両国、あるいは一国が出兵する際は「相互に通知する」と約束を交わしていたのである〔※3〕。ところが清の袁世凱《えんせいがい》が天津条約を無視する形で朝鮮政府の有力者に東学党鎮圧軍の派兵を清に要請させたことで〔※4〕、日本もこの約束反故を理由に出兵に踏み切るのである。東学党の乱がなければ、日本は清との開戦には持ち込めなかった。

七月二九日の『東京朝日新聞』は、「戦争なるものが富国進歩の一大方法《いちだいほうほう》たる」と清との開戦を賛美した。「凡《およ》そ戦争なるもの、勝つとの利《り》たるハ勿論《もちろん》敗《やぶ》る丶と雖《いえど》も亦将来《またしょうらい》の利益《りえき》に属《ぞく》するものなり」と、戦争それ自体に意味があると主張したのである。

〔※1〕『元帥寺内伯爵伝』一八三～一八四頁。
〔※2〕雑誌『朝鮮』（大正一〇年三月一日発行）の「朝鮮の階級社会」。
〔※3〕清が自ら属国と見なしていた朝鮮に軍隊を派遣するに際して、天津条約で日本政府に「行文知照」する責任が課せられたことを、陸奥宗光は『蹇蹇録』で清に対する「一大打撃」と解説している。
〔※4〕『戦史叢書　大本営陸軍部⑴　昭和十五年まで』三五～三六頁。

《付記》萩に残っていた「宋秉畯《そうへいしゅん》」の名

山口県萩市の阿武川が橋本川と松本川に分かれる手前が中津江《なかつえ》である。

その川沿いにある龍蔵寺の墓所（本堂に向かって左手）に「中村家合葬墓」と刻まれた中村正路《なかむらまさみち》の墓が眠る。中村は万延元（一八六〇）年に椿郷東分村《つばきごうひがしぶんそん》に生まれた旧萩藩士で、維新後は士族授産事業として桑の栽培や販売を担う保全社を明治一二（一八七九）年に立ち上げた実業家だ（『萩の百年』）。

その墓前に「建中村軒墓前　大韓国農商工部大臣宋秉畯」と刻まれた石燈籠が据えられている。

宋秉畯と中村が昵懇《じっこん》だったのは、すぐ東の上津江《かみつえ》浄水場の道路を隔てた山裾に建つ「中村翁頌徳之碑」を見ても明らかだ〔※1〕。中村正路が「昭和五年四月」に「享年七十四」で没して「九年」後の昭和一四年に建てられた碑に、以下の文章が刻まれている。

「明治二十五年朝鮮の亡命客宋秉畯《そうへいしゅん》萩に来るや翁と肝膽相照《かんたんそうしょう》し其の感化指導を受けて鮮地の産業開発に志したり後母国に帰りて農商工部大臣内部大臣等に歴任し同志を糾合して日韓併合の議を唱へ…」

萩で中村の庇護を受けながら、宋は杉山茂丸たちと日清戦争を準備していた。戦後は中村と共に萩に「畊稼園養蚕伝習所《こうかえんようさんでんしゅうしょ》」を設立して、朝鮮から留学生を呼んで養蚕技術を学ばせている。

「中村家合葬墓」の手前に鎮座する宋秉畯寄進の石燈籠（平成29年10月）

日露戦争でも日本軍に協力した宋は、戦後は親日派政権樹立のために李容九《りようきゅう》と一進会を組織する（野田真弘著『売国奴』）。このことで朝鮮側からも日韓合邦運動がはじまり、明治四三年の日韓併合は成就する。それは朝鮮社会の最下層にいた宋たちにとっての革命だった。

宋が寄進した石燈籠に刻まれた「大韓国農商工部大臣」の肩書は、明治四〇年五月に朝鮮で成立した親日派の李完用内閣当時のものである。革命により、賤民から大臣にまで上り詰めた眩しすぎる逆光が放たれている記念碑ともいえる。

面白いのは龍蔵寺から阿武川に出たところに「三浦梧楼《みうらごろう》誕生地」の碑も建っていたことだ。日清戦争後の閔妃事件に関わった三浦も弘化三（一八四六）年に五十部吉平の二男として中津江で生まれていた。三浦姓になるのは、のちに三浦道庵の養子になったからで、いずれにせよ萩市中津江に日韓併合人脈が集まっていたのは興味深いことだった。

萩もまた近代史の光と影を刻んだ地であった。

〔※1〕碑文の読み下し文は『萩文化叢書第五巻　萩碑文堂鐘銘集』に所収。

日清戦争で運輸通信長官に

明治天皇から朝鮮に軍隊を派遣する沙汰が陸海軍に下ったのが明治二七（一八九四）年六月二日だった。目的は「寄留本邦人民保護ノ為」〔※1〕で、朝鮮半島にいる日本人保護が名目だが、実質は清との覇権争いであることは誰の目にも明らかだった。「西欧的新文明と東亜的旧文明との衝突」である。

参謀長の有栖川宮熾仁親王の名で、戦時大本営が設置されたのは六月五日で、日清戦争は事実上、このとき始まる。

もっとも戦時大本営の設置計画は、早くも前年の明治二六年に始まっていた。

参謀本部第一局長の寺内正毅が局員の田村怡与造（陸軍少将）と共に参謀次長の川上操六の家に

呼び出され、大本営編成の指示を受けたのが明治二六年二月五日である。翌日、寺内は陸軍次官の児玉源太郎と文案を作り、川上に見せて修正を加えた後に陸軍大臣の大山巌に届けた。これは正式に参謀総長の有栖川宮熾仁親王から「戦時大本営組織制定内議書」の形で翌七日に再び大山に提出され、設置にむけて動きはじめる。川上は伊地知幸介（第二局第一課主任）や柴五郎（同局支那課）たちを随行させて四月九日から七月七日まで朝鮮と中国を偵察した（『日清戦争の軍事戦略』）。

戦時大本営の編成は侍従武官、軍事内局、大本営幕僚、兵站総監部《へいたんそうかんぶ》、大本営管理部、陸・海軍大臣で、ひとつの中核が作戦本部の大本営幕僚であった。

もう一つの柱が参謀次長の川上操六を総監に据えた兵站総監部で、これは運輸通信長官部、野戦監督長官部、野戦衛生長官部の三つを包括した。

寺内が兵站監部の運輸通信長官部の長官になったのは、戦時大本営が設置された直後の明治二七年六月九日であった（『寺内元帥履歴書　大正八年十月調』）。日清戦争において鉄道、船舶、電信、郵便の四業務を監督する立場を担うのだ。

開戦に向けての準備は着々と進む。

児玉源太郎は軍事輸送システムの制度設計を担い、運輸通信長官部長官の寺内と連携して仕事を進めた。大佐の寺内の部下には参謀の山根武亮（少佐）、副官の井上《いのうえ》仁郎《にろう》（工兵大尉）たちがついた。

戦時大本営設置の四日前である六月一日に、寺内は早くも川上操六の指示により日本郵船株式会社に対して保有船舶の人員搭載能力などを一覧にまとめた資料の提出を求めていた。民間船舶の軍用利用である。

六月二日の内閣会議で派兵が決まると、六月四日には川上が日本郵船の近藤廉平《こんどうれんぺい》副社長に対して輸送船一〇席隻の借り上げを申し渡した。寺内が日本郵船を訪ねて打ち合わせを行ったのは、その日の夜七時で、翌六月五日（戦時大本営の設置日）には六隻、六日には四隻が陸軍の徴用船となり、九日には第五師団第九旅団中の第一一連隊第一大隊・工兵一小隊の計一〇二四名、軍馬七頭、糧秣《りょうまつ》〔※2〕一三日分、架橋材料約三〇メートル分を和歌浦丸《わかのうらまる》に搭載して宇品《うじな》から送り出すのである。和歌浦丸は門司港から軍艦高尾に護衛されて一二日に仁川《じんせん》に到着した。戦時大本営の設置からわずか一週間後である。

和歌浦丸が宇品を出た九日には越後丸、近江丸、遠江丸の三隻が宇品港に入港している。翌一〇日には兵庫丸、酒田丸、住ノ江丸、熊本丸の四隻、一一月には山城丸、仙台丸の二隻が宇品港に集結した。これら九隻は一〇日の夜から一一日の未明にかけて、歩兵第一一連隊を中心とした三一〇二名の兵員と軍馬匹、軍需品を搭載して輸送船団を組み、宇品港を出港して仁川に到着し、一五日から一六日にかけて揚陸作業を行う。

以上が大島義昌《おおしまよしまさ》旅団長の率いる旅団司令部を含む第一次輸送船団である。

寺内は砲撃戦を想定して攻城砲縦列を送り込むことや夏衣の追給を決めて更なる準備を整え、六月二一日の早朝に宇品の運輸通信部支部に全輸送船への搭載準備命令を出す。第二次輸送船団の出発準備だ。

こうして六月二二日の御前会議により、第二次輸送船団の出発が二四日と決まり、予定通り二四日の正午に八隻の第二次輸送船団に乗った混成旅団残部が宇品港を出港し、二七日に仁川に入り、二九日には漢城（現在のソウル）郊外の龍山の幕営に到着する（『日清戦争の軍事戦略』）。

いずれも宇品港の運輸通信支部において、寺内の指示により山根が実行したものであった。後に寺内お抱えの国際法学者となる秋山雅之介《あきやままさのすけ》は当時ヨーロッパにいて、『ロンドンタイムス』が日清戦争期の寺内の功績を紙面で称賛していたと語っている（『元帥寺内伯爵伝』「伯の宏量雅懐」）。

広島湾の一部である宇品海岸に、現在は宇品波止場公園（広島市南区宇品海岸三丁目）が整備されている。海に突き出す形の公園は「六管桟橋《ろっかんさんばし》」の跡で、日清戦争後の明治三五年に兵士を送り出すために設置されたものだ。明治一七年に着工され、同二二年一一月に築港となり、その後、日清戦争を経験して軍港に成長した軍事遺跡といってよい。

宇品波止場公園に野外展示されている軍事輸送用専用線路〔軽便鉄道〕（平成24年8月）

八月一日の「宣戦の詔勅」（宣戦布告）には、「苟《いやしく》も国際法ニ戻《もと》ラサル限《かぎ》リ各々《おのおの》権能《けんのう》ニ応《おう》シテ一切《いっさい》ノ手段《しゅだん》ヲ尽《つく》スニ於《おい》テ必《かなら》ス遺漏《いろう》ナカラムコトヲ期《き》セヨ」（明治二七年八月三日付『東京朝日新聞附録』）と、国際法の遵守が天皇の言葉で語られていた。
日清戦争は一〇年後の日露戦争に先駆けた国際法重視の近代戦争の幕開けでもある。当時の寺内-山根の奔走の残影も、宇品波止場公園に野外展示されている宇品線のレールに見ることが出来る。清への宣戦布告から三日後の八月四日に、陸軍の委託で山陽鉄道が着工した宇品まで約五・九キロメートルの軍事輸送用専用線路（軽便鉄道）の一部である。工事は急ピッチで進み、八月二〇日には竣工して、青森から宇品港までの物資輸送が約六〇時間で可能になった。寺内にとって鉄道は軍事そのものといってよかった。

九月一一日付の『読売新聞』は明治天皇の広島入りに同行する参謀長の有栖川宮熾仁親王が一三日に宮城を発することを伝え、「高級参謀兼兵站総監（陸軍中将）川上操六／野戦監督長官（陸軍監督）野田豁通《のだひろみち》／野戦衛生長官（陸軍々医総監）石黒忠悳《いしぐろただのり》／運輸通信部長官（陸軍少将）寺内正毅／軍事内局長官（陸軍少将）岡沢精《おかざわくわし》」ら随従者（大本営員）を発表した。大本営が広島第五師団司令部、すなわち広島城内に移されたのは九月一五日である。

寺内が広島の地を踏んだのは九月一七日で、広島は一気に軍都に駆けのぼり、宇品港は軍港として輪郭を見せる。

日清戦争中の明治二七年一一月に、太平洋の彼方のハワイのホノルルで、孫文が興中会を立ち上げていた。支那革命の準備を整えた孫文は日清戦争が終わった翌明治二八年一〇月に第一回の広州武装蜂起に踏み出すのである。

ところで開戦に際して、軍事通信のための架設が急務だった。開戦前に東京と漢城（京城、ソウル）を結ぶ通信線は「漢城―公州―全州―大邱―釜山―対馬―呼子（佐賀県）」と「漢城―義州―天津―上海―長崎」の二系統しかなかったが、いずれも清の監督下にあり、日本独自の通信線の架設が必要だったのである。その責任者も兵站総監部の運輸通信長官部長官の寺内だった。

斎藤聖二は『日清戦争の軍事戦略』で、寺内は逓信省通信局長の田健治郎と、明治二七年六月二二日に海底部分の通信線の新設を考えたとしている。しかし資材不足と経費負担が大きいので

「対馬─釜山」間の通信線の買収を決めたらしい。寺内の『明治二七年日記』（国立国会図書館憲政資料室『寺内正毅関係文書　五十三所収』）には、六月二五日のメモ書きに「２９００００　釜山・京城間ノ電信ノ総費額（逓信省予算）」と見える。釜山から漢城（ソウルまで）の通信線架設費として二九万円の予算が逓信省から提示されたのであろう。「釜山ヨリ長直路二分岐スル一電信ヲ架設スルノ方法ヲ研究スルコト」とも見える。

翌日（六月二六日）、寺内は工兵第五大隊〔※3〕を中心とした通信線架設隊の編成表と命令書を作成して広島に送った。そこには輸送船と建築材料などは大本営が手配して宇品港に送ること、電信用丸太は釜山と仁川に直接送ること、第一枝隊は「釜山─大邱─清州」へ向けて架設し、第二枝隊は漢城（ソウル）から架設し、清州で連結するよう指示がされていた。

また同じく六月二六日の『明治二七年日記』のメモ書きに、「陸路」として「長崎一条349」、「馬関二条568」、「神戸一条157」、「大阪一条146」としてすぐ横に「計千二百二十里」、下に「代価十一万三千円」などの記述が確認できる。また「海底線五百海里」として「此代価銀貨九十四万二千六百四十六円」とも記している。

こうして日本国内から朝鮮半島にかけての軍事通信線架設計画は寺内の手で実行に移されるが、七月一〇日に兵站総監の川上操六から、「清州」での連結から、東の「忠州」での連結に変更が命じられた。架線ルートは帝国陸軍の進軍ルートに沿っていた。そして八月一六日には、「漢城（京城）─釜山」間の通信線が全通した。並行して進められていた兵站路の工事も順調だった。

日清戦争開戦を挟む僅か二ヶ月間で、朝鮮半島内の電信線の架設を成し遂げ、兵站路も確保されたのだ。これも寺内の綿密な計画が功を奏した結果であろう。戦争は社会インフラを整備する近代化の原動力でもあった。

〔※1〕『戦史叢書　大本営陸軍部(1)　昭和十五年まで』三六〜三七頁。
〔※2〕兵員用の食糧「糧」と軍馬の餌「秣《まぐさ》」のこと。
〔※3〕明治一六年に広島鎮台で工兵第三中隊として編成され、明治二三年に工兵第五大隊と改称。

閔妃《びんぴ》暗殺の真犯人

豊島沖《ほうとうおき》の海戦（明治二七〔一八九四〕年七月二五日）、平壌《へいじょう》陸戦（九月一五日）、黄海海戦（九月一七日）と帝国日本は勝ち進んだ。

第一師団第一旅団長の河野通好が明治二八年一月一日に寺内正毅と児玉源太郎に宛てて年賀を兼ねた戦況報告は、前年（明治二七年）一一月二一日の旅順攻撃期に金州を守備していたところ、七、八千名の支那兵が北方から攻めて来たので撃退したとか、数十名を捕虜にしたとか、その多くが軍功談だ。

だが実際は随分と寒かったらしく、五分も乗馬するとフランネルの裏の付いた皮手袋でも指先が凍え、タバコを一本吸うにしても手袋が外せず、口ひげも鼻水も凍ったという（『児玉源太郎関係文書』）。

そんな極寒の地でも帝国陸軍は勝ち進み、明治二八年四月に下関条約の調印に至る。

兵站事業の元締めであった運輸通信部長官の寺内正毅は、四月から五月にかけて旅順口、大連港、営口を巡り、五月二一日に神戸港に上陸した。そして「西京」（京都のことか）を巡って五月三〇日に東京に戻る（『寺内元帥履歴書　大正八年十月調』）。

日本側の戦死者は一万七二八二人で、死んだ軍馬は一万一五三二頭。使った軍事費は二億四七万五五〇八円に達し、清国兵捕虜は一七九〇名だった。戦利品の大砲（重砲、軽砲、機関砲、速射砲を含む）は五九二門だ（『明治二十七八年　日清戦史　第七・八巻』）。

日清戦争の勝利は、「西欧的新文明と東亜的旧文明との衝突」に勝ったことを意味しており、日本は約三億円もの賠償金と遼東半島の割譲、台湾と澎湖群島《ほうこぐんとう》を得た。

だが、喜んだのも束の間で、日清講和条約締結から一週間を待たずして四月二三日にロシアがフランスとドイツを誘って遼東半島の返還を迫って来たのである。三国干渉である。下関条約で約束された朝鮮の独立さえも怪しくなる。ロシアの力に頼る閔妃《びんぴ》（高宗《こじょん》王后）が、朝鮮の親日派勢力の排除に出たからだ。

日清戦争後に渡鮮していた駐韓公使の井上馨は、この状況を危ぶんだ。

そこで三浦梧楼と交代すると、明治二八年九月に朝鮮に赴任させる。閔妃が景福宮で暗殺されたのは、一ヶ月が過ぎた一〇月八日だった。

昭和七年刊の『巨人頭山満翁』（「閔妃暗殺事件」）は、井上による朝鮮王室の扱いが「乳母が赤児を慊《す》かすやう」な生易しさだったので、「伏魔殿」の朝鮮王室の戦後処理が進まず、業を煮やした山県有朋が三浦を派遣したと語る。三浦は、「誰が殺したかと云へば俺が遣つたと云ふより外はないサ」と自慢するが、閔妃暗殺の実行犯という確証はなかった。

当時、岡本柳之助、柴四朗、月成光、藤勝顕、大崎正吉、武田範之、三浦梧楼ら閔妃暗殺に関わったといわれる四八名が明治二九年一月二三日付の『時事新報』に列記されている。しかし広島で裁判にかけられた全員が証拠不十分で釈放されていた。

これとは別に外務省外交史料館に、朝鮮人の禹範善《うはんぜん》が実行犯であったことを示す資料が残されている。『在本邦韓国亡命者　禹範善　同国人　高永根　魯允明　等ニ於テ殺害ノ一件』という調査文書だ。それによると堀本礼造少尉が閔妃政権と結んで明治一四年に立ち上げた近代的洋式軍隊「別技軍《べつぎぐん》」に参加していた禹範善が、ロシアに接近していた閔妃を、三浦らの一派に加わって殺害したという。事件後に禹は日本に亡命し、朴泳孝が神戸で朝日新塾を開設するとき塾頭となり、尹《いん》孝定《こうてい》が教師になって生活を共にする。そんな矢先の明治三五年の八月から九月にかけて、禹が「王妃ヲ弑《しい》セルハ自己ナリ」と口にしたことで事件が発覚し、尹から高永根に情報がもたらされ、高が閔妃暗殺の報復として広島県の呉で禹を殺害するに至ったのである。明治三六年一一月二六日付の『読売新聞』（「禹範善殺害さる」）は、「一昨夜同市（呉市）に於て韓国人高永根　及　呂尹明の両名共謀して亡命同国人禹範善を短刀にて殺害したり」と伝えている。一二月一一日付の同紙には東京赤坂の青山墓地に埋葬されたと見えるが、現在、「禹範善之墓」は、殺害現場に近い呉市清水の曹洞宗寺院・神応寺の境内に建つ。どうやら閔妃暗殺の実行犯は、禹範善であったようなのだ。

私は平成一七年の夏にソウルの街の中心部にあった景福宮の北端にある香遠池を訪ねたことがある。そのとき水面に浮かぶ島に建つ香遠亭の美しい風景が、閔妃の遺体を焼いて投げ捨てた現場だと地元の古老から教えて貰った【第三章扉裏写真】。

香遠池から南に下ると巨大な勤政殿がそびえ、やがて景福宮入口の光化門にたどり着いた。日韓併合後に寺内の命でデ・ラランデが設計して建設された朝鮮総督府の庁舎が、その間を塞ぐように建てられていたことも、現場を歩いて初めて実感できた（訪韓は総督府の建物が解体撤去されて一〇年後）。

朝鮮の親露派工作の拠点になったロシア公使館（山口県立大学蔵『併合記念朝鮮写真帖』より）

さらに光化門からは自動車が往来する世宗路が南に伸び、南大門（崇礼門）へとつながっていた。それも日本統治時代に漢江に沿う龍山区に駐留していた日本軍のために寺内が建設させた軍用道路が元になっていた。世宗路から南大門に下る途中の太平路沿いにはソウル市庁舎と徳寿宮が向かい合い、徳寿宮を越えた場所に旧ロシア公使館の展望塔だけが残されていた。閔妃暗殺後の明治二九年二月に高宗が逃げ込み、親露政権を立ち上げた場所である。歴史にいう露《ろ》館播遷《かんはせん》（俄館播遷《がかんはせん》）で、当時の状況を金完燮《きむわんそぷ》は、「高宗はロシアの力を信じ開化派を抹殺して独裁政治をおこなった」（『親日派のための弁明』）と露骨に語る。朝鮮社会は、国家の体さえなしてなかったのだ。
閔妃暗殺という負の遺産でしか語られてこなかった朝鮮近代史の真実は、景福宮の周りで起きていた日本、清、ロシアのせめぎ合いの投影でもあった。一〇年後の日露戦争と、その後に実現される日韓併合までが一本につながる場所で、漢城（日本統治後の京城）の近代化と街づくりの起点が、日清戦争の勝利にあったことがわかった。

あたかも戦勝を祝うかのように、帝国日本の軍人たちに金鵄勲章《きんしくんしょう》が初めて与えられたのも日清戦争後であった。受賞第一号は戦時中の明治二八年一月に死去した参謀総長の有栖川宮熾仁親王。運輸通信部長官の寺内は八月二〇日に「巧三級金鵄勲章」を貰っている（『寺内元帥履歴書　大正八年十月調』）。それは「功一級」から「功七級」までの七段階の上から三番目の勲章だった。

第二次伊藤博文内閣が議会に提出した明治二九年度の予算は、戦勝国日本の陸海軍の拡張を目的としていた。その流れに沿って、明治二九年六月二八日に寺内はヨーロッパの軍制視察のために東京を発つ。そして一〇年ぶりにフランスのマルセイユ港に降り立ち、翌明治三〇年六月一四日に帰国するまでの約一年間、ヨーロッパ各地で戦勝国の陸軍少将として熱烈な歓迎を受けるのである。

寺内はマルセイユからパリに入り、陸軍官衙（陸軍の役所）をはじめ、サン・シール陸軍士官学校や砲工学校、幼年学校、砲兵工廠を視察して、旧知の歓迎を受けて二、三ヶ月間パリにとどまった。つづいて陸軍歩兵大尉の立花小一郎が駐留しているオーストリアの首都ウィーンを訪ねると、立花を臨時副官にしてバルカン半島諸国の視察を行う。ハンガリーの首都ブダペストで陸軍官衙、王宮などを訪ね、セルビアの首都ベルグラード、ルーマニアの首都ブカレストを巡回して、コンスタンツアから黒海を渡ってトルコに入り、首都のイスタンブル（当時はコンスタンティノープル）で皇帝アブデュルハミト二世から美治恵《メディティエ》第一等勲章を与えられている〔※2〕。この間に、内田良平が偵察していたロシアにも立ち寄っていたようだ。さらに明治三〇年を迎えるとベルリンやドレスデンなどドイツ各地を歴訪し、パリを経由して明治三〇年六月一三日の夜八時に横浜港に着くのである。

翌一四日の午前一〇時に新橋駅に到着した寺内を、息子の寺内寿一《てらうちひさいち》、児玉源太郎（陸軍中将）、石黒忠悳《いしぐろただのり》（陸軍軍医総監）、野田豁通《のだひろみち》（陸軍監督総監）たちが出迎えていた（六月一五日付『東京朝日新聞』）。

陸上自衛隊山口駐屯地内の防長尚武館には、当時、ロシア皇帝やフランス政府、前掲のトルコ皇帝から与えられた多くの外国勲章が陳列されている。

〔※1〕『内田良平関係文書　第一巻』「解題　内田良平と内田良平文書」。
〔※2〕メルトハン・デュンダル／三沢伸生「イスタンブルの中村商店をめぐる人間関係の事例研究：徳富蘇峰に宛てられた山田寅次郎の書簡を中心に」（東洋大学社会学部紀要　第四六─二号・二〇〇八年度）によると、寺内にイスタンブル行きを勧めたのは同じく洋行中だった新聞記者の朝比奈知泉という。本論文では『元帥寺内伯爵伝』（二〇八頁）では明治二九年一〇月中旬となっている寺内のイスタンブル訪問を、イスタンブルにあった中村商店の主管・山田寅次郎の書簡から「年末近くに到来」したと訂正している。

天津での義和団鎮圧

寺内正毅が歩兵旅団長として仙台に赴任したのは、ヨーロッパから帰国して一ヶ月余りが過ぎた明治三〇（一八九七）年七月三一日である。

そして一〇月に、朝鮮では高宗《こじょん》が国王に即位したことで国号が朝鮮から韓国（大韓帝国）に変わる。以後、明治四三年八月二二日に日本が韓国を併合して朝鮮に呼び名が戻るまでが厳密には大韓帝国

（韓国）となる。

　寺内が教育総監に就任したのは、年が明けた明治三一年一月二二日だった。

教育総監の母体は監軍部で、正確にいえば明治二〇年五月に立ち上がった第二次の監軍部だ。第一次の監軍部は明治一一年一二月に発足し、大山巌のヨーロッパ視の結果を反映して組織替えされたのが第二次の監軍部である。

　騎兵、砲兵、工兵、軽重兵を統率して軍事教育や研究、訓練などの検閲を行った監軍部の長は、長州閥の山県有朋と薩摩閥の大山巌がほぼ交代で務めてきた。しかし三国干渉でロシアの圧迫が強まると、さらなる軍備拡張の必要性が出て、明治三一年一月二〇日に元帥府が設置される。このとき小松宮彰仁親王、大山巌、西郷従道、山県有朋が元帥の称号を与えられるが、そのタイミングで監軍部も陸軍大臣に従属する陸軍教育を行う教育総監としてリニューアルされ、寺内が初代の教育総監として滑り込んできたのである。

　桂太郎が二月二一日に真《ま》鍋《なべ》斌《あきら》に宛てた書簡に、「今後教育委の点に就《つい》ては」、「尤《もっと》も厳正なる寺内少将の教育総監あれは、大士合《おおしあわせ》」と書いているので（『公爵桂太郎伝　乾巻』）、寺内を初代教育総監に据えたのが桂だとわかる。寺内は陸軍士官学校、砲工学校、士官学校、中央地方幼年学校、戸山学校、教導団、将校試験委員を管轄する立場になる。

　明治三一年二月一三日付の『東京朝日新聞』（「教育総監の訓示」）には、各地の陸軍幼年学校に向けた教育総監としての寺内の訓示が載っている。いかにも寺内らしい厳格な訓示で、その記事が出てから五日後の二月一八日から一二月二三日までの一〇ヶ月間を陸軍士官学校の第一四代の校長と

教育総監時代の寺内正毅（寺内が明治31年３月に田中義一に贈った写真・山口県文書館蔵「田中義一文書」）

して兼任もする。その後は、明治三一年一〇月一日に陸軍中将に昇格し、一〇月三〇日に従四位を叙されている（『寺内元帥履歴書　大正八年十月調』）。

寺内の身辺は静寂に見えるが、明治三一年六月に第三次伊藤博文内閣が瓦解するとき、杉山茂丸が児玉源太郎と日露戦争を準備するため「秘密結社を拵《こしら》へた」と『俗戦国策』で語るように、玄洋社人脈が蠢《うごめ》き始めていた。

実際、これに桂太郎が加わって日露開戦の準備が着々と進むのだ。

亡命中の孫文が宮崎滔天《みやざきとうてん》と元園町の下宿に、ロシア偵察の任を終えてウラジオストックから帰国したばかりの内田良平を訪ねたのも「明治三十一年初秋」であった（『国士内田良平伝』）。内田が孫文と出会った最初だ。

広州武装蜂起（明治二八年一〇月）に失敗した孫文は明治三〇年夏に横浜に入り、同志の陳少白《ちんしょうはく》が下宿する横浜に身を隠していた。直後に宮崎滔天と初対面を果たし、つづいて平山周が合流して、滔天と平山が犬養毅に相談したことで内田の叔父・平岡浩太郎が孫文の生活費の面倒を見るようになった。そんな延長線上に、孫文は平岡浩太郎の甥である内田に「明治三十一年初秋」に面会したわけである。熊本県荒尾市に復元されている茅葺き屋根の「宮崎兄弟の生家」の一室の風景は、明治三一年一一月に孫文が荒尾村の宮崎滔天を訪ねたときの再現だ。この地に一〇日ほど滞在した孫文は、その後も朝野の有力者と交遊をつづけ、やがてフィリピン独立運動に首を突っ込む。

実は寺内が教育総監になって三ヶ月が過ぎた明治三一年四月から、アメリカはフィリピンの領有をめぐってスペインと米西戦争をはじめていた。結局は一二月にアメリカが勝利してパリ条約が締結されるが、戦後の独立を約束してアメリカ軍に協力していたフィリピンのアギナルド大統領は裏切られ、対米戦に身を投じる。アメリカも米西戦争中の明治三一年六月にハワイを併合して勢いづいていたときである。『フィリピン独立正史』によれば、フィリピン独立運動の代表者マリアノ・ポンセが「明治三一年夏」に来日し、亡命中の孫文を通じて援軍を求めたことで平山周、宮崎滔天、内田良平たちが動いて頭山満、犬養毅、平岡浩太郎たちからも協力が得られたとしている。陸軍参謀長の川上操六も便宜をはかり、門司港で布引丸に武器弾薬を積み込むと、長崎経由で明治三二年七月にアギナルド援軍のためにフィリピンに向かうが、東シナ海で暴風に遭って遭難した。フィリピン独立運動は失脚し、アメリカの支配下に置かれるのである。

こうしてアジア主義者たちのフィリピン独立援助は挫折し、川上操六も明治三二年五月一一日に五〇歳の若さでこの世を去る。頭山満が、「日清戦争に勝ったのは、彼れの力だといってもいゝ」（『頭山満翁の話』）と讃えた巨星が、布引丸沈没に先だって墜ちたのだ。

川上の死により、陸軍参謀長は大山巌に代わる。

さらに一年が過ぎようとしていた明治三三年四月二五日に、寺内は参謀次長となる。第二次山県有朋内閣期で、陸軍大臣の桂太郎が抜擢したのだ。寺内は四八歳になっていた。

すでに遼東半島はロシア、膠州湾《こうしゅうわん》はドイツ、広州湾《こうしゅうわん》はフランスの監視下に置かれていた。三国干渉の帰結だが、これにイギリスも加わって威海衛と九竜半島（香港の対岸）を租借したことで、「扶清滅洋《ふしんめつよう》」（清を扶《たす》け、欧米列強を滅する意味）をスローガンに義和団が決起したのである。

日本軍はイギリス、フランス、ドイツ、アメリカ、イタリア、オーストリア、ロシアの各軍隊と歩調をあわせ、八ヶ国連合軍で鎮圧にかかる。はじめての連合軍参加は、このときの北清事変だ。

山東省《さんとうしょう》北部で蜂起した義和団が河北省に流れ込んだと『国民新聞』が伝えたのは四月五日だった。キリスト教会を襲撃し、キリスト教徒を殺害して回ったことで、五月三〇日に『東京日日新聞』は「攘夷党」と報じた。同日の寺内の日記〔※1〕に、「一昨日来清国ニ於テ義和団爆発シ鉄道電信ノ破壊ヲ為セリ、各国護衛ノ為メ兵ヲ招致セリ」と見える。七月一〇日付『朝日新聞』（「旅順の守備補充」）も、キリスト教会と一緒に東清鉄道の一部も破壊されたと報じている。

三国干渉で日本から返還させた遼東半島を舞台に、ロシアは清と明治二九年八月二七日に露清条約を結び、東清鉄道の敷設権を手に入れて明治三〇年八月から敷設工事をはじめていた（『西伯利鉄道』）。これが後に日本の経営となる南満洲鉄道のスタートだが、このときの騒乱で一部が壊されたわけである。

義和団は困窮した手工業者、鉄道の開通で失業した運輸業者、抑圧と差別に抗議する青少年と女性たちがメンバーだった（『日本の近代と現代』）。

寺内は参謀長の大山巌と話し合い、六月一二日に陸兵派遣の準備に着手して歩兵一大隊、騎兵一小隊、工兵一小隊、軽重一隊を編成し、一六日に参謀本部第二部長の福島安正少将が司令官として任命される。

翌六月一七日に寺内は、「公使館及人民保護ノ目的ヲ以テ出兵ニ決ス」と日記に書いている。一方で義和団を支持した清の指導者・西太后《せいたいごう》は六月二一日に、西欧列強に宣戦布告した。以後、日本を含む八ヶ国連合軍との交戦になるのである。

翌二二日の『国民新聞』は天津の日本領事館や日本人商店が焼かれたと報じている。天津は文久元（一八六一）年にフランスが租界地とし、イギリスもまた同じ年に租界地にしていた。ドイツは明治二八年に、日本も同三一年に租界地を開設している。こうした準植民地たる租界地を「攘夷党」たる義和団が、怒りに任せて攻撃したことになろう。

福島は歩兵一大隊を率いて六月一九日に全権公使の加藤増雄と宇品港から威海丸に乗って、二三日に天津《てんしん》の東部、すなわち遼東半島と山東半島によって形成される渤海湾《ぼっかいわん》に面する大沽《たーくー》に着いていた。第二陣として大連丸、佐倉丸、土佐丸、朝顔丸が二五日から三〇日にかけて大沽沖に到着し、福島司令官の令下に入ると、七月六日には全ての隊が天津に集合し、一三日から天津城の攻撃を開始して翌一四日には陥落した。

しかし義和団が抵抗をつづけ、日本軍は広島師団の応援を待つしかなかった。

東京にいた陸軍大臣の桂太郎は七月七日に広島第五師団長の山口素臣に北清派兵を命じ、八月一一日には第五師団の全てと野戦砲兵第一六聯隊第一大隊、臨時鉄道隊、野砲大隊を宇品港から出発させた。

総理大臣の山県有朋が、参謀次長の寺内に連合軍との協議を命じたのは七月一二日だった。寺内は原田輝太郎と宇都宮太郎の二人の歩兵少佐と、砲兵少佐の鋳方徳蔵《いかたとくぞう》を従え、七月一三日の午後六時の汽車で東京から広島に向かう。

彼らは七月一四日の午後八時一五分に広島に着き、一五日の午前六時に宇品に向かい、午前八時に軍艦千歳に乗って渤海に向かった。

関門海峡から対馬海峡を過ぎ、済州島付近を通過して山東省の南を航行し、大沽《たーくー》沖に到着したのは七月一八日の昼前だった。寺内は旗艦常磐の東郷平八郎を訪ねて天津の陥落を知り、一九日の午前八時半に大沽を出発すると途中から山口素臣と旅団長の真鍋斌と合流して白河溯航の汽船で天津に向かった。その日、寺内は柴竹林の日本領事館に投宿している。

天津に入ったのは翌七月二〇日で、福島安正少将の案内でロシアの将軍アレキシーフやイギリスやフランスの将軍たちと面会する。二一日には天津城内の日本軍の占領地を巡視し、夕方にはアレキシーフの晩餐会に出席している。

天津にはロシア、イギリス、フランス、アメリカ、ドイツ、オーストリア、イタリア、そして日本兵の八ヶ国連合軍が集結していた。

寺内は七月二二日にもアレキシーフと打ち合わせを行い、臨時派遣隊の招魂祭を二三日に行う。二四日は雑事をこなし、二五日はドイツ海軍少将、清人旧兵卒の少将たちから情報を得ていた。以後も、イギリスやフランス側と作戦を練り、二七日は午前中に福島と一緒にイギリス将軍ゲスリートを訪ね、夕方には同じく福島を伴ってロシアのステッセル将軍を訪ねている。翌二八日の午後には、逆にステッセルが寺内たちに会いにも来ていた。こうして二九日も各国軍と話し合をつづけて作戦計画を詰めると、寺内は三〇日の朝に天津を発ち、午後二時に大沽に着いて、夕方には軍艦千歳で日本に向かう。宇品に戻ったのが八月二日の午後一〇時過ぎで、広島には夜中に帰着した。

その日は浜口旅館に投宿し、翌八月三日の朝の汽車で広島駅を発すると四日の午前中に新橋駅に到着した。山県有朋を訪ねて、義和団事件を詳しく報告したのは翌五日である。

日本租界として近代化した天津旭街の景観（山口県文書館蔵『北清駐屯記念　天津写真帖』より）

僅か一〇日ばかりの天津滞在で、ロシア将軍アレキシーフやステッセル、イギリス将軍ゲスリートたちと綿密な調整を行い、八ヶ国連合軍の作戦計画を立てていた。

日清戦争期の運輸通信長官時代の経験から、兵糧用の支那貢米を輸送する一〇〇隻の船舶の徴発や、軍事輸送と通信用の鉄道電信架設隊を編成するなど手際よく準備したのである。このときの作戦計画は、第五師団率いる山口素臣が実践し、北清事変は八ヶ国連合軍の勝利に終わる。

桜圃寺内文庫には八月二〇日付で乃木希典《のぎまれすけ》が寺内に宛てた書簡（軸装）が残されていて、「第五師団も北京城江進入之吉報ニ接シ大慶至極」と記されている。山口の第五師団の北京攻略の成功を喜んでいるのだ。

北清事変後の天津の風景は、山口県文書館所蔵の『北清駐屯記念《ほくしんちゅうとんきねん》天津写真帖《てんしんしゃしんちょう》』で見ることができる。日本、フランス、イギリス、ドイツの各租界地の風景写真集で、発行年は不明だが、日本租界の大和公園に第五師団が建てた「北清戦役紀念碑」が印象的だ。横には義和団鎮圧に使用した大砲が据えられ、前方にハクチョウの浮かぶ池に噴水が見える。同じく日本租界の旭街は煉瓦積みの洋館の列の間を路面電車が走る近代的な風景で、ミニ満洲のようなモダンで和やか雰囲気だ。

しかし実際は牧歌的風情ばかりではなかった。

戦争が終わって連合軍が撤兵するなか、ロシアだけは自らの経営する東清鉄道の保護を名目にして満洲に兵を送り続けていたからだ。日本はロシアに撤兵を求めたが聞き入れられず、イギリスもロシアの動きに不信感を抱き、日本に接近してきた。その結果が、明治三五年一月三〇日（発表は二月一二日）に締結された日英同盟となる。北清事変は日清と日露の二つの戦争の間に埋もれて目立たないが、日本が列強に仲間入りした重要な戦争であり、日露開戦の導火線でもあった。

〔※1〕これ以後の寺内の日記は『寺内正毅日記　―一九〇〇～一九一八―』を使用。

《付記》比治山《ひじやま》陸軍墓地のフランス人墓碑

広島市街地（南区）の比治山《ひじやま》公園の坂を登った見晴らしの良い丘（放射線影響研究所の裏手）の奥に比治山陸軍墓地があった。

明治四（一八七一）年に開設された墓地で、広島鎮台（後の旧陸軍第五師団）が設置されたのが翌年だった。両側に明治一〇年の西南戦争から昭和の大東亜戦争までに戦死した陸軍兵士たちの神道

比治山陸軍墓地のフランス兵士墓碑（平成30年1月）

墓の列が並ぶが、その奥にひときわ堂々とフランス兵の墓碑が建っていた。

台座に十字架が刻まれ、「A LA MEMOIRE DES SOLDATS ET MARINS FRANCAIS…」というフランス語が確認できる。裏には「殉国忠士之碑」と題し、「一千九百年北清之役我陸海軍兵傷痍疾病…」と漢文がある。要するに北清事変で傷ついたフランス兵を明治三三年七月二一日に日本の病院船「博愛丸」が日本傷兵と共に広島に運んで治療を施したが、不運にも死亡した七名のフランス兵を記念したメモリアルである（『新修広島市史　第二巻　政治史編』）。

墓標下の両脇に二枚、後ろに五枚、合計七枚の十字架の刻まれた石棺が据えられているのが、死去したフランス兵七名のものだった。

この墓標に関して研究者の原野昇が、パリのフランス国防資料館で興味深い資料を見つけていた。当時、連合軍のうちロシアには旅順港やウラジオストック、ドイツには膠州湾租借地の青島《ちんたお》、イギリスには威《い》海衛《かいえい》があったが、フランスには遠く離れたインドシナしか植民地がなく、傷痍兵たちの治療が出来ず、各国の病院船は自国の患者しか受け入れなかったらしい。そんな矢先に、日本のみがフランス兵を受け入れ、広島で治療を施したことで、「最後に近代文明の仲間入りをした日本が、博愛精神の手本を示した」と記録されていたのである〔※1〕。寺内をはじめ、陸軍幹部にはサン・シール士官学校ゆかりの顔見知りのフランス派が多くいたので、その友愛精神の結果であろう。

〔※1〕原野昇「フランス側史料に見るフランス傷病兵日本後送の経緯」(『仏蘭西学研究　第四三号』)

日露協商（満韓交換論）か日英同盟か

明治三四（一九〇一）年二月一八日に寺内正毅は陸軍大学校長となる。

ところが日記を見ると、二月一日から「流行性感冒」に罹《かか》り、一四日には「便通ノ際一血ヲ下ス」までに悪化していた。二八日には「病余ノ回復ヲ計ル為メ」に神奈川県大磯に転地療養し、東京の自宅に戻るのが三月一一日だ。インフルエンザで下血まで起こし、体調最悪なときに陸軍大学校の校長になっていたのである。

顧みれば陸軍大学校は明治一六年四月一二日に始業していた。

しかし大学教育にふさわしい教官がおらず、大山巌視察団の手でドイツのメッケル少佐が雇用され、明治一八年二月から同二一年三月まで教鞭をとっていた。フランス武官時代にメッケルの赴任手続きに奔走した寺内が、今度はその陸軍大学校の校長に収まったわけである。

寺内は翌明治三五年三月二七日に陸軍大臣になるまで、校長職をつづけた。

実は陸軍大学校の校長になったのは、明治三四年二月一日に『国民新聞』が「黒龍会　創立さる」と伝えた矢先でもあった。記事に見える創立者の内田甲が、翌明治三五年の正月に改名する内田良平のことだ。創立期の黒龍会メンバーには平山周、吉倉汪聖、尾崎行昌、可児長一、葛生修亮（葛生能久《くずうよしひさ》）たちの名前が並ぶ。

内田はすでに明治三四年一月一三日に黒龍会創立の協議会を開き、二月三日に神田錦輝館で発会式を開いていた（『黒龍会三十年事歴』）。『国民新聞』の記事は、そのことを伝えていたのである。黒龍会の名は黒龍江を中心とする大陸経営に由来しており、これまで内田がいた玄洋社が筑前勤王党の流れをくむ地方組織であったのに対して、黒龍会は対ロシア政策を実践する全国組織となっている。

黒龍会誕生から二ヶ月が過ぎた明治三四年四月一七日の寺内の日記に、「長女沢子児玉家ニ入家シ秀雄氏ノ妻トナル」と見える。寺内家と児玉源太郎の家が親戚になったのである〔※1〕。むろん悠長にお目出度《めでた》を祝うほど平穏な時代ではなかった。黒龍会の出現にあわせて第四次伊藤博文内閣にも混乱が生じていた。五月に入ると西園寺公望《さいおんじきんもち》が臨時首相になって場をつくろうが混乱はおさまらず、井上馨内閣の組閣話が持ち上がる。

明治三四年五月一九日付の『防長新聞』が「井上伯内閣引受説」と報じ、二一日にも「井上内閣成立の期」と続報を出す。しかし翌二二日には「井上内閣も困難」と一気にトーンダウンする。

井上を総理に推したのは、ロシアとの戦争回避を目論む元老たちだった。ロシアに満洲を与える代わりに、日本が朝鮮を勢力下に置く満韓交換論を主張していた時期である。主戦派と非戦派（満韓交換論）が拮抗するなか、ことの収拾のために幻の井上内閣プランが浮上したのだ。

このとき井上は渋沢栄一が大蔵大臣を引き受けるならやっても良いと口にしたが、渋沢にその気がなかったので、結局、明治三四年六月二日に第一次桂太郎内閣が成立している。杉山茂丸が「僕と児玉と桂の秘密結社の内閣」（『俗戦国策』）と明かすように、主戦派の玄洋社や黒龍会人脈が第一次桂太郎内閣の成立の背後で蠢いていた。

第一次桂太郎内閣が生まれて三ヶ月余りが過ぎた九月二五日に、内田良平の黒龍会が『露西亜亡国論』を発行した（『国士内田良平伝』）。しかしロシアとの開戦を露骨に煽《あお》ったことで即刻発禁となる。伊藤を本山とする元老たちは日露協商派であり、開戦を煽る『露西亜亡国論』は目の上のタンコブだった。

伊藤は日露協商を結ぶためにアメリカ経由でロシアに入ることになり、九月一三日に井上馨、桂太郎、山県有朋たちが送別会を開いた。だが、その席でも、日露協商か日英同盟かを巡って伊藤と山県が衝突する混乱が起きていた（『世外井上公伝　第五巻』）。

険悪なムードの中で伊藤は外遊に出たのである。

当時のこととして、桂太郎の内命を受けてアメリカで公債募集に来ていた杉山茂丸が、ニューヨークに着いた伊藤のホテルを訪ね、「閣下の一言だにあれば、米国資本家は、安心して仮契約に調印するまでに運びました」と借金の口利きを求めた話が残っている。伊藤は不機嫌に、「吾輩は、現今一切の官職を離れ、政府とは全然関係のない立場にある。随《したが》って政府の仕事には容喙《ようかい》する権利もなければ、義務もない」とにべもなく断ったそうだ（『政治外交秘話』）。桂太郎内閣が日露戦争をするための内閣であることを見破っていた伊藤は、桂を焚きつける杉山の申し出も気に入らなかったのだろう。

結局、伊藤の夢見ていた日露協商は挫折した。

日英同盟が明治三五年一月三〇日に締結されると、二月一二日に東京とロンドンで同時発表された。イギリスの外務次官クランボーンが下院での演説で、「日英協約は満洲をも含む旨《ママ》を確信せり」（二月一五日付『時事新報』）と語ったのは、北清事変後も満洲に兵を送りつづけるロシアへの牽制だった。

ロシアを危険視しはじめたイギリスが、対ロシア工作としての日英同盟を成立させた直後の明治三五年三月二七日に、寺内は児玉から引き継ぐ形で陸軍大臣に就任した。寺内を陸軍大臣に推した理由を児玉は、「自分のやうに盲判《めくらはん》を捺《お》す者と異《こと》なり、書類の第一頁から終りまで目を通した後でないと決して判を捺さぬ男だから」（『東亜先覚志士記伝〔下巻〕』）と語っていた。

〔※1〕桜圃寺内文庫蔵「寺内正毅家戸籍」は「明治参拾四年五月拾四日」に「秀雄ト婚姻」としているが、本書では日記の記録を採用する。

第四章

第三代韓国統監《かんこくとうかん》から初代朝鮮総督《ちょうせんそうとく》へ

大正15年10月に落成した朝鮮総督府庁舎〔3代目庁舎〕（山口県立大学蔵『朝鮮総督府庁舎新営誌』より）

クロパトキンの来日

寺内正毅の陸軍大臣就任は、児玉源太郎が陸軍大臣を辞すのと入れ替わりだった。明治三五（一九〇二）年三月二七日のことである。

台湾総督だった児玉は、これまで民政局長の後藤新平に台湾統治を任せていたが、寺内との交代を機に、総督の仕事に専念するつもりでいたらしい。

当時の閣僚の顔ぶれはつぎである。

【総理大臣】桂太郎、【外務大臣】小村寿太郎、【内務大臣】内海忠勝、【大蔵大臣】曾禰荒助、【海軍大臣】山本権兵衛、【司法大臣】清浦圭吾、【文部大臣】菊池大麓、【農商務大臣】平田東助、【逓信大臣】芳川顕正

以後、明治四四年八月三〇日に朝鮮総督に専念するために辞任するまでの約一〇年間、寺内は陸軍大臣として過ごす。

就任直後に寺内は新聞記者に苦言を述べていた。

「今の日本の新聞記者にしての訳《わけ》の分《わか》つた奴《やつ》ハ頓《とん》とない、是程《これほど》に分《わか》らず屋《や》がヨーモ寄集《よりあつま》つたものだ、コンナ奴等《やつら》に交際した處《ところ》が何の益《えき》もなく却《かえ》つて害《がい》を仕出《しだ》すから相手《あいて》にならないのが一番《いちばん》だ、近付《ちかづか》なけれバ害《がい》がないから皆《みな》も其心《そのこころ》で居《い》るがいゝ」（明治三五年四月二日付『東京朝日新聞』「寺内中将の大気焔」）

四月八日に清とロシアとの間に満洲からのロシア兵撤兵に関する調印がなされ、一時的ではあるが日露間の緊張がやわらいだタイミングであった。

ロシアは約束どおり、明治三五年一〇月に満洲からの第一次撤兵を履行した。

こうした融和ムードの中、一一月に帝国陸軍は明治天皇の臨席で熊本での特別大演習を行う。それに参加した寺内は、大阪まで戻ったところで新聞記者たちに軍用自転車隊を拡張したいと語った。桂内閣が行政整理を表面化させていた時期でもあり、陸軍でも幼年学校や憲兵の廃止が噂になっていたが、「局外者の盲議」と否定した（明治三五年一一月二一日付『読売新聞』「寺内陸相の談話」）。

ロシア陸軍大臣のクロパトキンが寺内に手紙を送ったのは、年も押し迫った一二月一七日だった。パリのフランス日本公使館時代から寺内と交流があったクロパトキンは、部下のアダバッシュ中佐が日本滞在中に親切にして貰ったことに対して礼を述べていた（防衛省防衛研究所所蔵の訳文「陸軍省—密大日記—M36—1—3」）。

個人的にはクロパトキンと良好な関係を保っていた寺内であるが、年が明けた明治三六年二月二六日に「露国の満洲増兵説」（『読売新聞』）という記事が公表される。満洲からロシア兵が撤兵するどころか、東清鉄道工事を盗賊たちが妨害することを口実に、駐屯兵を五倍に増兵したと報じたのである。

ロシアの強権化の背景には、退役騎兵大尉ベゾブラゾフの影があった。

満洲撤兵派のウィッテが記した『ウイッテ伯回想記　日露戦争と露西亜革命　上』によると、日露開戦直前にニコライ二世に侍従に取り立てられたベゾブラゾフが満洲の支配をゴリ押ししたらしい。ニコライ二世は日本を訪問していた皇太子時代の明治二四年五月に、津田三蔵巡査に斬りつけられて頭部を負傷していたので（大津事件）、日本には懐疑的態度であったようだ。

前列右から５人目が寺内正毅、６人目がクロパトキン。明治36年６月撮影か（山口県立大学蔵）

日本で、再びロシアに対する国民感情が悪化する。

クロパトキンが極東視察と称して六月一二日の朝、新橋駅に到着したのも、そんな矢先であった。このときは寺内自身が接待係りとなり、夕方には芝離宮の晩餐会に同席する。翌一三日の夜も寺内が準備した晩餐会にクロパトキンは出ている（六月一三日付『読売新聞』「露国陸軍大臣の着京」）。接待の補佐は村田惇少将、田中義一中佐、津野一輔大尉たちが行った。

この時期と思われる寺内とクロパトキンたちの集合写真が桜圃寺内文庫に残っている。二人を中心に日本兵とロシア兵たちが一堂に会したポートレートである。

クロパトキンも内心ではベゾブラゾフに疑問を抱いていたが、立場上、ニコライ二世に命じられたロシア優先の外交を進めるしかなかったわけである。

一方で、桂太郎は六月二三日に御前会議を開くと伊藤博文、山県有朋、大山巌、井上馨の諸元老と、内閣からは外相の小村寿太郎、海相の山本権兵衛、そして寺内を招集した。その席でロシアが旅順と大連を割取し、さらに満洲を奪う危うさを訴えた。桂の背後には杉山茂丸ら、玄洋社人脈が控えていた。だが伊藤も井上も、さらには山県でさえ、元老たちは好んで日露開戦に向かおうとは思っていなかった。寺内の態度も同じであり、桂は官邸に伊藤と山県を呼び出すと日露開戦に向き合って欲しいと迫った。伊藤はそんな話なら了解できぬと突っぱねた。それなら自分が辞職すると桂は七月一日に辞表を出して引きこもる。日露開戦を巡り、桂と伊藤が不仲になった時期であった。

開戦の民衆運動

ロシアが満洲を占領する危険性を訴えたのは富井政章《とみいまさあき》、金井延《かないのぶる》、寺尾亨《てらおとおる》、中村進午《なかむらしんご》、高橋作衛《たかはしさくえ》、小野塚喜平次《おのづかきへいじ》、戸水寛人《とみずひろんど》ら七名の博士だった。満洲で東清鉄道を貫通させ、城壁や砲台を築き、海上にも艦隊を浮かべ、陸海両面から日本を圧迫するロシアは、いずれ朝鮮にまで触手を伸ばすだろうと警告を発したのである。そのために開戦を主張した七博士の国権伸長論を「満洲問題に関する大学七博士の意見書」と題し、『読売新聞』が報じたのが明治三六（一九〇三）年六月二四日だった。

主戦論の台頭に呼応するように、山県有朋が桂太郎を内閣に引き戻しにかかる。山県は松方正義、大山巌、井上馨たちを自邸に招くと、対露政策の国論一致と引き換えに、伊藤博文を政友会総裁から枢密院議長に引き上げて、西園寺公望を政友会総裁に据える案を示したのである。全員が賛成したことで、伊藤が七月一三日に枢密院議長に就任する。伊藤を祭り上げて口を封じるかたちで、開戦の準備にかかったのである。

頭山満たちが神田錦輝館で「対外硬同志大会」を開いていたのは八月九日である。神鞭知常《こうむちともつね》、大《おお》竹貫一《たけかんいち》、山根正次《やまねまさつぐ》、高野孟矩《たかのたけのり》、和泉邦彦《いずみくにひこ》、大野亀三郎《おおのかめざぶろう》、大久保不二《おおくぼふじ》、渡辺鼎《わたなべかなえ》、宮古啓三郎《みやこけいさぶろう》、平岡浩太郎《ひらおかこうたろう》、柴《しば》四朗《しろう》たちが集まり、会員は二〇〇〇名余りに膨れ上がる。彼らはロシアに撤兵条約を守らせ、清に満洲を開放させることを決議した（八月一〇日付『読売新聞』「対外硬同志大会」）。

主戦論者と非戦派が激しくぶつかり合った時期だ。

外相の小村寿太郎《こむらじゅたろう》と駐日ロシア公使ローゼンとの話し合いは九月七日にはじまる。

頭山たちの「対外硬同志大会」は近衛篤麿《このえあつまろ》を会長にした「対露同志会」に名を改め、九月一四日に芝紅葉館で発会式を行う。その席上で神鞭知常が桂太郎総理に開戦を強く求めた（九月一五日『読売新聞』「対露同志懇親会」）。

主戦派は政府を足元から揺さぶる。開戦のポピュリズムだ。

だが、政府には戦争をする金が足りてなかった。

明治三六年一〇月三日付の『防長新聞』が「山口県廃止説」と題して報じたのも、国の運営資金を浮かせるための行政整理だった。こともあろうに長州出身の桂太郎首相が、福岡県と広島県に分割して山口県を廃止する法案を提出しかけたほど財政はひっ迫していたのだ。むろん地元は猛烈に反発し、山口県は大騒動となった。

こうした混沌期に日露両国間の話し合いが進み、一〇月一三日にロシア側から満洲から日本が手を引くこと、更には朝鮮の北半分をロシアの勢力下におくといった修正案が示された。だが、満韓交換どころか朝鮮の半分もロシアに取られることで主戦派たちは激怒した。

寺内は相変わらず、開戦に消極的だった。

「何《なに》も騒《さわ》ぐことはない。ソー戦《いく》さが容易《たやす》く出来るもんではない。昔の一騎打《いっきうち》の武者絵《むしゃえ》を見て居《い》るから、戦《いく》さは面白《おもしろ》く容易《たやす》く出来るものの様に心得《こころえ》て居《い》るが、今は仲々《なかなか》ソーは行かぬ。兵を動かすということは大事《おおごと》である」（一〇月九日付『読売新聞』「寺内陸相断片」）。

ロシア皇帝ニコライ二世からは、一二月八日に陸軍大臣の寺内に「露国白鷲勲章」が授与されている。日露の友好を保つ努力が続いていたのだ。

そんななか、対露同志会の青年部「対露硬青年会」が一八名の連署をもって日露開戦を求める直接行動に出た（一二月八日付『読売新聞』「対露硬青年会の上奏文」）。満洲からのロシア追い出しを激しく訴えたのだ。

寺内は対露同志会が海軍大臣の山本権兵衛《やまもとごんべえ》を「軟論家」として警告書を送ったことを批判したうえで、自分にも警告書が届くであろうから、「同志会の腹《はら》を聞いて見る積《つも》りで待《ま》つて居《い》るよ」（同日同紙「寺内陸相曰く」）と開戦派を牽制した。

余裕があったのは、田中義一の後任で参謀本部大佐になっていた明石元二郎からも、開戦に至らぬであろう楽観的報告を受けていたからだ。主戦派ベゾブラゾフの「幕賓《ばくひん》」で、伯父がロシア王朝の顕官というVonlialianskiという人物が、「争点は争点として一方に御好意を表せられ候」と来日期に寺内から厚遇された礼の言葉を、明石が一二月二三日付の手紙で寺内に伝えていたのである（『寺内正毅宛明石元二郎書翰』）。

しかし日露両国間の話し合いは膠着状態《こうちゃくじょうたい》のまま、日本は日本の、ロシアはロシアの主戦派に引きずられて、結局は戦争へと転がり落ちてゆくのである。

一二月二九日に、井上馨は財界の要人を有楽町の三井集会所に集めて、戦費調達のために第一回目の国債一億円を募集した。同じ二九日に『東京朝日新聞』が報じたのは、釜山と京城を結ぶ京釜鉄道工事の速成の決定であった。明治三一年九月に日本は京釜鉄道契約を結んで京釜鉄道株式会社を立ち上げ、明治三四年八月に工事に着工していたが、手付かずのままであったからだ。それを日露開戦に備えた軍事物資輸送鉄道として寺内が特別補助を決定し、明治三七年夏ころまでに全通させる計画を公表したのである。

もっとも実際の開通は当初の予定を一年近く超え、日露戦中の明治三八年五月であった。

《付記》　児玉文庫の開庫

親戚筋の寺内正毅に陸軍大臣を渡した児玉源太郎は、故郷の徳山（現、山口県周南市）に「私立児玉文庫」を開設する準備にかかった。

山口県では明治三一（一八九八）年ころから萩で図書館設置運動が起こり、明治三四年には阿武《あぶ》郡立図書館が萩中学校内に開設されていた（『図書館一〇〇年の歩み』）。しかし個人設立のものは児玉文庫が最初である。明治期の陸軍は欧化主義の導入装置で、軍人による図書館開設もその流れの上にあった。

明治三〇年に徳山の生家跡を買い戻していた児玉は、敷地内に児玉文庫を造るため、明治三五年四月から書庫、閲覧室、事務室、管理者住宅の建設工事に着手し、一一月に施設が完成。明治三六年一月二三日に開庫式を開いている。図書の多くが個人や団体からの寄贈だった。

『私立児玉文庫報告』（明治三八年四月）に見える個人寄贈者七二名のうち、新渡戸稲造（一五冊）、徳富猪一郎〔蘇峰〕（六九冊）、大岡育造（一二九冊）、桂太郎（一七冊）、曾禰荒助（三九冊）、添田寿一（四冊）、それに寺内正毅（七三冊）や杉山茂丸（五九冊）たちの名も確認できる。

寺内寿一（寺内の長男）が大正一一年二月に寺内家の敷地で開庫した桜圃寺内文庫も、寺内正毅が児玉文庫に影響を受けた結果だった（第五章「《付記》最後の仕事〝桜圃寺内文庫〟」参照）。

明石元二郎の革命工作

日露開戦に踏み切れない寺内正毅に対して痛烈な批判が明治三七（一九〇四）年一月一日の『読売新聞』に載った。

「寺内陸軍大臣に与ふるの書」と題する文面で、父兄の門閥の庇護もなく陸軍大臣にまで出世したのは資質が優れていると認めながらも、真面一筋の「平板」な人生では、「世界の一大雄邦と干戈《かんか》相見《あいまみ》へ」る重大事態に対処できないとこき下ろした。桂太郎のような「狡猾変詐《こうかいへんさ》」もなく、児玉源太郎のような「知術縦横《しじゅつじゅうおう》」もなく、単に「精悍勤勉《せいかんきんべん》」なだけでは軍政家として無能と語る。挙句に陸軍大臣なのに持ち家もなく、御用商人さえ近寄らぬ清廉潔白さはむしろ短所であり、いっそ陸軍大臣など辞めて、「陸兵教育の任に当るべし」と罵倒していたのである。

寺内にすれば正月早々、たまったものではなかったろう。

参謀本部副官の堀内文次郎（堀内信水）が語るところでは、この時期、「君側《くんそく》の奸《かん》を倒さねばならん」と秘密会合を催していたのが、対露同志会のメンバー（近衛篤麿、頭山満、小川平吉、山座円次郎たち）だったという（『春畝公と含雪公』）。寺内もそんな「君側の奸」の一人だったのであろう。

ともあれ開戦は避けられなくなっていた。

寺内の日記によると、一月一二日に寺内は参謀次長の児玉源太郎を訪ね、つぎに大蔵大臣の曾禰荒助を訪ねて「軍資金」について意見を聞いていた。曾禰は戦争が始まれば一億円の「大蔵証券」を発行し、足りないなら「戦税」を興《おこ》すと答えた。それを確認したうえで午後二時に宮中に参内して二時半から御前会議を開き、「対露政府覆牒案ニ就テ聖断ヲ仰ク」と記している。

一月一六日の日記でも、参謀総長の大山巌と児玉源太郎を訪ね、つづいて海軍大臣の山本権兵衛を訪ねて同じく「軍資金」について話し合っていた。

一月二八日には首相の桂太郎が東京、大阪、京都、名古屋、横浜の実業家を集めて「軍資金募集ノ為メ尽力ヲ請フ」と演説したと見える。

問題はいかにして戦費を捻出するかであった。

結局、一ヶ月余りが過ぎた二月四日に御前会議で開戦の聖断が下る。

当日の寺内の日記には、午後二時から御前会議が開かれ、伊藤博文、山県有朋、大山巌、松方正義、井上馨をはじめ首相の桂太郎、外務大臣の小村寿太郎、海軍大臣の山本権兵衛、大蔵大臣の曾禰荒助、そして陸軍大臣の自分が出席して、「正式ニ露国へ発スル通牒ヲ正式ニ決定アラセラル」と見える。

寺内は二月六日に日本郵船会社の近藤廉平《こんどうれんぺい》社長を招き、「運輸事務ニ就キ依頼シ諸般ノ協議ヲ為ス」と記している。二月二九日も近藤を招き、「運送船買入ノ件ニ就キ相談セリ」とあり、三月一日には「近藤廉平氏買船ノ事ニ就キ来談アリ」と見える。日清戦争のときのように、寺内が日本郵船側に軍用の輸送船の手配を求めていたのである。

日本の連合艦隊が旅順港口で、ロシア戦艦二隻と装甲巡洋艦一隻を沈没させたのが二月八日であった（一〇日付『防長新聞』号外）。

そしてついに二月一〇日の「対露宣戦の詔勅」で日露戦争の幕が開く。

面白いのは明治天皇が、「凡《およ》ソ国際条規《こくさいじょうき》ノ範囲《はんい》ニ於《おい》テ、一切《いっさい》ノ手段《しゅだん》ヲ尽《つく》シ」と、国際法の範囲内であらゆる努力をするが、それでもなお戦争がしたいわけではないと語っていたことだ。

大本営を宮中に置くことが決まったのはその日の夜だったことが、翌二月一一日の日記で寺内が、「昨夜　大本営ヲ置カル」と書いていることでわかる。一方で早くも戦死者が出ていたようで、「旅順攻撃ノ我艦隊ニハ死傷五十内外、艦隊ニハ大ナル損害ナシ」と寺内は日記につづけていた。

日清戦争期の反省も込めて、戦地での軍事輸送用の鉄道敷設も急がれた。

二月一五日の日記によれば、田健治郎逓信大臣の次官である古市公威が寺内を訪問して、「京釜鉄道ノ速成」が予定通りに進まないと報告していた。その席で、京城と新義州を結ぶ京義鉄道の「軍事上必要ノ件」も協議し、寺内は臨時軍用鉄道監部を編成して井上仁郎《いのうえにろう》（工兵中佐）の鉄道大隊を龍山に派遣して京義鉄道の工事を進める。京義線は、京釜鉄道開通（明治三八年五月二五日）よりさらに一〇ヶ月遅れの明治三九年三月に開通している。

また後述するように、明治三七年五月一日に黒木為楨《くろきためもと》が率いる第一軍が清国領の九連城《くれんじょう》（鴨緑《おうりょく》江《こう》を隔てた新義州の対岸）を占領し、その後、鳳凰城《ほうおうじょう》を占領したことで、安東と鳳凰城を結ぶ手押し式の軍事軽便鉄道の敷設にも取りかかる。これは途中で小型機関車が走行できる軌道に変更されて一一月に開通し、その後、明治三八年一二月に鳳凰城から奉天《ほうてん》までが開通。安東—奉天が全通したことで安奉《あんぽう》軽便鉄道となるのである。さらに後に南満洲鉄道（満鉄）の経営となり、安奉線として広軌改築を行い、朝鮮総督府が鴨緑江《おうりょくこう》大鉄橋を明治四四年一〇月に完成させて朝鮮と満洲を結ぶ国際鉄道へ成長する。

日露戦争期に寺内が満韓鉄道の敷設や経営に大きな成果をあげていたことは見逃してはならない。一方で明石元二郎は、開戦と同時にストックホルムに向かい、亡命している革命派たちを扇動してロシアに内乱を起こす工作をはじめていた。参謀本部からロマノフ王朝の顚覆《てんぷく》を謀る秘密指令を受けた結果である。

明石はロシア人将校の買収やロシア人スパイの配備を行うと、ストックホルムに飛んで革命派のカストレンやシリヤスクなどと連絡を取り、破壊工作に身を投じた（『日露戦争と明石工作』）。明治三七年二月一六日付の『東京朝日新聞』が「露国に内乱　革命運動起る」と伝えたように、ロシア南部で早くも革命運動が表面化していた。

二月二四日の寺内の日記には「金子男米国へ出張ス」と見え、貴族院議員の金子堅太郎がアメリカに出発したことがわかる。御前会議の開かれた二月四日に、伊藤博文はアメリカ留学経験のあった金子を呼ぶと、アメリカで軍資金の調達や戦争終結工作を命じていた。イギリスは日本と同盟を結んでおり、フランスはロシアと同盟を結んでいたので、中立のアメリカに出向き、ハーバード大学の同窓だったセオドア・ルーズベルト大統領との人脈を使った終戦工作に早くも着手させたのである（『伊藤博文伝　下巻』）。

連合艦隊司令長官の東郷平八郎の発令で、旅順港閉塞作戦の第一回目が行われたのが同じ二月二四日であった。ロシア軍艦を旅順港に追い込み、日本海軍の船を自爆か敵に砲撃させて沈没させて港の出入口を塞ぐ捨て身の作戦だ。

第二回目は三月二七日に行われ、第三回目は五月三日に実行された。

この第一回目と第二回目に挟まれる三月二〇日に、第一次桂太郎内閣は第二〇回帝国議会を開き、年末までの軍事費三億八〇〇〇万円を歳計予算として通している。

広瀬《ひろせ》武夫《たけお》が福井丸で第二回目の作戦現場に向かう途中で敵艦から魚雷を受けて戦死したのが三月二七日だった。文部省唱歌「広瀬中佐」をはじめ、多くの軍歌を生む軍神誕生の記念碑的戦死だった。寺内は四月一三日の日記で、青山で行われた広瀬の葬儀に参列し、「会葬者《かいそうしゃ》頗《すこぶ》ル多《おお》シ」と驚きの言葉を綴っている。

明石元二郎は四月一日付で、陸軍省にいた寺内にロシア国内の革命状況を報告していた（『寺内正毅宛明石元二郎書翰』）。すなわちモスクワとサンクトペテルブルグ付近以外ではロマノフ王朝の圧政に対するロシア国民の不満が渦巻き、日露戦争中に内乱が起こるだろうという予測である。ロシア国内では国民の不満を欺くため、日本人排斥を煽る「黄色熱」の宣伝工作がヨーロッパ各地で行われているとも伝えていた。

明石は四月二一日付の手紙で、ロシアへのスウェーデンの敵対は、一八〇九年にフィンランドをロシアに取られたからという報告も寺内にしている。「僻地《へきち》」ゆえ、情報収集のためにロシア、フランス、イギリス、ドイツの新聞に頼るとしながらも、各国の新聞が遅れて届くので「甚《はなは》だ遺憾《いかん》」とも語る。旅順港口で四月一三日に沈没した「ペトロパブロスク」に乗っていた「マカロフ」提督の戦死が「露人《ロシアじん》の落胆失望」を招いているとも。

石川啄木《いしかわたくぼく》が処女詩集『あこがれ』（明治三八年五月刊）で「マカロフ提督追悼の詩」と題し、〈ああ偉《おほ》いなる敗者よ、君が名はマカロフなりき〉と称賛したように、日本でも人気のあったロシアの将軍だった。

明石はクロパトキンの戦法も「侮《あなど》る可《べか》らさるもの」と寺内に忠告していた。東清鉄道を守る兵を満洲の中央に集めて日本軍を待ち受け、「戦略的待機防禦姿勢」をとって後継団隊を集めるだろうとの推測である。

寺内は四月一八日の日記に、平岡浩太郎が「来訪」したと記し、二一日には、「明石中佐ノ在ストックホルムノ近況ヲ承知ス」と書いている。平岡も明石も、筑前黒田藩士の末裔で玄洋社人脈の重鎮である。

明石はロシア国内でストライキや学生運動、テロリズム、銀行襲撃などの革命扇動に奔走して、明治三八年一月二二日のロシア第一次革命「血の日曜日」を用意した。それから半年余りが過ぎた九月二六日付の『プロレタ－リイ』第一八号で、レーニンが「防禦から攻撃へ」と題して、「強力な爆発物の広汎な使用」が日本軍の強さの理由としていた。そのうえで、「いざ学ばんかな、日本

勝立寺境内の明石元二郎遺髪墓
（平成29年9月）

人に…！」（『ソ連と日露戦争』）と日本陸軍にエールを送っていたのである。これも明石を通じて帝国陸軍が革命運動と結びついていたからであろう。寺内もそんな革命工作を高く評価していた。

元治元（一八六四）年に福岡城下に生まれた明石は、本家が日蓮宗の勝立寺《しょうりゅうじ》（福岡市中央区天神四丁目）の門徒だった関係で、生前に建てた遺髪墓が境内に残っている。庫裡《くり》側の入口から三番目に鎮座する五輪塔墓で、一番下の方形石の左面に刻まれる「深信院殿真操香徳大姉」が前妻の法名で、裏面の「明治四十年三月二十八日」が没年という。その後、明石が没して遺髪を納めたことで右面に明石の法名「少林院殿柏蔭自得大居士」と、裏面に「大正八年十月二十四日」の没年が刻まれたと、前住職の坂本勝成さんが教えてくださった。もっとも正確には二日後の二六日に享年五六歳で明石は没しており、それは寺内が亡くなる僅か八日前だった。

秋山雅之介と国際法

明治天皇が「対露宣戦の詔勅」で語った「国際条規」は、明治三二（一八九九）年五月から七月にかけてオランダのハーグにおいて開催された第一回万国平和会議で、日本が調印した「国際紛争平和的処理条約」や「陸戦の法規慣例に関する条約」などを指していた。

　なかでも戦争に関わるルールを示した「陸戦の法規慣例に関する規則」（『日本外交文書　明治　第三十二巻』）には「俘虜《ふりょ》」、すなわち「捕虜《ほりょ》」の扱いについて詳細な規定がなれていた。

第四条では、「俘虜ハ博愛ノ心ヲ以テ之ヲ取扱フヘキモノトス」。

第六条では俘虜の労務について、「其ノ労務ハ過度ナルヘカラス」。

第七条では、「政府ハ其ノ権内ニ在ル俘虜ヲ給養スヘキ義務アリ」。

第一八条では、「宗教ヲ遵行《じゅんこう》スルノ自由ヲ許サレ」と信教の自由まで認める。

第四四条は、「占領地ノ人民ヲ脅迫シテ其ノ本国ニ敵対スヘキ作戦動作ニ加ハラシムルコトヲ禁ス」と少し長いが、捕虜を自軍に参加させることの禁止だ。

第四七条では、「掠奪《りゃくだつ》ハ之《これ》ヲ厳禁《げんきん》ス」と、戦地での掠奪を厳しく禁じる。

　開戦前に徹底的に国際法の導入に勤しんだのが国際法学者の秋山雅之介だった。陸軍大臣の寺内正毅が、和仏法律学校で教鞭をとっていた秋山を登用して作らせたのである。

　すでに見たように、和仏法律学校は寺内らフランス派が明治一九年五月に立ち上げた仏学会から発展した法律学校（明治三六年に法政大学となる）で、寺内自身が理事を務めていた。秋山の採用には、第一次桂太郎内閣で書記官長を務めていた長州萩出身の柴田家門《しばたかもん》が深く関わった。

　秋山の略歴を『秋山雅之介伝』で見ると、いかに異色だったかがわかる。

　慶応二（一八六六）年に広島藩の足軽の子として生まれた秋山は、明治二三年に東京帝国大学法科大学を卒業後に外務省に入省したが、明治三〇年九月に東京芝の自宅で自殺騒ぎを起こす。日本とハワイ間に生じた問題処理のため、アメリカ側と交渉してハワイから帰国した直後だ。翌明治三一年六月にアメリカがハワイを併合したことで責任を感じて腹を切ったとも言われたが、真相は不明である。秋山は、明治三一年一月に参事官から公使館二等書記官・高等官五等に戻されて「待命《たいめい》」となる。給料も減らされ、官職における事実上の浪人だ。この左遷人事で九月から前出の和仏法律学校の講師となり、国際法の講義をすることになるのである。

秋山は明治三二年六月に教務主幹となり、一一月に『法学志林』を創刊して国際法の論文を発表した。恩師の穂積陳重《ほづみのぶしげ》の依頼で明治三三年一月から一年間、母校の東京帝国大学法科大学で国際法演習も兼任している。「平時」と「戦時」の二つの国際法のうち、秋山が得意としたのが後者の戦時国際法だった。

その後、明治三三年六月に北清事変が起きたことで、一〇月に「臨時外務省ノ事務」を命じられて戦後処理を担い、ひと段落したので明治三四年四月末に母親と郷里広島に墓参りに行った帰りの汽車の中で再び自殺未遂を起こした。愛知県の豊橋を越えた辺りで、凶器はナイフだった。浜松で下車して現地の病院で治療を受けて一命はとりとめたが、五月七日には臨時外務省事務の職も解かれ、外務省への復帰は絶望的となる。明治三五年八月に和仏法律学校の発行で『国際公法』の「平時」編が発行され、明治三六年七月に「戦時」編が発行されたが、二度の自殺未遂を起こした秋山にとって著作や論文を書く以外に生きる道が無くなっただけだった。実際、明治三六年一月二一日には外務省の待命も満期となり、俸給は完全に途絶えている。

ところが一年が過ぎた明治三七年一月六日に、秋山は突然、陸軍省の参事官に任じられて高等官五等として官職に返り咲くのである。自殺未遂を繰り返し、狂人にも見られていた秋山を陸軍省へ引き上げた人事こそが、前出の柴田家門の仲介で、寺内が裏で動いた結果だった。

　柴田は秋山に向かって、もう一度役人になって国家に尽くせと説得し、一方で寺内には、「人間はしつかりしてゐて役に立つ。あれを是非陸軍で使つて下さい」と持ちかけていたのである。寺内も二度の自殺未遂事件は知っていたが、「俺の方は、仕事さえ出来れば、ほかの事などは構はん。それでは採《と》らう」と素知らぬ顔で、陸軍省参事官として採用してやったのだ。秋山からすれば失意の中で再起のチャンスを与えてくれた命の恩人であった。その恩に報いるためにも開戦に向けた国際法の導入と整備に全力を注いだのである。寺内の優しさについては内田良平でさえ、「世間では冷刻《ママ》の人物かのように思っているが、その実非常に情の厚い、温かな性質である」（『明治人物逸話辞典　下巻』）と讃えたほどである。

　こうして宣戦布告直後の明治三七年二月二六日に、秋山は俘虜情報局事務官の兼務を命じられた。同年六月五日付の『読売新聞』の「日本の戦時仁恵《じんけい》」と題した記事には、思いやりと恵の精神である「仁恵制度」を日本軍が採用していることを在東京アメリカ公使グリスカムが本国外務省に報告したという内容が見える。捕虜が本国の友人と信書や金銭、貴重品を授受する自由を日本軍は認めており、鉄道の無賃乗車まで許可していたと驚きをもって報じていたのである。

　実際に秋山は、戦地に赴く満洲軍総司令部の各軍司令部にも国際法顧問を配属した。

　明治三七年七月一四日の寺内の日記には、「仏国公使館ニ至リ祝意ヲ示ス。本日ハ仏国共和祭祝日ヲ以テナリ」と見える。

七月一四日は、一七八九年のその日にパリ民衆がバスチーユ牢獄を襲撃したことを記念するフランス革命の記念日だった。本場パリで目にしたのが、二〇年余り前の明治一六年七月一四日だった。寺内はそのときのことを思い出しながら、東京の麹町区飯田町（現、九段南一丁目）にあったフランス公使館でのパリ祭に参列したのだろう。

ロシア兵捕虜収容所が造られた東中州の大洋映画館界隈
（平成29年9月）

ところで国際法重視政策は日露戦争に限らなかった。

寺内が初代朝鮮総督を辞する大正五年一〇月一六日〔※1〕までの一三年間、秋山を側近に置いたことでも、それは明白だった。

秋山は明治三七年から同四三年まで陸軍省で寺内に仕え、明治四三年の日韓併合で寺内が初代朝鮮総督になると、総督府参事を兼ねて朝鮮と往来する。そして明治四四年から寺内が専任の朝鮮総督となると、翌明治四五年（大正元年）からは総督府参事官となっている。むろん日韓併合の手続きと、その後の統治も国際法に則って行うためだった。寺内は近代的な法による東アジアの秩序の構築を朝鮮でも実践しようと考えていたのである。

なお、福岡にロシア兵捕虜が護送されてきたのは、明治三八年一月の旅順開城後であった。福岡市博多区の東中洲の大洋映画館の界隈は、今ではカラオケ店や飲み屋などが軒を連ねている繁華街だが、ここに日露戦争期の捕虜収容所があった。明治二〇年三月に開かれた第五回九州沖縄八県共進会の共進館の建物の周囲を竹矢来《たけやらい》で囲んで収容所にしていたのだ（『福岡市史　第一巻　明治編』）。

共進館の一帯に捕虜収容所を造るよう福岡県に進言したのは渡辺與八郎（博多の呉服商「紙与」の三代目）であった（『渡辺與八郎伝』）。福岡市中央区に「渡辺通り」として名を残す豪商だ。

明治三八年一月一三日付『福岡日日新聞』（「捕虜上陸の光景」）によると、ダルニー（大連）から護送されてきたロシア兵捕虜たちを門司市長の田代郁彦をはじめ、門司市参事会員、市会議員、愛国婦人会員、新聞記者たち五〇名が門司港で出迎え、田代市長が通訳を通じて歓迎の挨拶をするほどの厚遇ぶりだった。最初の上陸組が風呂に入り、第二回、第三回の上陸組が入浴の順番を待つために倉庫に収容されると、アコーディオンを持参していた兵が演奏をはじめたことで、「満足喜悦」になったという。

また一月一八日の同紙の記事（「捕虜来福に就て」）には、一六日から一七日にかけて旅順での捕虜が福岡市に入った様子が伺える。興味深いのは、「海牙万国平和会議陸戦法規第四條《ハーグばんこくへいわかいぎりくせんほうきだいよんじょう》の本文《ほんぶん》に基《もとづ》き、寛大仁愛《かんだいじんあい》の暖《あたたか》き同情《どうじょう》と、凛冽《りんれつ》たる威厳《いげん》とを以《もっ》て、之《これ》を待遇《たいぐう》するあらむのみ」と、読者にも国際法遵守を呼びかけていたことだ。

渡辺與八郎が福岡に捕虜収容所を造ったのは、捕虜が所持していたルーブル紙幣を目あてに、国際法で自由散歩を認められた彼らを客として迎え入れれば商売になると考えた結果だった。しかも捕虜は増加するばかりで、箱崎にも別の収容所が造られ、小倉に収容されていた捕虜も入って来て、四〇〇〇人にまで膨れ上がった（『博多中洲ものがたり（前編）』）。

捕虜が客だったのは、博多区祇園町の老舗パン屋で知られていた三好屋も同じであった。四国出身の三好甚吉（明治六年生まれ）が、長崎でパン製造の修行後に福岡市万行寺前町（現、祇園町）で食パン製造の三好屋を開業したのが明治三〇年。以後、三好熊太（二代目）、三好操（三代目）とつづくが平成一八年で店は閉店している。三好甚吉が大正九年六月に記した履歴書〔※2〕によれば、明治三五年に佐世保海軍御用達となり、福岡城内に収容されていた捕虜たちに、明治三八年一月の時点で食料用パン一〇〇〇名分を納入していた。また、捕虜が東中中洲に移った後もパンを納入していた。

そしてさらに面白いのは、国際法で自由散歩を許されたロシア兵捕虜たちの遊興から、現在の東中洲歓楽街が形成されたことであった（『福岡市パン組合史　パン発達史』）。

〔※1〕この日、二代目総督に長谷川好道が就任。

〔※2〕三代目の三好操の娘である梁井恵さん（福岡市中央区在住・昭和二四年生まれ）に見せて戴いた。

満洲軍総司令部の新設

満洲軍総司令部は明治三七（一九〇四）年六月二〇日に新設された。

参謀総長が山県有朋。満洲軍総司令官が大山巌。満洲軍総参謀長が児玉源太郎。満洲軍参謀次長が長岡外史。

山県にだけ「満洲軍」が冠されてないのは、東京に居残る留守参謀総長だったからだ。ほかの幹部参謀に福島安正、井口省吾、松川敏胤《まつかわとしたね》たちがいて、作戦参謀には田中義一たちが名を連ねていた。

広瀬武夫を軍神に祭り上げた旅順港閉塞作戦がある程度成功し、寺内正毅が「今朝　第一軍ハ計画ノク渡河《とか》ヲ実行《じっこう》シ九時　九連城《くれんじょう》　及其附近《およびそのふきん》一帯《いったい》ノ地《ち》ヲ占領《せんりょう》セシ」と五月一日の日記に書いたように、黒木為楨《くろきためもと》が率いる第一軍がその日、鴨緑江《おうりょくこう》を隔てた新義州《しんぎしゅう》の対岸の九連城《くれんじょう》を占領していた。また、五月五日には奥保鞏《おくやすかた》の第二軍が金州半島に上陸し、五月三一日に乃木希典の第三軍の旅順攻撃が決まるころには、遼東半島や南満洲の一部にまで日本軍の兵があふれていた。問題は東京の参謀本部からの距離で、出征軍人の指揮の困難さだった。そこで現地に満洲軍総司令部が新設されたというのが〝表向きの〟理由だ。

実は満洲軍総司令部創設プランは早くも明治三七年三月上旬に、参謀本部次長の児玉源太郎によって発議されていた。

三月初めに児玉が第一部長の松川敏胤に、「遼東半島に数軍を派遣せる後には大本営の一部を前遣するつもりなり。これがため皇太子殿下を奉ずるを得ば最も理想的なり」と語ったのが最初である。

皇太子嘉仁《よしひと》親王（後の大正天皇）を最高司令官に据えた陸軍大総督府の設置を計画したのである。その結果、皇太子は三月一二日に大本営付となり、児玉が、「満洲の馬賊《ばぞく》は殿下を欣慕《きんぼ》するや久《ひさ》し。殿下の満洲に君臨遊《くんりんあそ》ばさるるを一日千秋《いちにちせんしゅう》の思いにて待《ま》ちつつあり」と語ったことで、皇太子もその気になっていた。

大本営を戦地と本国に分けて、現在の参謀本部の大部分を戦地に派遣する陸軍大総督府構想を、児玉が松川敏胤と井口省吾に明かしたのは翌一三日の夜である（谷寿夫著『機密日露戦史』）。ところが日清戦争期の大本営移転のような国内行啓を想定していた陸軍大臣の寺内正毅と、大陸への移転を考えていた児玉との間で意見の食い違いが起こる。結局、寺内が陸軍大臣として率いていた陸軍省と、大山巌が総長だった参謀本部との主導権争いまで引き起こす（伊藤之雄著『明治天皇』）。

四月七日の寺内の日記には、児玉が訪ね来て、「総督府ノ編成」について相談している様子が伺える。九日には寺内が児玉を訪ねて陸軍大総督計画に意見を交わし、一〇日の午前中には児玉が寺内を訪ねたが、「一昨日提出」した「大総督府編成」の意見書に対して児玉が「反駁《はんばく》ノ意見」を述べたことで、寺内が不機嫌に「我意見ヲ附シ置ク」と記しているのが印象的だ。

結局、寺内と児玉の諍いはおさまらず、明治天皇が仲裁に入る形で、五月二五日に大総督の権限を弱めた「高等司令部」を編成することになる。すなわちそれが、後の満洲軍総司令部だった。

寺内は六月一一日の日記に、「総長ト協議シ満洲軍ノ名称ニ改ムルコトニ協議ヲ纏《まと》メ首相ニモ政略上異議ノ有無ヲ糺《ただ》シ同意ヲ得タリ」と書いている。満洲軍総司令部の名称は、この時決定されたのであろう。

六月一五日に常陸丸《ひたちまる》と佐渡丸が撃沈される混乱がつづくなか、六月二〇日の日記で、「本日十時三十分　大山元帥ヲ満洲軍総司令官ニ、山県元帥ヲ参謀総長ニ、児玉大将ヲ満洲軍総参謀長ニ親補アラセラル」と人選の決定を記している。翌二一日には満洲軍総司令部の「部員ノ任命」があり、六月二六日には夕方六時から寺内と山県有朋が主宰して、大山や児玉ら満洲軍総司令部の出征祝いを開いている。伊藤博文、松方正義、小村寿太郎、曾禰荒助ら陸海の大本営員三〇名余りを招いて

満洲軍総司令部。２列目左から児玉源太郎、大山巌、２人おいて井口省吾、長岡外史、田中義一（部分・山口県文書館蔵）

盛大に開催し、夜会でも一六〇名が集まっていた。

山口県文書館には大山巌総司令官を中心に、満洲軍総司令部のメンバーの集合写真がある。

もっとも満洲軍総司令部の創立に関する寺内と児玉の意見の食い違いは、仕事の範囲を越えるものではなかった。七月五日に寺内は娘婿の父親である児玉を訪ねて「親族間ノ席ニ列ス」と日記に綴り、「家人一同ト写真ヲ採《と》ル」とつづけている。また、この席で撮ったと思われる寺内家と児玉家の合同写真も桜圃寺内文庫に保存されていた。

ところで満洲軍総司令部の外征の前に、参謀次長の児玉源太郎が「君に渡すから」と言って機密費の担当を長岡外史に変えていた（『長岡外史関係文書　回顧録篇』）。陸軍の機密費は参謀次長が握っていたが、児玉が扱いを嫌がり、その役が長岡に回ってきたのだ。その機密費を長岡からせびったのが東欧で革命工作をしていた明石元二郎だった。長岡の語るところでは、最初に一〇万円を渡したが、すぐに足りなくなり、「総

児玉邸で撮った寺内・児玉両家の親族写真。明治37年7月5日撮影か（山口県立大学蔵）

計二百」万円あれば助かると記した手紙を寄こしてきたらしい。手紙を陸軍大臣の寺内正毅に見せると、いつもなら、「そー金を遣《つか》はれては困る」とチェックが入るが、「宜《よろ》しい陸軍省より倫動《ロンドン》へ電報為替で送りましょー」と寺内が二つ返事で一〇〇万円の機密費を明石に送ったという。

こうした腹芸は、正規軍を助けるゲリラ部隊「満洲義軍」の創設にも表れていた。福岡市博多区の崇福寺《すうふくじ》境内の玄洋社墓地に建つ「満洲義軍志士之碑」がそのメモリアルといってよい。日露戦争に向けて「対露同志会」を結成して開戦を煽《あお》った頭山満たちは、戦争がはじまると正規軍を助ける満洲義軍を玄洋社社員たちに結成させたのである。

言い出したのは玄洋社社員の安永東之助だった（『東亜先覚志士記伝（上巻）』）。安永は同志の柴田麟次郎や小野鴻之助たちに相談し、佐世保軍港に向かうと宮崎滔天、萱野長知《かやのながとも》、福島熊次郎、金子克己（旧姓・福住）たちを連れて東京に向かった。そこで内田良平と末永《すえなが》節《みさお》に馬賊を決起させる計画を話し、頭山満に伝えた。つづいて外務省政務局長になっていた玄洋社社員の山座円次郎を介して満洲軍総司令部にいた福島安正に説くと、福島が児玉源太郎にはかり、さらに児玉が山県有朋（前同参謀本部総長）の諒解を得て満洲義軍が結成される。

もっともゲリラ部隊の実質は参謀本部の特別任務隊ゆえ、軍人を入れる必要があった。そこで陸軍歩兵少佐で旧薩摩藩士の花田仲之助《はなだなかのすけ》を隊長に据えて明治三七年五月七日に満洲義軍が結成されたわけである。面白いのは帝国陸軍の満洲軍総司令部の出現に合わせるように、在野の満洲義軍も立ち上がっていたことだろう。

満洲義軍メンバーは前出の安永、柴田、小野、萱野、福島、金子、これに最年少（当時二二歳）の真藤慎太郎を加えた七名が玄洋社社員だった。残りは八名の軍関係者ゆえに玄洋社社員と陸軍兵との混成部隊で、隊長の花田を入れても合計一六名の小部隊だった（山名正二著『満洲義軍』には花田の従兵・竹下與市を加えた一七名とある）。彼らは現地で馬賊や荒くれ者を募集し、合流したうえで組織拡大をはかるのである。

福岡市の崇福寺境内「玄洋社墓地」に建つ「満洲義軍志士之碑」（平成29年4月）

満洲義軍は門司港の石田旅館に集合すると五月二八日に支那に向けて出航した。鴨緑江の河口、安東県の対岸の龍巌浦（現在の北朝鮮の新義州近く）に上陸したのが六月一日。七月二二日には後備歩兵第三〇連隊第一大隊と協力してロシアのマドリドフが率いる支隊が占領していた城廠《かんしょう》（新義州と奉天の中間辺り）を攻撃して打ち破り、現地の馬賊などが次々と加わって、車馬の出し入れや道路網やロシア兵の偵察、後方撹乱などの任務を遂行した。その後も通信線の破壊などを行うが、ポーツマス条約締結後の明治三八年一〇月二七日に通化で解散する。満洲義軍はアジア主義者たちの幻の義軍だった。

日韓議定書と第一次日韓協約

幕末に挫折した攘夷思想がリニューアルされ、アジア主義となって猛烈な勢いで息を吹き返したのも日露戦争中からだ。

帝国日本は朝鮮の保護化に乗り出す。これは明治四三（一九一〇）年八月の日韓併合によって最終目標に達するが、そこに至るまでに四ステップを踏んだ。

①明治三七年二月二三日に締結された「日韓議定書」
②明治三七年八月二二日に締結された「第一次日韓協約」
③明治三八年一一月一七日に締結された「第二次日韓協約」
④明治四〇年七月二四日に締結された「第三次日韓協約」

まずは明治三七年中に結ばれた「日韓議定書」と「第一次日韓協約」の周辺から眺めておこう。

明治三七年二月二八日の『東京朝日新聞』が報じた「日韓議定書」には六条の箇条書きが見える。重要なのがつぎの第四条だった。

〈第三国ノ侵害ニヨリ、若《もしく》ハ内乱ノ為メ大韓帝国ノ皇室ノ安寧《あんねい》、或ハ領土ノ保全ニ危険アル場合ハ、大日本帝国政府ハ速《すみやか》ニ臨機必要ノ措置ヲ取ル可シ…〉

ここでいう「第三国」は、日本が交戦中のロシアを想定したものだ。ロシアの侵攻や内乱により、朝鮮の王家が危険にさらされたときは日本が朝鮮を護るという約束である。三月に日本が朝鮮駐屯兵の嚆矢《こうし》となる韓国駐箚軍《かんこくちゅうさつぐん》を編成したのも、その帰結だった。

すなわちこれは明治四三年八月の日韓併合に伴い朝鮮駐箚軍《ちょうせんちゅうさつぐん》と名を変え、大正七年六月に大日本帝国陸軍に属する朝鮮軍となり、植民地体制の維持に力を発揮する。日露戦争中に宋秉畯《そうへいしゅん》はこの韓国駐箚軍の通訳官になっていた（『朝鮮併合之裏面』）。

日本軍は「日韓議定書」が結ばれた翌日の明治三七年二月二四日に、第一回旅順閉塞作戦を実行し、三月二七日に第二次、五月三日に第三次を行う。

第一軍が九連城を五月一日に占領し、第二軍が五月二六日に南山を占領し、乃木希典の第三軍の旅順攻撃の方針が定まったのが、第三軍編成二日後の五月三一日だった。三度に渡る旅順閉塞作戦でも旅順港を拠点とするバルチック艦隊の動きは止められず、山上からロシア艦隊に砲撃する計画に切り替えたのである。

山口県文書館には勝典《かつすけ》（長男）と保典《やすすけ》（二男）の遺影を手に立つ出征前の乃木の全身写真が残されている。宇品から出航する直前の五月三一日に、乃木は日記に、「午前片山ニ撮影、一十四円ナリ」と記していた。

五月二七日に長男の勝典を金州城で戦死させたばかりの乃木は、兄弟が出征前に遺影を撮った広

２人の息子の写真を手にした乃木希典（明治37年5月31日撮影・山口県文書館蔵「田中義一文書」）

島市元安橋西の片山写真館に自ら出向き、自分用の遺影を撮っていたのだ（『旅順戦と乃木将軍』）。

乃木は六月一日に宇品港から出征し、遼東半島の大連の北の塩大澳《えんだいおう》に上陸した六月六日に大将に昇進した。翌七日に金州に入り、南山の戦場を弔《ちょう》訪《ほう》すると、旅順攻略の作戦を練るために第三軍を駐屯させる。

この地で書いた六月一一日付の寺内宛の書簡（桜圃寺内文庫蔵）には五月下旬には奥保鞏《おくやすかた》の第二軍がロシア軍を北に追いやった南山の戦いの戦跡「巡視」と、大将へ昇格した感謝の言葉「大ノ字ヲ頂戴、何共恐入候次第」が綴られていた。また、戦死した長男の勝典が少尉から中尉に昇格した「進級叙勲」に触れて、「敵弾ニ中《あた》リテ死シサヘスレハ如此事ニ相成ては今後幾回ノ大戦ニてハ勲章雨ノ如ク無之てハ行足リ…」と皮肉ってもいた。戦死で進級するなら、「雨ノ如ク」勲章が必要というのである。

これ以後、乃木は第三軍を率いて第一回（八月一九日〜二二日）、第二回（一〇月二六日〜三一日）、第三回（一一月二六日〜一二月六日）の計三回の陸上からの旅順総攻撃を行うのである。また、第一回目直後の八月二八日からは遼陽《りょうよう》の戦いがはじまっているが、後に田中義一は寺内に宛てた書簡（明治三八年二月七日付）で、山県のやり方にならって寺内が第八師団を遼陽戦に投入しなかったことに苦言を呈していた（『寺内正毅宛田中義一書翰』）。

一方で朝鮮半島では李容九《りようきゅう》が日本軍に協力する親日団体「進歩会」を立ち上げていた。これを聞きつけた神鞭知常《こうむちともつね》が、独立協会の残党の尹始炳《ゆんしびょん》に、同様の親日派団体「維新会」を八月一八日に組織させる。さらに八月二〇日には「一進会」と改称し、一二月には進歩会と合流して李容九を会長に据える（『東亜先覚志士記伝（中巻）』）。一進会の実質的指導者は宋秉畯《そうへいしゅん》であるが、賤民《せんみん》出身の宋が貴族階級の李を看板にしたのだ。帝国陸軍がロシアで戦いをしている最中に、一進会は朝鮮最大の革命勢力として日韓合邦（併合）運動を朝鮮側から進める団体へと成長していく。

日本は八月二二日に、朝鮮（当時は大韓帝国＝韓国）と「第一次日韓協約」を締結していた。ここに、〈韓国政府ハ日本政府ノ推薦スル日本人一名ヲ財務顧問トシテ韓国政府ニ傭聘《ようへい》シ、財務ニ関スル事項ハ總《すべ》テ其意見ヲ詢《と》ヒ施行スベシ〉の一文があり、旧幕臣の大蔵官僚・目賀田種太郎《めがたたねたろう》を韓国財政顧問に据えて朝鮮の財政改革に着手することになる（八月二九日付『東京二六新聞』「韓国財務顧問　目賀田種太郎」）。

目賀田は寺内より一歳下の五一歳で、当時の役職は大蔵省主税局長だった。改革の目的はドイツをモデルとした日本と「共通」する貨幣統一にあった。

ドイツは小邦分裂時代の一八三八（天保九）年にプロイセンとバイエルンの通貨を統一し、つづいて一八五八（安政五）年にオーストリアの貨幣を統一したうえで、普仏戦争に勝利してドイツ帝国が誕生した際に、フランスから得た五〇億フランの賠償金でマルクを単位とする金本位制を確立していたからだ。

朝鮮に渡った目賀田は、日本の造幣局にあたる典圜局《てんかんきょく》を見て、経済システムの混乱を知る。そこで明治三七年一〇月二五日に典圜局を廃止し、日本の第一国立銀行が国庫金を取り扱うことに改め、朝鮮の中央銀行の役目を担わせる。明治三八年六月一日からの金本位制の導入は、日本が明治三〇年一〇月に金本位制をとり産業資本の確立を行ったのと同じ手法を適用したに過ぎない（『男爵目賀田種太郎』）。

このほか「第一次日韓協約」におけるもうひとつの重要事項が、〈韓国政府ハ日本政府ノ推薦《すいせん》スル外国人一名ヲ外交顧問トシテ外部ニ傭聘《ようへい》シ、外交ニ関スル要務ハ總テ其意見ヲ詢《と》ヒ施行スベシ〉の一文だった。その結果、外交顧問として朝鮮に送り込まれたのが、親日派アメリカ人のスチーブンスであった。

帝国日本が主導する経済改革や財政再建、さらには開明的な外交の確立に並行して、旧体制である李氏朝鮮の身分制度が音を立てて崩壊しはじめる。一進会の成長も、こうした朝鮮半島の民主化と並行していた。

ドイツ皇族の観戦

明治三七（一九〇四）年八月一九日から二二日までの第一回の旅順総攻撃で、乃木希典は一万六〇〇〇名もの死傷者を出していた〔※1〕。

寺内正毅は八月二六日の日記で、「第三軍非常ノ損害アリ。到底補充ニ困難スルヲ以テ完全ニ補充スルヲ得ス」と乃木の率いた第三軍の惨状を嘆いている。二九日の日記では、山県有朋が訪ねてきて、「乃木将軍ノ攻城ノ計画ニ就キ意見アリ」と、戦略についての苦言を寺内に打ち明けていたようだ。陸軍は議論を重ねながら最善の方法を模索しながら、一〇月二六日に第二回旅順総攻撃を行うが、やはり第三軍は四〇〇〇名近くもの死傷者を出すのである。

ところでこの間の九月二五日に、「独逸《ドイツ》皇族アントンカル、ホーヘンソルレン殿下本日入京芝離宮ニ入ラル」と寺内が日記に書いていた。ドイツ皇族のカール・アントン・フォンホーエンツォルレン（以後はカール・アントンと略す）が来日したのだ。目的は日露戦争の「観戦」であったと『明治天皇紀　第十』は記す。陸軍大臣として寺内は接待役を担う。

三七歳のカール・アントンはドイツの参謀本部に勤務し、妃殿下はベルギー王国の内親王で一男二女の父であった（九月二五日付『読売新聞』「独逸皇族の御来朝」）。

一行が横浜港に入ったのは九月二五日の午前九時で、一一時前に桟橋に上陸した後は北仲通りの皇宮付属邸で五分間の休憩をして横浜駅から汽車で新橋に向かった。正午に新橋駅に着いたときは山階宮菊麿《やましなのみやきくまろ》殿下らが出迎え、それから宿泊所の浜離宮《はまりきゅう》に入った（九月二六日付『東京朝日新聞』）。

寺内の日記によれば、九月二六日にカール・アントンが皇居に招かれ、明治天皇と向き合って食事をするのに寺内も同席していた。明治天皇は礼装し、皇后と共に鳳凰の間で対面し、カール・アントンに大勲位菊花大綬章を贈っている。

これ以後、晩餐会が連日つづき、東京から日光の観光に出向いたのちに、一〇月七日には再び東京に戻り、さらに名古屋、京都、広島の宮島、下関を巡行して（明治三七年一〇月九日付『読売新聞』「昨日の独逸皇族』）、一六日に下関から船に乗って戦地の満洲に観戦に向かっていた（『明治天皇紀　第十』九月二六日の記述）。

乃木の第三軍の第三回旅順総攻撃がはじまるのは一一月二六日であった。

だが、一一月三〇日の寺内の日記は、「旅順攻囲ノ戦闘ハ去ル廿六日来常ニ我ニ不利ナル戦闘多シ。未《いまだ》好結果《こうけっか》ヲ奏《そう》セス遺憾甚《いかんはなは》タシ」と悲壮感に満ちている

戦果が上がらず犠牲者だけを増やしていたからだ。

戦場は旅順丘陵砲台群の西端、すなわち標高二〇三メートルから二〇三高地、「ニレイサン」の音から戦後に「爾霊山《にれいさん》」と記される場所である。一二月に乃木から児玉源太郎に指揮権が移され、ようやく占領に漕ぎついた地であった。

寺内は一二月三一日の日記に、「松樹山砲台ノ陥落ハ実ニ大慶事ナリ」と喜びを綴っている。

年が明けた明治三八年一月一日に、第三軍は旅順市内を一斉砲撃した。

東京にいた寺内は一月二日に、「昨夜旅順守将ステッセル将軍ヨリ開城ノ約定ヲ為ンカ為メ委員ヲ指定セラレ〔シ〕コトヲ申来リ」と書いている。

ロシア軍は降伏し、一月五日には敵将ステッセルと水師営《すいしえい》の会見へ挑むのだ。

一月四日に乃木が寺内に宛てた手紙（桜圃寺内文庫蔵）は、新年の挨拶もそこそこに、弾丸と人命と時間を多く消費したことに「苦悩」し、「慚愧《ざんき》」の至りと、戦略の不徹底を恥じ入っている。力任せの攻撃で、多くの犠牲者を出したことを反省したうえで、乃木は翌日の水師営の会見に臨んでいたことになろう。

会見では乃木の二人の息子の戦死が話題になった。長男の勝典《かつすけ》は明治三七年五月二七日に戦死し、二男の保典《やすすけ》も一一月三〇日に二〇三高地（爾霊山《にれいさん》）で戦死していた。一方でステッセルの息子はロシアの首都サンクトペテルブルグに軍人として勤務しており、実戦には参加しなかったが、家では戦死した三人の将校たちの子供を妻が育てていると語った。乃木の人柄を気にいったステッセルがアラビア種の軍馬のプレゼントを申し出たのはこのときだ（一月二九日付『読売新聞』「乃木大将　ステッセル　会見始末」）。

乃木はこのとき貰った白馬をステッセルにちなんで「寿号《すごう》」と名付け、六〇余頭の子馬を生ませている。その一頭を「乃木号」と名付けて可愛がり、明治四五年九月一三日の自刃前にカステラを与えて別れた話は有名である（桜井忠温著の『将軍乃木』）。

サンクトペテルブルグで第一次ロシア革命「血の日曜日」が起きたのは、水師営の会見直後の明治三八年一月二二日（ロシア歴＝一月九日）だった。ストライキ集団が女性や子供を連れてロシア皇帝ニコライ二世に請願書を出すため「冬宮」ことサンクトペテルブルグの宮殿に行進をしていたところ、コサック兵が銃を乱射したのだ（一月二五日付『東京朝日新聞』「露都大混乱」）。

明石元二郎は寺内に宛てた年賀状で、「露皇」ことニコライ二世はプレステージ（地位や名声）の「維持に固執《こしゅう》」しているが国民には不人気と報告していた。地方自治機関の「ゼムストボー」の集会や、大学教授たちの「建白」や、予備兵たちのスキャンダルなど、帝政ロシアの内部崩壊の実情を伝えた（『寺内正毅宛明石元二郎書翰』）。

陸軍の機密費を使った明石による革命工作の結果だったことは、一月一四日（ロシア歴＝一月一日）

の『フペリョード』第二号（『レーニン全集　第八巻（上）』所収）で、レーニンが日本陸軍を評価していたことでも察しがつく。

日本軍は二月に入ると奉天会戦に入り、三月一日に総攻撃をはじめ、三月一〇日に奉天、そして一六日に鉄嶺《てつれい》を占領した。

奉天会戦では日本軍二五万人に対して、ロシア軍三〇万人と、数ではロシアが優っていたが革命に火がつき、帝政ロシアは根底から揺れはじめる。明石は四月五日付で寺内に、ロシア軍きっての戦略家で知られたミハイル・イワノウィッチ・ドラゴミロフについて、その戦術が「銃剣突撃的」で「時代遅れ」となっており、老人や後備将軍までも登用し、「窮状を察するに足る」と余裕を見せている。

こうした日本軍の快進撃を満洲で「観戦」したカール・アントンたちは、明治三八年四月二五日から五月一六日まで再来日した。このときの歓迎会には閑院宮載仁親王《かんいんのみやことひとしんのう》が幾度も同席していた。桜圃寺内文庫には寺内がカール・アントン、閑院宮、山県有朋、陸奥宗光、長岡外史たちと一緒に収まった集合写真が残されている。寺内は明治三八年五月二日の日記で、「夕七時　独逸皇族カールアントンホンホーヘンソルレン殿下公使及館員　閑院宮殿下　山県元帥　已下将校三十余名ヲ招キ晩餐ヲ供ス」と記しているので、このとき写した写真かもしれない。

日露戦争は最終段階に入った。

五月二七日の未明に信濃丸が対馬沖でバルチック艦隊を発見したことで、東郷平八郎が連合艦隊に出撃命令を出す。日本海海戦だ。

前列左からひとりおいて陸奥宗光、山県有朋、カール・アントン、閑院宮載仁親王。２列目の右から３人目が長岡外史、４人目が寺内正毅（山口県立大学蔵）

帝国日本は日本海海戦にも勝利したが、戦費は慢性的に不足していた。開戦直後に井上馨が日銀副総裁の高橋是清《たかはしこれきよ》をアメリカ経由でロンドンに派遣し、ユダヤ人投資家のジャイコブ・シフをはじめ、英米独仏から戦争資金八二〇〇ポンドを手に入れるなど自転車操業だった。田中義一は六月一日付で寺内に宛てて、満洲軍の兵站《へいたん》のために軽便鉄道の敷設を求めていた（『寺内正毅宛田中義一書翰』）。

〔※1〕第一回目の死傷者「一六〇〇〇名」の数字は『日本の戦争　―図解とデータ―』の死傷者数一五八六〇名の概略として提示した。第二回目の死傷者数「四〇〇〇名近く」も同書の三八三〇名の概略で、第二回目の死傷者数「一万七〇〇〇人」も同じく一六九三五名の概略として示した。

国際法に則った樺太出兵

日本海海戦に勝った帝国日本は、樺太（サハリン）の占領に向けて動き始める。

「樺太上陸軍は、大なる敵の抵抗を受くることなく、七月八日早朝コルサコフを占領せり」（明治三八〔一九〇五〕年七月一一日付『東京朝日』「樺太占領」）

コルサコフとは占領後に「大泊」と呼ばれた樺太南端の町である。

明治三七年七月八日の寺内正毅の日記に、「樺太占領軍ノ一部ハ東海軍片岡中将指揮ノ下ニ陸兵一旅団竹内少将ノ指揮ノ下ニ樺太ゴルザコフニ向ヒ去ル六日ヨリ同地附近ニ乗陸《ママ》シ本日ゴルザゴフ市ヲ占領セシ旨広報アリ」と見える。

樺太占領軍こと第一三師団は、七月七日にアニワ湾岸メレヤ（女麗）に上陸し、午後には西に二〇キロメートルに位置するコルサコフ（大泊）に海上から砲撃を行っていた（『日露戦争とサハリン島』）。

樺太占領でも日本軍は国際法を遵守した。

明治三九年刊の『少年日露戦史　第十五編　樺太の巻』には占領したコルサコフの市街地に七月八日に日章旗を立て、原口兼済《はらぐちけんさい》が現地民に発した次の諭告が見える。

「我が大日本軍は、戦闘力の無い住民に対して、決して危害を加へる事はせぬ。却《かえっ》てその生命財産には、十分に保護を与へ、また信教をも自由にさせる」

秋山雅之介の国際法が、ここでも生きていたのだ。

ロシア軍は日本軍に押されて、コルサコフ（大泊）からウラジミロフカ（豊原）、さらにはダアリネエ（軍川）へと後退し、七月一六日には降伏した。

七月二一日の寺内の日記には、長岡外史が来て、「カムシャッカ占領及北韓ノ行動ニ就キ協議」

したと見える。日露開戦期から長岡が主張してきた戦略だった。

顧みれば月曜会事件後に冷や飯を食っていた長岡を明治二九年三月に参謀本部に引き上げたのも寺内である（『長岡外史関係文書　回顧録篇』）。以後もなにかにつけて寺内は長岡を引き立て、満洲軍総司令部の参謀次長に据えたが、長岡が「樺太恢復《からふとかいふく》」に向けて動き始めたのも、そのときからだったのである。

長岡の「樺太恢復」策とは、明治八年五月に「樺太千島交換条約（サンクトペテルブルグ条約）」で千島列島と引き換えに失った樺太をもういちど日本の領土に「恢復」するプランである。明治の初めにロシアの樺太占領に怒って征韓工作を行い、結果的に新政府に捕まった丸山作楽の「挫折した攘夷派」の精神が、長岡の「樺太恢復」計画になって再登場したといってもよい。

明治三八年七月一一日付の『読売新聞』（「樺太占領軍の成蹟」）は、こうした「樺太の回復」に向けた姿勢を、「我が国の歴史ハ無窮《むきゅう》の白壁となり、燦然《さんぜん》として光を世界に放てるを見る」と高く評価している。もっとも最初は、「支戦《しせん》は駄目《だめ》だ、そんな詰《つま》らぬことはせぬが能《よ》い」と寺内が首を縦に振らなかったことも事実だった。特に第三軍の旅順攻撃で多くの犠牲が出ていたときは、兵の分散はすべきでないと考えていた。しかし明治三八年に入って日本海海戦に勝利し、アメリカが講和を勧告したことで風向きが変わる。

状況が変わったのは、「午后首相邸ニ閣議ニ列ス　閣議散会后更ニ陸軍省ニ至リ事務ヲ視ル」と寺内が日記に書いた六月九日だった。その日は午後二時過ぎから陸軍参謀総長室に山県有朋、桂太郎、小村寿太郎、そして寺内が集まり長時間の会議が行われていた。余りに長引いていたので長岡が心配して中を覗《のぞ》くと桂、小村、寺内の三大臣は既に退出していた。そこで中に入ると、伊藤博文がタバコを吸いながらルーズベルトからの講和提議の公文書を訳して披露し、「樺太恢復」を「遣《や》るがよい」と許可したのである。明治天皇の裁可が下りたのは六月一七日で、これによって「樺太恢復」計画が実行に移されることになるのである。

樺太出兵も日本軍の有利に進み、七月一六日にロシア軍が降伏した。そして七月三〇日にロシア側の軍務知事リヤプノフ中将が休戦を申し込んできた（八月五日付『大阪朝日新聞』「皇軍上陸二十四日にして樺太全島平定」）。

日本陸軍は軍令第一号により八月二八日に樺太民政署をアレサンドロフスクに置き、コルサコフに支所を設けた。九月にコルサコフ支署が、一〇月にウラジミロカ支署が開設されて陸軍主導の街づくりが着手される。

寺内は八月三〇日の日記で、「本日小村全権談判ヲ開ク。夕刻ニ至リ樺太ヲ二分シ五十度以南ヲ日本ニ交附スト云フ。但《ただ》償金ハ我ヨリ之ヲ抛棄《ほうき》スル筈《はず》ナリ」と書いている。日露戦争でロシアからの賠償金は得られなかったが、樺太を北緯五〇度で区切って南半分の占領が決まったのである。

それから一年が過ぎた明治三九年七月五日に、樺太でのロシアとの境界標の日本領側の面に刻むデザインが菊花章に決まる。旭日章にするか、菊花章にするかで意見が分かれ、迷った寺内が侍従武官の岡沢精《おかざわくわし》に尋ねたところ、明治天皇が菊花章にすると聖断を下した経緯があった（『明治天皇紀第十一』）。

樺太の日本領には移住者のための小学校建設もはじまる。

明治三九年九月二三日付の『読売新聞』（「樺太の小学教育」）が樺太民政署の設立した小学校としてコルサコフ（一〇三名）とウラジミロフカ（二〇名余り）、マオカ（三〇名）の三校を挙げているのが、それである。

同じく九月には、コルサコフとウラジミロフカの間に全長約四二キロメートルの樺太軽便鉄道の敷設工事が着手されていた。海岸沿いのソロイヨフカ駅に小桟橋を設けて材料輸送の拠点にする計画だったらしい（九月一二日付『朝日新聞』「樺太軽便鉄道」）。

ところで長岡の「樺太恢復」計画に並行して、在野側でも内田良平が明治三七年春からカムチャッカ占領計画を練っていたことも示しておこう。『国士内田良平伝』によれば、ベーリング海のコマンドルスキイ島を領有し、そこを拠点にカムチャッカ半島を占領する計画であったという。目的はカムチャッカの漁場獲得にあった。

内田がその構想を叔父の平岡浩太郎に話すと、平岡が三井の益田孝と益田英作の兄弟や、日本郵船の近藤廉平、加藤正義らに話を持ちかけ、実行に移すことになった。戦時成金の富倉林蔵が船を出し、益田孝が陸海軍へ掛け合うと銃器弾薬、大砲まで貸し出す話にまで進んだが、戦時下の船舶のチャーター料が高騰しすぎて挫折したのである。意気消沈する内田に同情して益田が渡した一〇〇〇〇円の慰労金で、内田が「勘察加《カムチャッカ》及薩哈嗹《サガレン》」をまとめ、今度はそれを益田が井上馨に紹介したことで、カムチャッカの漁場の重要性を井上も知ることになる。ポーツマス条約でロシアから北洋の漁業権を獲得できたのは、このときの内田の一連の行動の功績といわれている。

日比谷焼打ち事件

ポーツマス条約で帝国日本は樺太の半分を「恢復《かいふく》」し、オホーツク海とベーリング海の漁業権も獲得した。しかし明治三八（一九〇五）年九月一日付の『東京朝日新聞』が報じたのは怒りに満ちた国民の声だった。

「実にヒドイぢやないか　平和条件は始め聞いた時には真逆と思つて馬鹿にして居たが、矢張り本当だ。〔中略〕馬関条約の焼直しに過ぎない。馬関条約には勿論《もちろん》樺太の半分は入つてはないが、其《そ》の代りに遼東半島の権利は、今回よりは遥《はるか》に重大であった。面積も余程広かつたし、且《か》つ純然たる割譲《かつじょう》で、今回の様に二十五ヶ年の租借でなかつた。昨年以来コンナ大騒ぎをやつて、二十億の金を遣《つか》ひ、十万の死傷を出した結果が、此通《このとお》りだ。馬鹿々々しい〔以下略〕」

九月一日付の『萬朝報《よろずちょうほう》』には、こうした国民の声をなだめる政府側の説明として、戦争をつづけてハルビンを取り、ウラジヲストクを攻め落とすには更に二〇億円が必要だが、「此《こ》の金の出処《でどころ》は何処《どこ》だ」という井上馨の本音を載せている。桂太郎も講和が成立しないとロシア寄りのドイツが仲介役になり、日本にとって不利になると明かす。また、これを逃すと列国会議にかけるしかなく、そうなると朝鮮の保護化も難しくなるとも訴えた。

伊藤博文や井上馨にしろ、あるいは寺内正毅や山県有朋でさえ、ギリギリまで回避したかったのが日露戦争だった。戦争を国家の事業と見れば当然で、勝てば問題はないが、負ければ国家の存亡にかかわる。しかも戦費も足らない大博打だった。賠償金は取れなくともアメリカの仲介で樺太の半分（北緯五〇度以南）、そして条件付きながら満洲の権益温存、すなわち旅順・大連の租借と東清鉄道の割譲だけでも幸いだったが、そんな懐事情など知らない国民は、多大な犠牲を払ったのに賠償金も取れない状況に怒り狂っていたのである。アメリカのポーツマスで八月一〇日から開かれていた条約の最終調印がされた九月五日に日比谷の焼き討ち騒動が起きたのも、その結果だった。

戦争続行の扇動の裏にいたのが対露同志会のメンバーたちだった。

彼らは八月上旬に旧同志団体の桜田倶楽部、青年国民党、南佐荘、黒龍会、江湖倶楽部、同志記者倶楽部などを糾合して講和問題同志聯合会を組織し、八月三一日に講和破棄のための国民大会の開催を決議した。そして九月四日に講和問題同志聯合会を代表して民権家の河野広中《こうのひろなか》が二七名の連名で小村寿太郎全権を糾弾する上奏文を宮内省に提出したのである（『国士内田良平伝』）。

翌九月九日に日比谷で起きた暴動について、寺内は日記に、「本日午后二時ヨリ国民大会ヲ開ク」とし、内務大臣の官邸を破壊したり、交番を打ち壊して放火したり、「暴動終夜止マス」と記している。

東清鉄道の共同経営を井上馨に持ちかけていたアメリカのハリマンたちの歓迎会が首相官邸で開かれていたが、暴徒がなだれ込んで投石でガラスが割られたのでハリマンは帝国ホテルに逃げ込んだ。寺内は陸軍大臣の立場で一〇月三日に述べた訓示で、講和に不満を持つ世間の声に、「陛下の股肱《ここう》たる軍人ハ」惑わされるなと強くクギを刺していた。日比谷焼打ち騒動で日本を離れたハリマンは、中国、朝鮮を巡遊して一〇月九日に日本に戻ると、再び東京で東清清鉄道の共同経営プランを持ちかける。

その日の寺内の日記には、「午后七時米国公使ノ晩餐ニ列ス。米国鉄道王ハリマン氏夫婦其他一行ノ諸子ニ面会ス」と見える。寺内も井上馨と同様、ハリマンの東清鉄道共同経営推進派だった。

翌一〇月一〇日に井上馨が麻布の内田山邸にハリマン一行を招いて園遊会を催して共同経営の覚書を交わしたときも寺内は同席している。寺内は、「閣議後に井上伯ノ園遊会ニ列ス」と、「内人ノ外米公使ハリマン氏一行ルーズベルト令嬢其他百数名」と日記に書いている。

寺内は一二日にも午前九時から首相官邸で井上馨、伊藤博文と共にハリマンと「東清鉄道ノ件」について意見を述べていた。

こうして共同経営プランは調印直前まで進んだが、アメリカから帰国した小村寿太郎が猛反対したことで、最終的に日本の単独経営に決まるのである。

関釜連絡船と統監府

山陽鉄道は明治三四（一九〇一）年五月に下関までつながり、朝鮮半島では京城から釜山を結ぶ京釜鉄道が明治三八年五月に開通していた。

そこでポーツマス条約で日露戦争の幕が閉じた六日後の明治三八年九月一一日に下関と釜山を壱岐丸で結んだ。関釜連絡船の誕生である。

壱岐丸の設備は豪華で、一等の洋風浴室、日本風の二等浴室、さらには三等浴室として男女別の大浴場を備えていた。汽車から船に乗った客はすぐに風呂に入って旅の疲れをいやすというコンセプトだ。船内には本邦初の郵便局が設置され、小包、書留、通常郵便の取扱業務が出来るシステムだった（明治三八年九月一三日付『馬関毎日新聞』「関釜連絡壱岐丸特色設備」）。

九月一一日の処女航行では、一等一四名、二等二八名、三等一五九名の合計二〇一名が釜山に到着した（同年九月一三日付『馬関毎日新聞』「壱岐丸の初客」）。

船賃は一等が洋食付きの一二円で、二等が七円、三等が三円五〇銭で共に和食付きだった。

二ヶ月後の明治三八年一一月一七日に第二次日韓協約が調印されて統監府が設置される。大韓帝国（併合後は朝鮮）は日本の保護下に置かれ、外交権も帝国日本に移る。その結果、統監府に日本人が官吏として採用されることになる。

関釜連絡船の就航は、こうした動きに連動していた。

日本人が朝鮮に向かう渡航用だったのである。実際、内閣統計局編纂の『日本帝国第二十五統計年鑑』（明治三九年一二月刊）から『日本帝国第二十九統計年鑑』（明治四三年一二月刊）までの統計比較で、明治三八年から明治四二年までの五年間の「朝鮮に居る日本人」と「日本にいる朝鮮人」の数の推移を見ることができる。

【年】	【朝鮮（韓国）に居る日本人】	【日本に居る朝鮮人】
明治三八年	四二四六〇人	三〇三人
明治三九年	—	二五四人
明治四〇年	八一七五四人	四五九人

明治四一年　九八〇〇一人　　　　　　　四五九人
明治四二年　一二六一六八人　　　　　七九〇人

明治三八（一九〇五）年一一月一七日に第二次日韓協約が調印され、大韓帝国の外交を管理する統監府が設置されると、事務を扱う理事庁を京城、仁川、釜山、元山、鎮南浦、木浦、馬山、その他の主要地に置くことが決まる（一一月二五日付『朝日新聞』「統監府と理事庁」）。

第二次日韓協約は朝鮮の保護化の確定だった。その内容を官報（一一月二三日付）から確認すると、まず冒頭で述べられたのは、帝国日本と韓国政府の「両帝国ヲ結合スル利害共通ノ主義ヲ鞏固《きょうこ》」にする目的である。その方策として、第一条で「韓国ノ臣民及利益ヲ保護」することや、第五条で「韓国皇室ノ安寧ト尊厳ヲ維持スルコトヲ保證」することが明記された。

外交権は日本が握るが、保護に徹するというのだ。

一二月二〇日に統監府令が出て伊藤博文が初代統監になり、翌二一日には第一次桂太郎内閣が総辞職する。

第一次西園寺公望《さいおんじきんもち》内閣が成立したのは年が明けた明治三九年一月七日だった。

統監府は旧韓国外務部庁舎を臨時庁舎として明治三九年二月一日に開庁式を挙げたが、伊藤博文の赴任前だったので朝鮮にいた長谷川好道《はせがわよしみち》が代理出席した。

伊藤は二月二〇日に東京を発つと、二八日に下関から軍艦和泉で朝鮮に渡り、三月二日に漢城（京城）に到着した。内田良平は二一日に東京を発ち、大阪で伊藤に合流すると統監府の嘱託として随行した（『日韓合邦秘史　上巻』）。

伊藤に内田を紹介したのは杉山茂丸である（『東亜先覚志士記伝〔中巻〕』）。

第二次日韓協約の締結に賛成した李完用《りかんよう》ら五人の大臣たちが五賊と称され、反対派から「五賊斬るべし」との声が上がっていた不穏な時期であった。

実際に明治三九年三月ごろには閔宗植《びんそうしょく》が忠清南北に出没して「日本人を駆逐せよ」と義勇軍を募り、崔益鉉《さいえきげん》は全羅道で、田愚《でんぐ》は慶尚北道で、柳麟錫《りゅうりんしゃく》は江原動で反乱を企てている。内田は伊藤の用心棒として永楽町二丁目の官舎に住むことになり、そこに武田範之も足を運ぶようになるとアジア主義者たちの梁山泊《りょうざんぱく》となる。

杉山茂丸が『俗戦国策』（「決死の苦諌伊藤公に自決を迫る」）で語るところでは、内田を通じて一〇〇万人〔※1〕の会員を抱える一進会の会長・李容九《りようきゅう》と、副会長の宋秉畯《そうへいしゅん》に統監府を警護させる目的もあったらしい。保護化の先にある朝鮮の合邦、すなわち現実的な併合に向けた工作を内田が行う前提であった。

ところが初代統監の伊藤は、第二次日韓協約の趣旨に沿って保護に徹すると公言したのだ。伊藤は日韓併合に反対だった。

統監として漢城（京城）に赴任して一ヶ月が過ぎようとしていた明治三九年四月一日に伊藤が寺内正毅に書いた手紙が桜圃寺内文庫に残されている。

朝鮮では「韓皇」も「政府」も表面上は平静だが、「裏面ニハ多少陰謀之形迹」があり、実態は寺内の娘婿の児玉秀雄（統監府書記官）が帰朝した時に詳しく聞くようにとの文面だ。伊藤の語る

大正４年４月に下関に建った秋田商会ビル
（平成28年４月）

「陰謀之形迹」とは前出の閔宗植、崔益鉉、田愚、柳麟錫といった反日活動家たちの動きを指していた。明治三九年七月一三日の寺内の日記に、「伊藤統監ヨリ韓国国事犯首魁五名ヲ対州ニ錮《こ》セントスル意見ヲ中来ル」と見えるのは、彼らを対馬に流すことの記述である。このうち明治四〇年一月一日に死去した崔益鉉《さいえきげん》の追悼碑「大韓人崔益鉉先生殉国之碑」が、長崎県対馬市厳原町《いづはらまち》の修繕寺境内に昭和六一年八月三日に建立されている（同年八月五日付『長崎新聞』「抗日闘志・崔さん追悼碑　日韓の手で除幕」）。

明治三九年は下関の秋田商会（明治三八年四月創業）が龍山支店を開設していた（『現在防長人物誌』）。日露戦争で陸軍用木炭を船で輸送した下関の秋田商会は、龍山の陸軍官舎や司令部の拡張において木材や建築資材の需要を見込んで支店を開設したのである。その後も朝鮮での鉱山経営や林野開発を成功させたことで、大正四年四月に下関市南部町《なべちょう》に秋田商会ビルを建てている。

〔※1〕呉善花は『韓国併合への道　完全版』で、自称一〇〇万人の一進会の会員数について、併合時の統監府資料から実質は約一四万と推定したうえで、それでも「当時の韓国では他に比較するもののない最大の勢力だった」と説明している。

ロシアの半成商業学校を修復増設した大連東公園町の南満洲鉄道株式会社の社屋（大正２年刊『大連旅順金州　名勝風景写真帖』より）

《付記》　南満洲鉄道の創設

ポーツマス条約で、東清鉄道の一部は日本の単独経営となり、南満洲鉄道へと姿を変える。すなわち満鉄だ。その路線は、シベリア鉄道のチタを過ぎて分岐した満洲里《まんしゅうり》からハルビン、綏芬河《すいふんが》までの東清鉄道のうち、ハルビンから南に向けて奉天、大連と向かう支線である。

明治三九年七月一七日の寺内正毅の日記に、児玉源太郎が提案した南満洲鉄道の総裁についての話し合いが行われた様子が見える。

日露戦争後に日本と共同経営を持ちかけたハリマンを排斥した後、満鉄経営について児玉と話し合っていたのが杉山茂丸だった。杉山が初代満鉄総裁に後藤新平を据えようと工作していたときに、ハリマン派の井上馨を総裁に据え、田健治郎を副総裁に据える案も浮上していた（『井上馨　―開明的ナショナリズム』）。こうした「杉山―後藤」対「井上―田」の総裁人事を巡る確執の中で、七月二三日に児玉源太郎が突然亡くなる不審な事件も起きている。

寺内にすれば娘婿の親でもある児玉が死んだのだから一大事であるが、児玉が死んだ七月二三日から年末までの日記がすっぽり抜けている。したがって一一月二六日に南満洲鉄道株式会社が設立されるまでの動きを日記から追えない。

しかしともあれ満鉄の設立委員長だった児玉に代わり、寺内が後任となったのが七月二五日で（『南満洲鉄道株式会社三十年略史』）、第一回総会が開催されたのが八月一〇日だった（同日付『東京朝日新聞』「満鉄委員第一回総会」）。そして九月一〇日に、寺内委員長名で「南満洲鉄道株式会社株主募集広告」が出される。

その結果、杉山の思惑どおり、一一月一三日に後藤新平の満鉄総裁が決まり、創立総会が一一月二六日に神田青年会館で開催される。委員長の寺内は議長席で事務経緯を説明すると、総裁の後藤と副総裁の中村是公《なかむらよしこと》を紹介した。後藤が総裁就任演説で語ったのは、「清国人に対しては成《な》るべく其協力《そのきょうりょく》を迎《むか》ふるの精神を持《じ》」すという言葉である。清国人の協力を仰ぎながら満鉄を経営しようと考えていたのだ（一一月二七日付『東京朝日新聞』「満鉄創立総会」）。

こうして南満洲鉄道株式会社こと満鉄は本社を大連市に、支社を東京市に置いて明治四〇年四月一日から営業を始める。大正二年刊の『大連旅順金州　名勝風景写真帖』（山口県文書館蔵）には、ロシアの半成商業学校を修復増設した大連東公園町の南満洲鉄道株式会社の社屋が見える。

「戦利兵器奉納ノ記」とハーグ密使事件

内田良平は明治四〇（一九〇七）年一月二四日に京城を出ると、二六日に日本に戻った。

杉山茂丸と築地の柏屋で会ったのは翌二七日で、二九日には伊藤博文を訪ね、一進会を使ってクーデターを起こし、韓皇（李王家）を廃止する計画を打ち明けた。しかし韓国統監の伊藤は、内田の提案に応じなかった。

幕末維新期以来の攘夷派精神を受け継いだ杉山や内田からすれば、朝鮮と連邦を組むことでアジア主義を実現できる思惑があった。だが伊藤にすれば、朝鮮は国際協調路線の延長線上で資本主義の市場であれば十分だったのだ。

失望した杉山と内田は、寺内正毅への接触をはじめる。

寺内の二月二五日の日記には、杉山が来て、「韓国ニ対スル伊侯《いこう》ノ処措《しょち》ニ就《つ》キ種々《しゅじゅ》ノ意見《いけん》ヲ陳述《ちんじゅつ》シタリ」と見える。日韓併合に進まない伊藤を説得するよう、寺内に相談を持ちかけていたのだ。

三月一一日の日記には、伊藤が別荘のある大磯から韓国に「帰任」したと見える。

三月二〇日には内田と宋秉畯が来たので、「韓国ノ現状」と「過去」と「将来」の意見を寺内は聞いている。しかも午前八時半から正午過ぎまで二人の意見に耳を傾けていた。その席で内田は日露戦争中の一進会の日本軍への協力や親日的態度、日韓両国結合を可能とする団体であることを熱っぽく語った。宋の方は朝鮮が日本に救われることで、「二千万同胞を日本　天皇陛下の子民となして、日本人民の如き幸福を得せしむる」のが目的と訴えた。

寺内が朝鮮の併合を真剣に考え始めたのが、この時だったのではあるまいか。

つぎに内田は、杉山の紹介した目白の山県有朋を三月二二日に訪ね、夕方六時から夜九時までの三時間にわたり、朝鮮併合に向けた懇願を行った。

山県は朝鮮のことは統監の伊藤が全責任を負っているので自分は口を挟まないが、友人としてな

防府市護国神社（旧桑山招魂社）の拝殿前に鎮座する砲弾（平成29年7月）

ら話はできようと答えた。いずれにせよ内田や宋にとって、寺内や山県へ直接的に訴えられた意味は大きかった。

面白いことにアジア主義者たちのアプローチが激しくなった三月は、陸軍省の名で寺内が日露戦争の戦利品を全国各地の神社に奉納した時期と重なる。

桜圃寺内文庫には「明治四十年三月　陸軍大臣寺内正毅」の名で「戦利兵器《せんりへいき》奉納《ほうのう》ノ記《き》」と題した以下の文章を記した証書が残されている。

「是《こ》レ明治三十七八年役戦利品《えきせんりひん》ノ一《ひと》ツニシテ我《わ》カ勇武《ゆうぶ》ナル軍人《ぐんじん》ノ熱血《ねっけつ》ヲ濺《そそ》キ大捷《たいしょう》ヲ得《え》タル紀念物《きねんぶつ》ナリ…」

山口県防府市の護国神社（旧桑山《くわのやま》招魂社）の拝殿前の砲弾の置かれた台座に「明治四十季三月　奉納戦利品　陸軍省」と刻まれているのも、そのとき奉納されたものだろう。似たものは全国各地の神社に例があり、わざわざ「戦利兵器奉納の碑」が建てられ、前掲の文章がそのまま刻まれているものもある。

明治四〇年三月の戦利兵器の奉納は、「奉天の大会戦」が行われた「三月十日」が「戦況最も良好」

だったことで、陸軍省が明治三九年一月に三月一〇日を「日露戦役の記念日」、すなわち陸軍記念日と決定したこととセットだった。

寺内の日記を見ると、四月一四日に杉山の案内により、向島《むこうじま》（現、東京都墨田区向島）で桜の花見をする予定だったが、「風烈《かぜはげ》シキカ為《た》メ中止《ちゅうし》」となり、代わりに築地の瓢屋《ひさごや》で「午餐《ごさん》ノ饗《もてなし》」を受けたと見える。五月一日には「杉山暗号ノ件」として、寺内も杉山と密に連絡を取り始めていたことがわかる。

杉山、内田、宋による政界工作が功を奏し、五月一五日には陸軍の機密費から一〇万円が一進会に与えられていた。その直後に、伊藤は宋を韓国の農商工大臣として迎える旨を内田に語った。実際に李完用内閣が五月二三日に成立すると、二六日に宋は農商工部大臣に就任した。李・宋の二人の実力者で運営される親日派内閣が朝鮮に誕生したのだ。

宋は入閣の日に、一進会会長の李容九《りようきゅう》が武田範之《たけだはんし》を伴い日韓合邦のための北韓遊説に旅立つのを見送っていた（『国士内田良平伝』）。李容九と武田の遊説も内田が準備したもので、彼らは黄州、平《へい》壌《じょう》、寧波《ねいは》、義州を巡演する。そして義州で視察中の寺内を迎えて密かに李容九と会わせて六月九日に漢城（京城）に戻った。

その日の寺内の日記に、「九日杉山ヨリ来電アリ台湾ニ行ト云フ」と見える。杉山は、直前に大阪の中之島の銀水楼で内田に会っていた。桂太郎が宋秉畯の入閣について、在野（一進会）で活躍する方が、日韓併合をやり易いのではないかと杉山に持ちかけていたのだ。杉山は台湾に旅立ち、内田の方は六月一〇日に桂の私邸に赴き、その件で五時間にわたる説明を行う。一進会は李王家の腐敗政治の糾弾《きゅうだん》と身分制度の打破を目的とした革命団体になっていた。

一進会を駆使した朝鮮改革が水面下で動き始めたのを看破したかのように露見したのがハーグ密使事件だった。『東京朝日新聞』が「韓国皇帝の密使」と題し、韓国派遣員が「海牙」に現れ、「独立庇護」を哀訴したと報じたのが七月六日であった。「海牙」とは万国平和会議が開かれたオランダのハーグのことだ。第二次日韓協約により統監府に外交権が移されていたにもかかわらず、高宗《こじょん》が李相卨《りそうか》、李儁《りしゅん》、李瑋鐘《りきしょう》の三名を万国平和会議に遣わせて、日韓協約の破棄を訴えたのである。

既述のとおり、明治三二年五月（～七月）に開催された第一回目のハーグ万国平和会議では国際法の基準となる陸戦条約などが規定されていた（本章「秋山雅之介と国際法」）。その改定が明治四〇年六月（～一〇月）の第二回目で行われるに際して、高宗の一派が日本による保護化策が国際法違反とねじ込んだのである。

ハーグ密使事件の黒幕は大韓毎日申報の発行者であるイギリス人・ベッセル、アメリカ人宣教師・ハルバート、ロシア滞在の元公使・李範晋《りはんしん》たちといわれた。

しかし会議の議長だったロシアのネリドフは、日韓協約の精神は日露講和条約にも明記されているので、日本の保護化策が国際法違反といわれても議論できないと突っぱねた。そこで都合の悪くなった高宗は知らぬ存ぜぬを決め込むが、宋秉畯は日韓協約前後の高宗が反日運動のために費やした金額は一億円にのぼり、その金は「皆人民の膏血《こうけつ》」と厳しく高宗の責任であると追及した。日露開戦以来、日本との約束を一三回も反故《ほご》にし、その都度責任を重臣に押し付けて逃げたのは高宗と言い放ったのである。

いくら日本の保護下に置かれたとはいえ、王家の高宗に逆らえば命さえ危うくなる時代だ。朝鮮社会の最下層の賤民出身の誇りをもって宋は訴えたことになろう。このときはそのまま終わったが、七月二〇日の高宗の退位を用意する。宋は革命家だった。

第三次日韓協約と高宗の退位

麹町区飯田町のフランス大使館（公使館から大使館への昇格は明治三八年）でパリ祭が開かれたのが明治四〇（一九〇七）年七月一四日である。寺内正毅は首相の西園寺公望《さいおんじきんもち》、宮内大臣の田中光顕《たなかみつあき》、海軍大臣の斎藤実《さいとうまこと》、外務大臣の林董《はやしただす》、一条実輝《いちじょうさねてる》公爵たちと出席し、一緒にフランス革命を祝った（同年七月一五日付『東京朝日新聞』「仏国共和祭」）。

それから六日後の七月二〇日に朝鮮では高宗《こじょん》が退位し、七月二四日に第三次日韓協約が結ばれる。全部で七条からなる条文のうち、第一条で韓国政府が日本の統監の指揮下に入ることが規定された。第四条では韓国高等官の人事権を統監が掌握すること、第五条では韓国政府は統監の推薦する日本人の韓国官吏を採用することが明記された。このとき大韓帝国は、有名無実になったのである。

にもかかわらず翌七月二五日に伊藤博文が統監府の幹部に対して語った訓示は、「韓国を合併せよと云ふやうな議論があるが、それは第一に非常な負担を日本に加重する」という言葉だった。伊藤は額面どおり韓国を保護国としたまま独立国としての位置付けにこだわっていた。理由は併合することの負担の方が大きいと考えたからだ。

こうした態度に不安を感じた宋秉畯は、伊藤が合邦（合併）に賛成しないのは実際にその意思が無いからではないかと内田良平に食い下がった。内田は、「日韓合邦の成否は我々の決心」次第と答えた。

その後、内田は「一進会財団設立案」を伊藤に示している。合邦（併合）成立後に一進会は不要となるので、日本の明治維新後に士族に秩禄公債を与えて産業奨励を行ったのと同じように、授産金を与えて将来に備えるべきと訴えたのである。内田と李容九《りようきゆう》と宋秉畯《そうへいしゆん》は別に計画を立てており、合邦（併合）が成功した際に一進会のメンバーを満洲に移住させて、孫文の支那革命に乗じて満蒙独立の旗を挙げさせ、日韓満蒙をひとくくりにした東亜連邦を建設するつもりであったらしい（『国士内田良平伝』）。「挫折した攘夷派」の征韓主義のつづきを、満韓を舞台に進めるつもりだったのである。

第三次日韓協約から一週間後の七月三一日に、大韓帝国の軍隊は解散した。

「朕茲ニ有司ニ命ジ、皇室待衛ニ必要アルモノヲ選置シ、其他ハ一切解除セシム」

表面的には韓皇の言葉で発せられた第三次日韓協約の「付属書」は、実際には帝国日本が準備したものだった。

むろん韓国では、軍の解体に対する反作用が起きる。朝鮮版の脱隊兵騒動だ。

伊藤は長谷川好道《はせがわよしみち》に仕事を任せて八月下旬に帰国すると、内田もまた日本に戻って山県有朋、桂太郎、寺内正毅たちと会って韓国の状況を報告した。桂は「一進会財団設立案」について五〇万円を準備中だと語り、内田を安心させている。

それからしばらくして桂が内田を呼び出し、朝鮮に拓殖会社を創設する計画を持ち出して、設立に向けた意見を聞いた。内田は宋秉畯に協力を求め、つづいて李完用に説いて二人が了解すれば事が運ぶだろうと答えた。これが翌明治四一年一二月に京城に創立される東洋拓殖会社になる。ところで明治四〇年九月一九日に発布された官制により副統監が置かれ、長州閥の曾禰荒助が就任していた〔※1〕。

前列左から明石元二郎、寺内正毅（山口県立大学蔵）

朝鮮では韓国軍の解体による感情悪化により、反日暴動が増すばかりだった。このため警察力の増強による治安維持が急務となる。内田は韓国全域に自衛団を作り、官憲に協力させて暴徒を防ぐ計画を練ると、李容九を通じて李完用内閣に提出する。草案を書いた内田は明治四〇年一一月三日、一四憲兵隊長として京城に赴任したばかり（一〇月に赴任）の明石元二郎に意見を求めた。玄洋社出身の明石は杉山茂丸とも懇意で、内田ともつながっていた。彼らの連携と協力により、自衛団計画も滞りなく進んでいく。

明石元二郎が少将に昇進し、韓国憲兵隊長に任命された背景にも陸軍大臣の寺内の強い意志が働いていた。

一方で、山県有朋が明石を「恐ろしい男だ」と白眼視していた現実があった。

日露戦争中にロシア革命社会党や民権社会党、自由党、ブント党、アルメニア党などの過激な革命政党を巧みに操り、レーニンとも親交を結んでいたからだ。第一次ロシア革命（血の日曜日）を導き、日露戦争を勝利につなげたことは評価していたが、余りに不敵な行動力に恐れをなしていたのである。むろん陸軍のボスの山県に睨まれれば出世の見込みはなかったが、寺内が田中義一の意見を聞きながら、明石の憲兵隊長就任をほぼ独断で決めたのだ（『日韓離合之秘史』）。

明石は一〇月一一日に下関から船で釜山に渡ると、翌一二日に第一四憲兵隊に着任した。以後、明治四三年八月の日韓併合まで、朝鮮での反日分子の暗殺やテロの未然防止に全力で取り組む。旧黒田藩士、すなわち玄洋社の出身ながら寺内の動かない右腕に代わる臣下になるのである。桜圃寺内文庫には明石と寺内が一緒に写った写真も残っている。

〔※1〕『朝鮮併合之裏面』五七頁。

半島に向かう日本人実業家たち

①日韓瓦斯《ガス》会社

朝鮮の冬は寒く、しかもはげ山ばかりで薪材も少なかった。このため曾禰《そね》荒助《あらすけ》（二代目韓国統監）の二男である曾禰寛治が、朝鮮人からガス事業の権利を買い取りガス会社の創立計画を練る。しかし権利が無効となり、改めて統監府に申請して明治四〇（一九〇七）年六月に許可を得たのが日韓瓦斯《ガス》株式会社（以下、日韓瓦斯会社と略す）のはじまりである（『京城電気株式会社二十年沿革史』）。

明治四一年六月一一日付の『東京朝日新聞』(「日韓瓦斯会社設立」)は、渋沢栄一、大倉喜八郎、安田善次郎、高松豊吉、久米良作、曾禰寛治、岡崎遠光《とおみつ》たちが資本金三〇〇万円で計画中と報じている。渋沢栄一を会長に据えて朝鮮人との共同事業として日韓瓦斯会社が創立されたのが九月三〇日だった。

その後アメリカ人コールブランの経営する韓美電気会社を明治四二年七月に買収し、日韓瓦斯電気株式会社(以下、日韓瓦斯会社と略す)と社名を変更。韓美電気会社経営の路面電車(「西大門―鍾路―清涼里」と「鍾路―南大門―龍山」)と東大門蒸気発電所などの経営も担うようになる。京城電気株式会社(以下、京城電気会社と略す)の名になったのは日韓併合から五年後の大正四年九月だった(『朝鮮電気事業史』)。

②大韓勧農会社

下関の春帆楼《しゅんぱんろう》で大韓勧農株式会社(以下、大韓勧農会社と略す)の創立総会が開かれたのも明治四〇(一九〇七)年六月二五日であった。発起人は山口県阿武《あぶ》郡出身の衆議院議員の瀧口吉良《たきぐちよしなが》や下関で東洋遠洋漁業株式会社を経営していた岡十郎たちだ(明治四〇年六月二〇日付『読売新聞』「大韓勧農株式会社創立総会」)。

白石鉄次郎(白石正一郎の孫)ら経営幹部一四名のうち九名が山口県人だったことで、保護国化が進む朝鮮半島の産業開発のために、長州人を大量に送り込むことになる。

そもそも大韓勧農会社は、薩摩藩士の子として嘉永三(一八五〇)年に生まれた前田正名《まえだまさな》の農業政策路線のうえに誕生していた。日露戦争中の明治三七年五月一四日、前田は「全国実業会中央本部監督」の肩書で、巨済島《こじぇ》（朝鮮半島南端の島）、大同江《だいどうこう》（平壌《へいじょう》付近を流れる川）の沿岸部、大連湾などに各業界団体を「移住」させることを、陸軍大臣の寺内正毅に宛ての書簡で提案していたのである〔※1〕。また、同年一二月一三日付の「陳述書《ちんじゅつしょ》」では、全国実業会中央本部の事業として部員を戦地に派遣し、各種野菜の栽培、牧草栽培、苗樹栽培の三事業を行う計画を語り、実際にすでに戦地でこれらの事業を行い、「軍人ノ用ニ供《きょう》セラレ好評ヲ得タリ」と述べていた〔※2〕。こうした前田の東アジアに主眼を据えた農業振興策が、寺内の出身地である山口県人を中心とした大韓勧農会社の創立を用意したのである。

〔※1〕「韓国及清国に実業団体移住の為調査人員派遣に関し願出の件」（アジ歴資料）。
〔※2〕「清国出張願出の件」（アジ歴資料）。

明治四一年の杉山茂丸

明治四一（一九〇八）年に入ると寺内正毅の日記に杉山茂丸が頻繁に顔を出しはじめる。ときに見える「其日庵《そのひあん》」も杉山の号である。

一月一〇日と一三日の午後に杉山が来て桂太郎との談話の内容を伝え、一五日には寺内が杉山を招いて桂への伝言を頼んでいる。さらに一八日に杉山が来て桂と後藤新平の会談を伝え、二八日には望月圭介《もちづきけいすけ》が瓢屋《ひさごや》で小宴会を開き、寺内は杉山や近藤廉平《こんどうれんぺい》、加藤正義《かとうまさよし》たちと同席していた。

元治元（一八六四）年八月に福岡藩応接方の杉山三郎平《すぎやまさぶろべえ》の子として生まれた杉山は、「ほら丸」だの「策士」だのと揶揄されつつも、幕末維新期に長州藩と行き来していた父の時代の再現ともいうべき行動をしていたことになろう。

二月二三日にも杉山が寺内を訪ね、桂の消息を伝えている。

二月二五日に来訪したときは、寺内は杉山から「政界ノ情勢」を聞いている。その日は夕方、内田良平も来て「韓国近情其他《かんこくきんじょうそのた》ニ就《つ》キ長時間談話《ちょうじかんだんわ》」をしていた。伊藤博文に見切りをつけた杉山や内田たちが、水面下で日韓合邦（併合）に向けた交渉を寺内と進めはじめたのであろう。

三月も五日、六日、九日、一一日、一三日と杉山が寺内を訪れ、一九日には寺内が目白の山県有朋を訪ねて二、三時間話し込むうちに杉山がやってきていた。二四日も杉山が寺内を訪ね、二八日には杉山から書簡が届いている。

興味深いのは四月一九日の日記で、午前中に後藤新平と杉山、そして二人の陸軍中将（原口兼済と藤井茂太）が来て、つづいて「独逸《ドイツ》人技師」が杉梅三郎（杉孫七郎の息子）と一緒に来たので、寺内が笄町《こうがいちょう》（現、東京都港区麻布）に新築予定の屋敷の設計を「独逸人技師」に依頼したと記していたことだ。

この「独逸人技師」が六月一三日の日記に、「今朝独逸技師ドララアンド及高田釜吉《たかたかまきち》来訪麻布ノ家屋建築ノ事相談ス」という一文で再び登場する。

翌一四日にも高田釜吉の同伴で「ドララント」が家屋の設計図を持参して新築の打ち合わせに来ている。高田釜吉〔※1〕は鉄砲、弾薬、軍事機械の輸出入業者「高田商会」の経営者・高田慎蔵《たかたしんぞう》の娘婿であった。早くも日露戦争開戦直後の明治三七年三月九日の寺内の日記に、「高田慎蔵氏を招キ禁制品ノ取寄方ニ就キ意見ヲ聴ク」と見える武器商人だ。

明治四一年は三井物産、大倉組、そして高田商会の三社が陸軍大臣の寺内に海外への兵器輸出を進言し、六月一〇日に三社が武器輸出合同組合である泰平組合《たいへいくみあい》を立ち上げたばかりであった〔※2〕。日露戦争後に武器の需要が落ち込み、陸軍としても東京砲兵工廠と大阪砲兵工廠の兵器生産能力の維持に頭を痛めていた時期に、高田釜吉が「ドラアンド（ドラランド）」を寺内に紹介していたのである。この外国人こそが、後に寺内が朝鮮総督府庁舎の基本設計をさせたデ・ラランデだった〔※3〕。

デ・ラランデが設計した麻布笄町の新居に、寺内が転居したのは日韓併合後の明治四四年九月五日である。それまでは土手三番町、駿河台、四谷塩町の借家を転々としていた。約一〇年に渡る陸軍大臣の生活で私邸を持たなかったのは歴代大臣中で寺内だけで、「人格の高潔なるは明らか」と『明治勲臣　腕白物語』が、その清貧ぶりを讃えるほどだった。

寺内がデ・ラランデと初対面した明治四一年四月一九日の日記に戻ると、その日は夕方に杉山の同伴で向島での景色を楽しんだのち、寺内は「帰邸」していた。四月二六日には内田良平が来て、「近日ヨリ韓国ニ行クト云フ」と渡韓予定を告げている。

五月一〇日にも杉山が来て、九州旅行で見聞した「政界ノ事情」を伝えた。

五月一一日には武官長の岡沢精《おかざわくわし》が来て、統監の伊藤博文が増兵したので韓国の暴徒を鎮圧する聖断を出すことについての意見を求めている。韓国では相変わらず反日運動が燻《くす》ぶっていた。

六月九日の夕方には近藤廉平の招きで、寺内は曾禰荒助や杉山たちと会う。六月一一日の夕方からは、杉山が両国の常盤家に山県有朋、井上馨、桂太郎ら十数名と寺内を招いた。このとき別席で山県と井上と寺内が桂抜きで会談していた。杉山お得意の待合政略《まちあいせいりゃく》は、一ヶ月後の七月一四日に成立する第二次桂太郎内閣の立ち上げのための密談であったのだろう。

つづいて六月一三日と翌一四日にデ・ランデが再び新築の打ち合わせに来たのは、すでに見たとおりだ。

六月二七日には、杉山に頼まれていた「児玉大将ノ伝記」の「題字」を書いて寺内は郵送している。この本は明治四一年一〇月一七日に森山守次と倉辻明義の著作として太平洋通信社から刊行された『児玉大将伝』である。桜圃寺内文庫にも所蔵があり、扉に「正毅題」のサインが確認できる。「杉山氏深く故人を憶ふの情」により、編集を森山と倉辻に託して明治四〇年七月から執筆作業をはじめたと「凡例」は語る。

面白いのは口絵写真の一枚に日露戦争中の奉天総司令部の宿舎前で杉山と児玉源太郎が並んで撮った写真が挿入されていることだ。杉山の人間関係が児玉の親戚筋の寺内にまでスライドしたのも自然に見える。

第五章（二三二頁）で見るように、寺内たちが発起人となって明治四二年五月に杉山の向島別邸に児玉源太郎を祀る児玉神社が建立された背景も、こうした人間関係の延長線上にあった。杉山は寺内の心も強くつかんでいく。例えば明治四四年一〇月二七日に杉山が「伯爵寺内総督閣下」に宛てた手紙には、「前韓帝」、すなわち高宗《こじょん》から手渡しで下賜《かし》された「純金製煙草入」を「浪人」である自分が持っていても粗末になるので、「閣下の御知遇を配するの象《かたち》として」捧呈《ほうてい》したいと述べている。杉山は「閣下」、「閣下」と持ち上げ、自尊心をくすぐりながら、みごとに長州閥の寺内の懐《ふところ》深《ふか》くにくい込むのであった。

〔※1〕タレントの高田万由子《たかたまゆこ》の曽祖父。

〔※2〕横山久幸「日本陸軍の武器輸出と対中国政策について―〈帝国中華民国兵器同盟〉を中心として―」（『戦史研究年報　第五号』）。

〔※3〕『日本建築学会計画系論文集　第七八巻　第六八七号』（「〈京城都市構想図〉に関する研究」）。

伊藤博文暗殺と第三代統監就任

朝鮮併合（合邦）へ方針転換しない伊藤博文に業を煮やした杉山茂丸が辞任を迫る場面が杉山の自伝的著作『俗戦国策』に見える。

杉山がテーブルに長船則光《おさふねのりみつ》の短刀を目の前に置いて、辞職か自決かとまくしたてる場面は、第三次日韓協約（明治四〇〔一九〇七〕年七月二四日締結）後〔※1〕の出来事であろう。結局、伊藤は辞職を選び、枢密院議長となる。

面白いのは副統監の曾禰荒助が明治四二年六月に統監にスライドしたが、曾禰もまた伊藤と同じで合併（合邦）に消極的だったことである。

ハルビン駅頭で伊藤博文が暗殺されたのが、それから四か月後の一〇月二六日だった。狙撃犯は韓国人の安重根《あんじゅうこん》。しかし銃創の角度から真犯人は高い場所から銃を撃ったロシア兵との説が最近では有力である。

寺内正毅は明石元二郎に伊藤暗殺事件の調査を命じていた。

明治四二年一二月二九日に明石が寺内に書いた書簡には、韓国での出来事ゆえに「捜査上困難」としながらも、ロシア革命党の「コンバッタン〔※2〕的之者」とは性質が異なり、日本の大久保利通暗殺に似ていると意味深な答えをしている。日本国内の不平士族の残党の仕業とでもいいたかったのか。もっとも韓国の「脈略」は「案外浅薄ナルモノ」と、単純な動機で安が伊藤を暗殺したのかもしれぬとつづけてもいた。至る所で反日暴動が起きていたときで、過激派は安だけではなかったからだろう。

伊藤の暗殺により、日韓合邦（併合）の機運は一時的に下火となる。

明石は更に興味深いことを寺内に報告していた。

二代目統監の曾禰荒助も合邦（併合）に消極的で、一進会と内田良平たちは曾禰に遠ざけられ、在韓の新聞記者たちからも内田たちの「直線的行動」が嫌悪されていると伝えていた。そのうえで「合邦問題挽回策」を寺内に提示していたのである。〝策〟とは新聞で「合邦ヲ絶叫」をさせ、日本人側とも歩調を合わせて、「韓人ノ排日論ヲ圧シ」、「暗ニ」一進会と内田たちの「論系」を振興させるというマスコミ工作だった。玄洋社出身の明石は内田や杉山茂丸と気脈を通じた合邦（併合）論者であったが、政府側の上司であった寺内にも合邦（併合）推進へ向けた同志的献策をしていたわけである。

そもそもアジア主義の源流をたどれば、寺内の師であった大楽源太郎に突き当たる。杉山や内田、明石、さらには彼らと行動を共にしていた武田範之のいずれもが明治維新後の不平士族、すなわち「挫折した攘夷派」枠での大楽の系譜にあった。寺内にとって日韓併合問題は、若き日に西山塾で学んだ問題の再燃でもあったのではないか。欧化政府で出世街道を歩いたが、在野のアジア主義者たちに親近感を抱いたのは、彼らの背後に師であった大楽の影を見ていたからではないか。

実は明石が寺内に手紙を書く三週間余り前の明治四二年一二月四日に、一進会は李容九ほか一〇〇万人の会員名で、韓皇や曾禰荒助統監、韓国の内閣総理大臣の李完用に日韓合邦に関する上奏文と請願書を提出していた。合邦（併合）運動を具体的に進める段階に入ったのだ。一方で反日運動も激しくなっていく。

しかし伊藤博文の亡霊がのり移ったように、曾禰荒助もまた合邦（併合）に反対の立場を貫く（『東亜先覚志士記伝（中巻）』）。その結果、反日運動家が曾禰を利用して一進会を攻撃しはじめるに至った。

杉山茂丸が政界の裏工作で、山県有朋と桂太郎に曾禰の辞任を約束させたのも、合邦（併合）の巻き返しのためであった。その結果が、曾禰と寺内正毅との交代劇を生み出す。ただし、実現には少し時間が必要だった。最大のハードルは明治天皇が曾禰を統監職に留まらせたいと思っていたからだ。しかし曾禰は病で職務遂行も難しくなっていく。

寺内は明治四三年三月二二日の日記に、陸軍士官学校の予備校であった山口県の防長武学生養成所のテコ入れについて記していた。

陸軍大臣の立場で、同郷出身の乃木希典、長谷川好道、大島義昌の三人の陸軍大将と、田中義一と山田隆一の二人の陸軍大佐を招き、防長武学生養成所のために、「若干《じゃっかん》ノ金《かね》ヲ醵《きょ》シ」て積立金の増資を話し合っていたのである。その結果、大佐以上が二ヶ月分の給料を出すとの乃木の提案が承諾されて、防長武学生養成所へのテコ入れが決まる。

日韓合邦（併合）に向けた水面下の駆け引きの中で、陸軍における長州閥の勢力拡大も進み始めたことがわかる。一方で曾禰の病状は悪化の一途で、四月二九日付の『東京朝日新聞』は「曾禰統監の病状」と題して、肝臓癌であることを公表し、「後任は寺内陸軍大臣の兼任説も多く」と報じている。

つづいて寺内は五月一日の日記に、「午前九時ヨリ麻布自邸ニ至リ次テ麻布狸穴ナル井上侯邸ニ至ル。本日ハ同邸へ皇太子殿下行啓ノ約アリ」と書いていた。井上馨の麻布内田山邸に皇太子（後の大正天皇）が行啓するので、山県有朋、桂太郎、杉孫七郎たちと招待を受けたのである。このとき寺内は、「少シク熱度《ねつど》アルモ喀血《かっけつ》ハナシ」といった体調不良であったが、他の招待客と一緒に皇太子と昼食を共にし、内田山邸での行啓記念写真に収まっている（『世外井上公伝　第五巻』に写真が掲載）。皇太子を前列中央に、向かって左に井上馨、杉孫七郎、向かって右手に山県有朋、桂太郎が並び、寺内は皇太子の斜め後ろに（山県の後ろ）に障害のある右腕を後ろに隠し、左腕を前面に向けるように斜《はす》に構えて立っている。

寺内の履歴書に「兼任統監」と出てくるのは明治四三年五月三〇日である（『寺内元帥履歴書　大正八年十月調』）。陸軍大臣と「兼任」する形で第三代目の統監になったのである。副統監には山県有朋の養嗣子・山県《やまがた》伊三郎《いさぶろう》が就く。

五月三一日の寺内の日記には、午後二時から在京の統監府員を集めて「新任ノ披露《ひろう》ヲ為《な》シ」たと

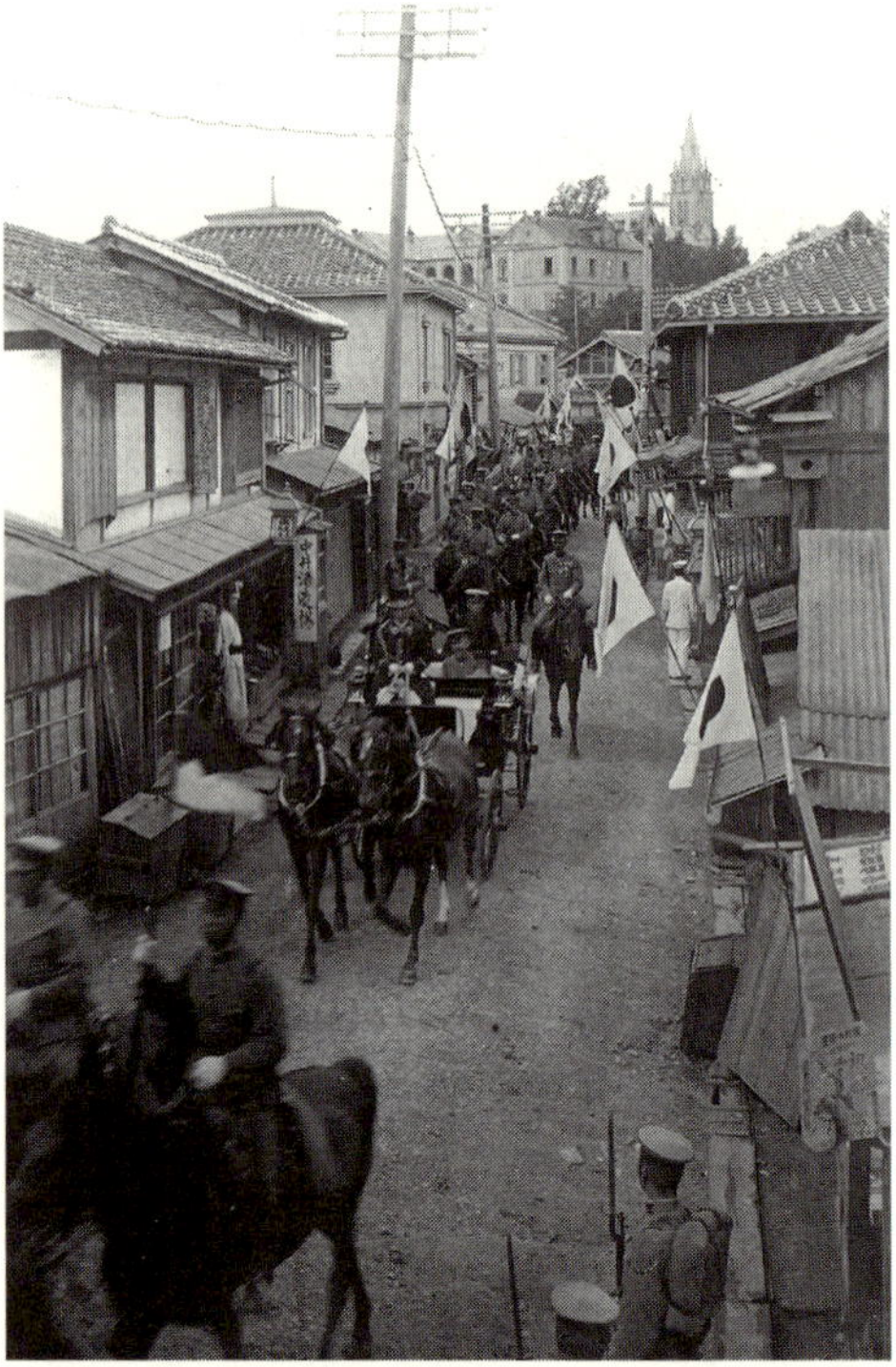

明治43年7月23日に漢城（京城）の街筋を馬車で通る寺内正毅。背景に明洞大聖堂が見える（山口県立大学蔵）

見える。その席で山県伊三郎を紹介し、茶菓子を配って散会すると、翌六月一日には病床の曾禰を訪ねて統監府の仕事を引き継いでいる。

当時、統監府の庁舎は景福宮から二キロ余り南の、現在の明洞《みよんどん》駅近くのリラ初等学校の場所（南山倭城台）にあった。寺内は山県伊三郎を先に送り出すと、自らは二ヶ月ほど東京にとどまり、合邦（併合）に向けた準備を整えて統監府に向かう。この間、朝鮮駐屯軍参謀長の明石元二郎を憲兵司令官に復職させて韓国の警察権力を明石に付与したうえで憲兵も一〇〇〇名増員するなどして、朝鮮社会の秩序維持に万全の準備を施した。

明治四三年七月一〇日の寺内の日記には、親戚や知人家族を一〇〇人ばかり集めた送別会に、「乃木大将夫妻亦来会セラル」と記されている。

寺内が統監府書記官の児玉秀雄をはじめ、菅野《すがの》尚一《ひさいち》（陸軍中佐）、津野《つの》一輔《かずすけ》（前同）、藤田《ふじた》鴻輔《こうすけ》（陸軍大尉）ら、いずれも山口県出身の武官たちを引き連れて新橋駅から馬関急行列車に乗ったのが七月一五日だった。出発前に来客があって、「韓国には無法者甚《はなは》だ多し」と忠告されたが、自分は剣で生きて来たのだから、剣で倒されるなら本望と答えた。生きるか死ぬかは大した問題ではなく、仕事をするだけだと笑い飛ばしたのだ（明治四三年七月一六日付『読売新聞』「統監笑うて曰く」）。

こうして第三代統監として赴任し、七月二三日に漢城（現、ソウル）の日本人町を馬車に乗って通る。そのときの写真が桜圃寺内文庫に残されている。

〔※1〕第二次日韓協約（明治三八年一一月一七日締結）直後の様子と多少の混在が見えるが、ここでは第三次日韓協約後として捉えた。

〔※2〕フランス語の combattant ＝戦闘員。

《付記》 軍用気球研究会

寺内正毅の発議により、六〇万円の予算で臨時軍用気球研究会が発足したのが明治四二（一九〇九）年七月三〇日だった。伊藤博文暗殺の三ヶ月前である。

それは日露戦争での第一回旅順攻撃期（明治三七年八月）に実績を上げた軍用気球を、さらに進化させる航空機関の研究会だった。

最初の局長会議で研究会の会長を決める際、寺内は陸軍次官の石本新六を指名した。しかし難色を示したことで、アイデアマンの長岡外史《ながおかがいし》にその役が回って来たのである（『航空とスキーの先駆者人間長岡外史』）。

長岡は臨時軍用気球研究会の初代会長に就任する。

山口県下松市笠戸島に建つ長岡外史の銅像
（平成30年1月）

藩閥嫌いの長岡を、藩閥主義の看板たる寺内が可愛がったのも考えてみれば面白い話である。

　寺内の世話好きの性格が新風を吹き込んだのは、広島出身の国際法学者・秋山雅之介を登用したときと同じであった。『戦史叢書　陸軍航空の軍備と運用〈1〉』によると、名前こそ「気球」の研究会だが、翌明治四三年度には気象観測をはじめ、ヨーロッパに委員三名を派遣して飛行機を購入し、新たな航空機研究に入っている。明治四四年度には飛行機を製作して試験操縦を行い、大正三年度には飛行機を購入して第一次世界大戦での青島《ちんたお》戦に活用するまでに発展する。

　秋山紋次郎は『日本陸軍航空秘話』で当時を語る。

「〈臨時軍用気球研究会〉の本当の原動力になったのは、寺内大臣なんだね。当時の石本次官の反対を押し切ってやっているんだ。寺内大臣の先見の明と決断は特筆大書すべきだと思う」

　軍用の航空機開発は、寺内と長岡のコンビで進められたのである。

　長岡の銅像が生誕地に近い山口県下松市の瀬戸内海に浮かぶ笠戸島《かさどしま》の外史公園に建っている。プロペラのように水平に伸ばした長い髭がトレードマークで、いかにも個性的な風貌だ。

日韓併合

明治四三（一九一〇）年八月二二日に寺内正毅は日記に、「合併問題ハ如此《かくのごとくに》容易ニ調印ヲ了セリ呵々《かか》」と記している。八ヶ条からなる「韓国併合ニ関スル条約」に調印し、声をあげて笑ったのだ。桜圃寺内文庫には調印が行われた統監府官邸執務室に寺内がいる写真が残っている。

「韓国は爾今《じこん》　朝鮮と称す」

官報がそう報じたのは「韓国併合ニ関スル詔書」が発表された八月二九日だった。このときから韓国は朝鮮となる。

同じ日に、「朝鮮ニ大赦減租ノ詔書」が出され、朝鮮の囚徒《しゅうと》九〇〇名が放免された。しかも旅費がない者には旅費が与えられ、帰郷の資金がない者には旅費まで与えられる厚遇ぶりだった（『日韓合邦小史』）。

韓国から朝鮮への変更については、予め八月一六日に南山の統監官邸で寺内と李完用《りかんよう》（韓国総理大臣）、趙重応《ちょうじゅうおう》（韓国農商工部大臣）の間で話し合いがされていた。その際、寺内が出来るだけ韓国の事情に適する処置をしたいと申し出ていた。すなわち韓国は日清戦争後に日本が名付けた名称なので、この機会に旧称の「朝鮮」に戻してはどうかと提案したのを、李と趙が受け入れた結果だった（『朝鮮併合之裏面』）。

むろんそれは帝国日本の手で近代化がはかられるターニング・ポイントでもあった。実際、韓国

「韓国併合ニ関スル条約」が調印された統監府官邸執務室に立つ寺内正毅（山口県立大学蔵）

駐箚軍の名も朝鮮駐箚軍に変更され、日本人のみならず明治四一年六月には朝鮮人の憲兵補助員の募集も始まり〔※2〕、憲兵隊組織でも融和策がとられていた。

一方で八月二六日の午後四時半から統監邸に新聞記者を集めて寺内が語ったのはマスコミに対する苦言だった。李王家への蔑視発言や国民を奴隷視する論調が新聞や雑誌に増えていることへ不満を述べたのだ。「韓国民をして世界の他の国と等しき幸福を享受せしめ賜ふ」ことが天皇の御心なので、それに従う報道をすべきとクギを刺したのである（八月二九日付『東京朝日新聞』「寺内統監の苦言」）。反日感情を煽れば、うまくいくこともうまくいかなくなるからだ。

朝鮮総督管制の施行は一〇月一日に行われた。

寺内が第三代韓国統監から初代朝鮮総督に就任したのが、この日だった。

また、山県伊三郎が政務総督、有吉忠一《ありよしちゅういち》が総務部長官、宇佐美勝夫が内務部長官、荒井賢太郎が度支部《たくしぶ》長官、木内重四郎《きうちじゅうしろう》が農工商部長官、倉富勇三郎《くらとみゆうさぶろう》が司法部長官、石塚英蔵が取調局長、明石元二郎が警務総長、大屋権平が鉄道局長に就いた（明治四三年一〇月一日付『読売新聞』「新総督府幹部」）。

杉山茂丸は『日韓合邦秘史　上巻』の序で、日韓併合の最大の功労者として李容九《りようきゆう》、宋秉畯《そうへいしゆん》、内田良平の三名の名を挙げている。また裏面から幇助《ほうじよ》したのが武田範之《たけだはんし》と菊池忠三郎で、自分は総理大臣の桂太郎、外務大臣の小村寿太郎、陸軍大臣の寺内の三人に成り行きを報告するだけだったと謙遜する。だが、杉山の働きがなければ政府側の動きはなく、併合に至らなかったのは明白だ。杉山が、「巨人寺内総督の新任を機会として始めて形式的に之が成立を見た」と記したように、在野志士たちの合邦工作と伊藤博文の犠牲を、寺内が飲み込む形で、どうにか併合に持ち込んだのが真相である。

李容九が求めた対等合併を意味する「合邦」は、当時の日朝間の力関係から見れば当然無理であった。また一進会の宋秉畯がそうであったように、多くの朝鮮民衆が李王家の存続を望んではいなかった。彼らが求めたのは近代化に伴う民主化であり、近代的な政権の樹立だった。その結果、李王家が廃止される形で朝鮮の「合併」となったのだ。しかし合併そのものが目的ではなく、進めるべきは朝鮮の改革だった。そのために治安維持が急務だったのである。

寺内は、京城を中心に警察権力を強化する計画と、その実践を明石元二郎に任せた。

明治四三年一一月三〇日付の『読売新聞』（「隣の噂」）が、「寺内総督の下に在《あつ》て、肱《ひじ》となり股《また》となりて最も羽振《はぶり》の好いのが明石少将で、ビリッ的事業の大半は、実は此男《このおとこ》がやってのけるのぢやげな」と書いている。「ビリッ的事業」とは、後述する寺内のあだ名「ビリケン」にかけた造語だ。

警察権力を増強する一方で、寺内は一七一一名の政治犯を釈放し、授産、教育、備荒貯蓄《びこうちよちく》などのために一三道の各府郡に一七三九万八〇〇〇円の巨額を分配した（『朝鮮併合之裏面』）。李王家のもとで固定した身分制度は瓦解し、貧困あえぐ朝鮮人の生活は改善され、京城に一つしかなかった病院も一三道にひとつずつ慈恵医院が建ち、軍医を配置して医療体制が整えられていく。

大韓医院内科部長として明治四二年一一月に京城に赴任した森安連吉《もりやすれんきち》は「衛生思想の普及」(『日韓併合ベストエッセイ集』)で、日韓併合で大韓医院が総督府医院となり、「どしどし施療患者を収容して、以て医学の有難さを彼等に示すこととした」と回想している。朝鮮では上流階級でさえ風邪には葛根湯《かっこんとう》とか、人参に松の実を煎じて飲む程度の漢方医療しかなく、庶民に至ってはまともな治療さえなかったのを統監府が西洋医学の普及の形で改善していくのである。

大正三年六月一二日に寺内は日記で、「午后慈恵病院長ノ会議ニ列ス。夕各病院長長井博士等ヲ招キ食事ヲ饗《もてな》ス」と記している。病院の会議に自ら出席して医療進展の把握に努めているのである。

寺内は李王家時代から伐採されたままの山々の植林にも力を注ぐ。総督府の仕事として数百万本の苗木を取り寄せて植林を行い、農業模範場を建設して稲種や肥料などを分配して農業振興を進めたのである。

道路の補修や、日本と同じ学制を定めて近代的な学校を造り、教育も普及させる。朝鮮の民主化と近代化のために、およそ出来うる限りの手を尽くすことが朝鮮総督府の最大の責務だった。

寺内の目的は、単に朝鮮を帝国日本の領土に組み込むことではなく、荒廃した朝鮮の土地や社会を改良し、半死の窮民を救済することにあった。それは朝鮮人のためという以上に、ロシアと対峙できうるもう一つの近代的家郷を創造するためで、アジア主義の実現のための朝鮮の近代化だった。かつて吉田松陰が語った朝鮮併合の「然る後に民を愛し、士を養ひ」国境を護る思想の実践である。

「合邦」と「併合」と言葉は違えども、杉山茂丸や内田良平、宋秉畯に至るアジア主義の理想が、その脊梁を支えていた。なにより彼らは寺内の師であった大楽源太郎の挫折した攘夷派の思想的継承者でもあった。

実際、早くも一九一一（明治四四）年五月一六日発行の「ジャパンタイムス」の社説は、以下のように寺内の文明的統治を高く評していた。

「寺内伯爵ハ総督《そうとく》タリシ以来モ、朝鮮ニ於《おい》テハ所謂《いわゆる》〈サーベル〉政治ナルモノ毫《すこし》モ之《こ》レ有《あ》ル無《な》ク、其《そ》ノ施政《しせい》ハ高尚《こうしょう》慈仁《じじん》ニシテ思慮深《しりょぶか》ク、朝鮮人《ちょうせんじん》自身《じしん》ノ利害《りがい》ニ対《たい》シ特《とく》ニ意《い》ヲ用《もち》ヰタルモノナリキ」〔※3〕

内地に目を転じると、日韓併合直後の明治四三年一一月三日に靖国神社近くの東京偕行社で帝国在郷軍人会の発会式が行われていた。明治天皇の誕生日「天長節《てんちょうせつ》」に併せた盛大な行事である。

在郷軍人とは現役の軍隊生活を終えて帰郷した軍人ＯＢたちのことで、一一月五日付の『国民新聞』が報じたところでは、佐官以下の在郷軍人たちは後庭の大天幕内で握手をしたり、久しぶりの再会を喜びあったり、旧交を暖めあったとしている。そして午後三時三〇分に「君が代」が演奏されると総裁の伏見宮貞愛親王《ふしみのみやさだなるしんのう》を初代会長の寺内正毅が先導して入場した。出迎えたのは閑院宮載仁親王《かんいんのみやことひとしんのう》、北白川宮能久親王《きたしらかわのみやよしひさしんのう》、朝香宮鳩彦王《あさかのみやすひこおう》の各皇族をはじめ、陸海軍元帥の山県有朋と大山巌、斎《さい》藤実《とうまこと》海軍大臣、副会長の黒瀬義門《くろせよしかど》、来賓や正会員たち総勢一一六〇名だった。

その席で寺内は、「統一指導其機関《とういつしどうそのきかん》ヲ欠《か》」いている在郷軍人たちの「糾合」のため、帝国在郷軍人会を発足させたという創立目的を宣言した。

山口県では明治三六年一〇月に防府在郷軍人義勇会の発会準備に入ったり（同年一〇月二九日付『防

長新聞』）、周防大島で和田村在郷軍人会の発会式が行われたり（一〇月三〇日付同紙）、翌明治三七年正月には阿武《あぶ》郡徳佐村在郷軍人会が立ち上がるなど（同年一月八日付同紙）、各地の軍人会が立ち上がっていた。他県でも似た状況で、これらを全国組織としてまとめ上げたのである。

発端は、参謀本部の陸軍中佐・児島惣次郎《こじまそうじろう》がドイツの在郷軍人会をモデルにした統一的組織の必要性を陸軍省に具申したときにあった。寺内がこれに賛同し、軍務局歩兵課が実現に向けた仕事を担当することになり、歩兵少佐の鳥谷章が中心になって草案を作成した。その草案を軍務局軍事課に移したのが明治三九年一〇月で寺内が海軍大臣の斎藤実《さいとうまこと》と協議に入り、明治四一年四月に寺内が後備陸軍少将の亀岡泰辰《かめおかやすたつ》に任せるのである。このときは海軍まで含めて一つの団体にする予定だったが、七月に海軍側が不同意を示し、とりあえずは陸軍単独で組織化を進めることになった結果だった（『帝国在郷軍人会三十年史』）。

こうして一一月三日の帝国在郷軍人会の発会式を迎えたのである。

〔※1〕『十五年戦争極秘資料集　補巻7　韓国併合始末　関係資料』一頁。
〔※2〕戸部良一「朝鮮駐屯日本軍の実像：治安・防衛・帝国」（『日韓歴史共同研究報告書（第三分科篇　下巻）』所収）三三八頁。
〔※3〕『京都女子大学研究叢書刊9　寺内正毅関係文書　首相以前』五一三頁。

ビリケン人形の発見

寺内正毅のあだ名として知られる「ビリケン」が、新聞紙上に登場するのは明治四四（一九一一）

年になってからだった。日韓併合後に「朝鮮人は由来濁音を出すことが出来ないので、寺内ビリケンと云はず必ず寺内ヒリッケン…」（明治四四年一月一八日付『読売新聞』）とか、「ビリケン将軍が柄にもない先例を開いて…」（同年九月一六日付同紙）という調子である。

ビリケンの発祥は一九〇八年、すなわち明治四一年にアメリカの女流美術家の夢枕に立った神が、「オレの像を作ったら汝の名声は世界に轟くであろう」と告げたときにあった。そこで女史が製作したのが尖《とが》った頭の眉毛と目がつり上がったビリケン人形だったのだ（明治四五年二月八日付の『読売新聞』「ビリケンの罪」）。それをシカゴ美術館に展示すると人気を博し、大統領ウィリアム・ハワード・タフトの愛称ビリーにちなんで「ビリケン」の名になった。この人形の顔が、寺内にそっくりだったわけである。

明治四二年の初夏にビリケン人形をアメリカから持ち帰ったのが福沢諭吉の四男の福沢大四郎だった。それを京橋区尾張町の雑貨店「文明堂」のショーウィンドーに飾ると、一〇月に濱町の待合金龍亭の主人が最初に購入し、さらに美術学校教授の藤田文蔵や白井雨山《しらいうざん》たちが、顔が似ている寺内に福の神として紹介した。すると寺内も気に入り、自分用と妻、娘用に三個も買って、「日韓併合のために渡韓する時其《そ》の一個を携へて行つた」のだという。

首相の西園寺公望《さいおんじきんもち》や逓信大臣の林董《はやしただす》までもビリケン人形を買い求め、三井一家や安田家も応接室に飾り、遊郭や待合《まちあい》では足の裏をくすぐると客が入るというゲン担ぎの人形としても話題になる。

明治四五年七月に大阪に完成した通天閣（現在は戦後復興された二代）にもビリケン人形が置かれた。前出の「文明堂」から田村駒《たむらこま》という毛布の問屋に伝えられ、その田村駒が寄贈したものだった。さ

神奈川県大磯町の寺内邸に残っていたビリケン人形（平成30年２月）

らには白いビリケン塔を建てて四人乗りのロープウェーのゴンドラを通天閣との間を往復させたりもした（『明治不可思議堂』）。

寺内が晩年に過ごした神奈川県大磯町に残る寺内邸にも、掌に乗るほどのビリケン人形が残されていた。家を守る寺内多恵子さん（昭和一六年生まれ）は、寿一《ひさいち》が手に入れて正毅に見せたところ「バカだな」と笑われた逸話を母の順子さん（寺内正毅の養嗣子・寿一の後妻）から聞いたらしい。

ビリケンが椅子に座り、足を前に突き出している石膏像《せっこうぞう》で、なるほどユニークだ。椅子の背後にメダル状のパテント証がはめ込まれ、「BILLIKEN THRONE COPYRIGHT 1908 BY THE BILLIKEN COMPANY —CHICAGO—」と刻まれている。直訳すれば「ビリケン王位 1908（明治四一）年以来 シカゴにあるビリケンカンパニーの著作権」となろうか。下には「BILLILEN THE GOD OF THINGS AS THEY OUGHT TO BE」と見え、「ビリケン 万事あるがままの神」という訳になろう。このビリケン人形だけは山口県立大学の寺内文庫や学習院大学史料館に寄贈されず、最後まで寺内家の子孫に愛されつづけていたのである。

第五章

寺内正毅内閣とシベリア出兵

寺内内閣の閣僚たち。右から寺内正毅首相、本野一郎外相、仲小路廉農相、後藤新平内相、加藤友三郎海相（山口県立大学蔵）

『朝鮮古蹟図譜』と鳥居龍蔵

明治四三（一九一〇）年一〇月三日に寺内正毅は各部の高等官七〇名を総督府に招聘《しょうへい》して訓諭を述べた。新領土の秩序維持と資源開発、新たな国民を援助して「治平の恩恵」を与えるために「朝鮮の改革」を進める必要を訴えたのだ（明治四三年一〇月四日『読売新聞』「総督の施政方針」）。日本は「朝鮮の改革」のために九〇〇〇万円もの予算を決めていた（九月三日付『万朝報』）。

当時の総督府の建物は、南山倭城台の統監府庁舎を流用した初代の総督府庁舎である。

明石元二郎が憲兵隊を駆使して治安維持に努めたのも「朝鮮の改革」を進めるためであったが、急ぎすぎたことでほころびも出る。

京城在住のジャーナリスト・渡辺豪が「朝鮮物色録　ビリッケン政治」と題し、「傍若無人横暴《ぼうじゃくぶじんおうぼう》」なる「総督政治」と非難した文章が『読売新聞』に載ったのは明治四四年二月八日であった。

だが反日テロが収まり、治安が回復すれば、寺内は朝鮮の文化や歴史を踏まえた多文化主義的な統治を行うつもりだったのである。実際、その準備のために建築学者の関野貞《せきのただし》、民俗学者の鳥居龍蔵《とりいりゅうぞう》、朝鮮史学者の今西龍《いまにしりゅう》、歴史学者の黒板勝美、考古学者の濱田耕作の五名の学者を中心にして調査事業を進めていた。

桜圃寺内文庫に保管される全一五巻からなる重厚な『朝鮮古蹟図譜《ちょうせんこせきずふ》』も、明治四二年九月から関《せき》野貞《のただし》をはじめ、文学士の谷井清一《たにいせいいち》、工学士の栗山俊一を嘱託《しょくたく》にして調査研究をつづけた成果物として寺内が刊行したものである。

大正四年三月三一日に「朝鮮総督府蔵版」として発行された第一巻の表紙をめくると、「景光大正四年春日　正毅題」という寺内の揮毫《きごう》が現れる。

明治天皇崩御の前日（明治四五年七月二九日）に朝鮮総督府の嘱託となった黒田甲子郎は、「京城に入ってからは朝鮮歴史調査が私の目的」（『元帥寺内伯爵伝』「伯の慈悲」）と語っているので、黒田

南山倭城台にあった初代総督府庁舎〔旧統監府庁舎〕（明治43年刊『韓国写真帖』より）

『朝鮮古蹟図譜』全15巻（手前・山口県立大学蔵）

もまた資料整理や編纂《へんさん》に携わったのだろう。

この『朝鮮古蹟図譜』が重要なのは、大正四年の始政《しせい》五年記念物共進会の美術館を終了後に総督府博物館として開館することまで織り込んで作られていたことである。さらには日本初の史蹟保存法「古蹟及び遺物保存規則」を大正五年七月四日に朝鮮で公布するのとリンクした事業でもあったからだ（『植民地主義と歴史学』）。内地で初めて「史蹟名勝天然記念物保存法」が公布されたのは三年後の大正八年なので、寺内がいかに朝鮮の文化財と史蹟の保護を重視していたかがわかろう。

のちに総督府博物館の主任となった藤田《ふじた》亮策《りょうさく》が「ビリケン総督」（『日韓併合ベストエッセイ集』）で語ったのは、総督府博物館（旧美術館）も日韓併合期に景福宮の宮殿保存計画と併せて、寺内が「独乙人《ドイツじん》技師」に設計させていたことである。デ・ランデによる「京城都市構想」の中で総督府博物館も計画されていたことになる。

寺内の目的は朝鮮の古文化財の学術的調査を行い、その成果を一般に閲覧させることだった。そのため入場料を無料にすることまで考えていた。無料では館内が「遊場所《あそびばしょ》」になると反対意見が出たが、「遊場所でよいから無料」にしろと口にした寺内を、「実に進歩的」と藤田は賞賛している。藤田は、「（朝鮮の）古文化財の保存調査に就いては全部が寺内将軍の計画したものといってよく、斉藤（実《まこと》）総督を除く爾餘《じょ》の七総督は単に惰性的にこれを継続したに過ぎない」（『古文化の保存と研究』「朝鮮古蹟調査」）と明かす。

平成二七年一二月三日に朝鮮の『ハンギョレ新聞』が東京大学博物館の関野貞《せきのただし》の資料から発見したという写真を公開した。統一新羅時代の石造如来像が、慶州から総督府（初代と二代目）のあっ

大正２年２月16日の「寺内正毅日記」に見える慶州から倭城台に移転された石仏か。寺内は右から４人目（山口県立大学蔵）

た倭城台に移され、大正二年二月一六日に開眼式が行われたときの寺内の礼拝姿だ。当日の寺内の日記には、「今朝十一時半」から明石元二郎や山県伊三郎の列席のもと、倭城台の総督府玄関前の崖の下に安置された石仏の開眼式が丸山大巖和尚によって行われたことが確認できる。工藤壮平《くどうそうへい》の証言により、慶州の廃寺跡から何者かが盗み出し保管していた石仏を、寺内が改めて安置して手厚い開眼供養をしたらしい（『元帥寺内伯爵伝』「伯と仏像」）。

桜圃寺内文庫にも倭城台に移転後の石造如来像の写真が残されていた。仏像の周りに軍服姿の寺内や軍人たちが集まり、開眼式当日か、それに前後する時期の撮影であろう。寺内は文化財保護政策の延長線上に開眼供養まで行い、石仏が粗末にならぬよう細心の注意を払っていたのである。

寺内が重用したのは関野貞をはじめとする東京帝国大学を卒業したエリート学者たちだけではなかった。鳥居龍蔵が異色な存在であったのは、彼だけが「小学二年の中途で退学」（自伝『ある老学徒の手記』）した無位無官の学者であったからだ。徳島で明治三年に町人の子として生まれた鳥居は学校には通わず、中学校科程まで独学して明治二三年に上京すると、同二六年に東京帝国大学理科大学人類学教室標本整理係となり、授業に出ることを許されて学者にまで登りつめた変わり種だ。

そんな鳥居を寺内に引き合わせたのが雑誌『世界』を発行していた二宮徳二郎である。鳥居が「蒙古旅行」を連載していた関係で、朝鮮半島の調査をしたいなら寺内に話をつけると二宮が口にしたのが発端だった。結局、鳥居は朝鮮総督府の嘱託で採用され、朝鮮の民俗学調査に乗り出すことになったのである。当時、四〇歳の鳥居は、明治四三年の夏に寺内からの招電で東京を出発、釜山から仁川港行の汽船に乗り、京城に向かう。そこで寺内に面会したときのことを、「すこぶる厚遇を受け、それより総督府学務課に至り、今後の計画について相談した」（『ある老学徒の手記』）と回想している。

打ち合わせを終えると東京に戻り、朝鮮調査の準備にかかった。

時を同じくする明治四三年九月四日付の『読売新聞』に、鳥居が「人種学上朝鮮人は何程まで研究せられたるか」と題した私見を発表していた。「朝鮮人は吾人日本人と同一民族であると云ふことは証明せられて居らぬ」と主張したのだ。

学会でも吉田東伍が日本人と朝鮮人が同一種族と語り、久米邦武《くめくにたけ》が日本と朝鮮が一国だった時代に戻ったと日鮮同祖論ブームが起きていた時代である。鳥居の発言は当時の学会の流行に逆らうものだった。そんな態度を小熊英二は『単一民族神話の起源』で「勇敢な発言」と語っている。無冠の学者らしい自由な発言は、前出の渡辺豪が「言論圧迫」と批判した寺内の武断政治とは異なる風景であろう。

鳥居は明治四四年春に写真家の井上達三と助手の黒岩英次を引き連れて、第一回目の朝鮮調査に旅立った。そして京城に到着すると、総督府にいた寺内に会い、つづいて総督府の庶務課長・和田一郎に朝鮮北東部の咸鏡道《かんきょうどう》を調査することを告げて元山に向かう（『ある老学徒の手記』）。咸鏡道での調査を終えると京城経由で東京に戻り、七月に南樺太の調査を行い、年末に東京に戻った。二度目の調査は翌明治四五年春からで、このときは旅順にいた福島安正を訪ねて満洲旅行の便宜《べんぎ》をはかって貰っている。それが終わったときも寺内を訪ねた。明治四五年三月一一日の寺内の日記に、「午后在邸、鳥居竜三《ママ》氏間嶋方面探嶮《ママ》ノ上帰京来訪」と見えるのが、そのときの様子である。

寺内は文化行政だけではく、大正四年度に指定河川の調査を完了すると治水事業計画を立て、農業や工業の開発にも力を注ぐ。一般企業の設立振興のために会社令を施行したのが明治四四年一月からで、大正二年一一月には手続きの簡略化がなされる。森林保護については明治四五年五月に総督府令を出して力を入れ、併せて植林事業にも奔走した。

実際、植林数は日韓併合時の二八二万余本から、大正五年の八八五九万余本といった具合に三一倍にまで増加する（大正七年刊『総督政治　全』）。不能な右腕をかばいながら左腕を駆使してクワを握り、植林作業をしている寺内の姿をとらえた写真も桜圃寺内文庫に残っている。晋州公立普通学校の「寺内総督閣下寄贈記念実習場」で大正四年三月二二日から翌二三日にかけて撮影された写真〔※1〕も確認できる。

こうした総督府の事業の結果を「朝鮮の近世式発展」と報じたのは一九一三（大正二年）年一一月一一日付の米国ボストン市発行『クリスチャン・サイエンス・モニター』新聞〔※2〕だった。「改

晋州公立普通学校の「寺内総督閣下寄贈記念実習場」風景（大正４年３月撮影・山口県立大学蔵）

善進歩は日本の朝鮮統治の目的なり」と明記し、「鉄道、電燈、電車、改良船舶　其の他　文明の利器は日本皇帝の統治の下に朝鮮に輸入せられたり」と記されていた。

　また、寺内が朝鮮語を重視していたこともあまり知られてない。大正四年一月二三日に朝鮮総督府会議室で各道内務部長に与えた訓示で、総督の立場で「朝鮮語が解る様にありたい」と語っていた。通訳官の国分哲が「朝鮮語の研究」と題して『朝鮮彙報《いほう》　大正四年三月一日』に寺内の言葉をそのまま載せているが、未《いま》だ総督府に朝鮮語を話せない官吏がいるので、「本当の政治は出来ない」と寺内が怒っていたのだ。皮肉にも寺内が没する年の大正八年の万歳事件（三・一独立運動）を契機に、大正九年から朝鮮語奨励政策が制度化され、昭和五年には在朝日本人の六二パーセントが朝鮮語の読み書きができるようになっている（『植民地朝鮮における朝鮮語奨励政策』）。総督府の職員が中心とはいえ、日本人も朝鮮語を学び、行政に反映させようと努力していたことは重要である。

　類似の話として、朝鮮総督になって間もない明治四四年の時点で寺内が『教育勅語』より『戊申《ぼしん》詔書《しょうしょ》』を重視し、総督府の教育行政に反映させていたこともあげておこう（『韓国「併合」前後の教育政策と日本』)。明治四一年一〇月一三日に明治天皇の言葉で示された『戊申詔書』には、「東西相《とうざいあい》倚《よ》り彼此《ひじ》相済《あいな》シ以《もっ》テ其《そ》ノ福利《ふくり》ヲ共《とも》ニス」という言葉が入っていた。世界は互いに助け合い、幸福を一緒に分かち合うという意味で、寺内もまた東アジアの国際協調路線に沿って朝鮮の近代化と向き合おうとしていたのである。

〔※1〕写真台紙には「大正四年三月一九日撮影」と朱書きがあるが、『寺内正毅日記』によれば大正四年三月二二日から二三日まで晋州を訪ねているので、本稿ではそのときの撮影とした。

〔※2〕大正三年七月一日発行『朝鮮総督府月報』(山口県文書館蔵)所収の翻刻記事を使用。

寺内暗殺計画

ハーグ密使事件の責任を取る形で高宗《こじょん》が退位した明治四〇(一九〇八)年七月二〇日から、朝鮮で反日暴動が激化する。暴徒数は明治四〇年に約五万人、明治四一年に約七万人、明治四二年に約三万人、日韓併合が行われた明治四三年に約二〇〇〇人と報告されている(『朝鮮独立思想運動の変遷』)。

その実際を語れば、まずは明治四一年三月二五日に親日派の韓国政府外交顧問スチーブンスがサンフランシスコで朝鮮の独立運動家の田明雲や張仁煥らに暗殺されていた。翌明治四二年一〇月二六日にはハルビンで伊藤博文が安重根に暗殺される。そして一二月二二日には親日派政権を率いる李完用がキリスト教徒の李在明に短刀で斬りつけられた。

大正二年刊の『朝鮮総督暗殺陰謀事件』は、明治四三年一二月に寺内が朝鮮北西部を巡回した際に二人の朝鮮人青年が新義州まで尾行していたことを明かしている。寺内を殺害する機会を狙っていたのだ。

明治四四年三月九日の『読売新聞』（「総督を狙ひし二代安重根」）に載ったのは、安重根の従兄弟でキリスト教徒の安命根が、明治四三年一二月下旬から平城で同志たちと謀議をめぐらし、寺内の暗殺計画を進めていた記事であった。

つづく三月一六日の『朝日新聞』（「陰謀事件顛末」）では取り調べを受けた六〇名余りが、口々に「総督政治の悪弊《あくへい》堪《た》ゆべからず」と語ったと見える。

実際、明治四四年の夏に一人の朝鮮人が警視の国友尚謙に密告したことで、九月に李載允が捕まり、新たな寺内暗殺計画が暴露される。李載允は従兄弟から借りたジャンヌ・ダルクの評伝を読み、女性でも革命を起こせるなら自分もやってみようと考えたらしい（『日本の朝鮮統治と国際関係』）。同様に李載允の郷里の先輩で信聖中学校の日本語教師だった林冏燁も、やはり寺内暗殺計画を練っていた。謀議はアメリカ人宣教師ロバーツが校長を務める嘉明学校でもなされた。朝鮮人のキリスト教徒約五〇名が関与した反日事件の背後にいたのは新民会だった。

新民会は明治四〇年四月に組織されており、韓国外務大臣や独立協会会長、独立新聞社の社長などを歴任した尹致昊《いんちこう》が会長だった。

このため七〇〇人余りの新民会のメンバーが逮捕されたが、証拠不十分で釈放され、残りの一二二人が明治四五年三月に起訴されていた。その結果、裁判所である京城地方法院で六月から八月まで計二〇回の公判が行われ、尹致昊、梁起鐸《やんぎたく》、林蚩正《りんちせい》、李昇薫《りしょうくん》、安泰国《あんたいこく》、柳東説《りゅうとうせつ》の六人が懲役一〇年の判決を迎える。加えて王観彬《おうかんひん》が懲役七年、以下一七名の無罪者を除く一〇五名が有罪となった。ゆえに「一〇五人事件」と呼ばれる。

ここで尹致昊が、懲役一〇年を不服として上告すると、明治四五年一一月から翌大正二年三月まで京城覆審法院で行われた二審で、尹致昊、梁起鐸、林蚩正、李昇薫、安泰国の五名が懲役六年に減刑され、王観彬が懲役五年となり、他の九九名も無罪放免となったのだ。さらに大正三年四月には昭憲皇太后《しょうけんこうたいごう》の薨去《こうきょ》による恩赦で前掲六名が釈放されて、結局は全員が娑婆《しゃば》に戻ったのである。そのことで「一〇五人事件」は総督府によるデッチアゲと見なされるが、実際はキリスト教とつながっていた新民会側が、アメリカの宣教師たちを動かし、総督府に圧力を加えた結果だった(『朝鮮総督暗殺陰謀事件』)。

第一審の開廷直後に尹致昊たちが、日本官憲たちが拷問をしていると声高に叫び始めたことで、アメリカの宣教師たちがインディペンデント紙、アウト・ルック紙、リテラリー・ダイジェスト紙、ニューヨークヘラルド紙などで、日本を非難しはじめたのである。総督府からすれば、外圧で司法判断が歪められたように見えただろう。

実際に明治四五年一月二三日の寺内の日記には、「午后二時　外国宣教師ニ面談スル事ノ約アリ」と見える。プロテスタント系のセブランス病院長エビソン、宣教師モフェット、同じく宣教師のホイッテモアの三人が寺内に苦言を述べに来た時の記録である。彼らはキリスト教を悪者にしているのではないかと詰め寄ったが、寺内は法律に沿って判断していくと真摯に答えている。

一方で「一〇五人事件」にキリスト教徒が多く関与していたことで、寺内は教会側でもテロや暗殺などをしない教育をして欲しいと注文をつけた。だが、話し合いは平行線だった。親日派ジャーナリストのジョージ・ケナンなどは、総督府の政治に宣教師が口出しするのは如何なものかと疑問を呈したが、いずれにせよ「一〇五人事件」はキリスト教を通じて外圧に屈して幕を閉じたのだ。

頭山満と乃木希典

寺内正毅は明治四五（一九一二）年四月六日に京城の総督府に「告別」に来た柴四朗《しばしろう》に対して、「頭山満氏ノ事ヲ依頼ス」と日記に書いていた。二日後の八日に、頭山満が三人の部下を引き連れて来訪しているので、その関係の「依頼」だったのだろう。午前一一時に「部下三名」を連れて来た頭山を明石元二郎が寺内に紹介していた。

明石も頭山と同郷人だ。柴四朗から明石を経由して頭山は寺内と初対面を果たしたことになろう。頭山は孫文の辛亥革命について、寺内に熱く語った。

明治四四年一〇月一〇日に武昌で蜂起し、一一月三日に上海を占領、一二月二日に南京を占領した孫文は、翌明治四五年の正月に国号を中華民国と改め、中華民国臨時大総統になっていた。つづいて二月一二日に愛新覚羅溥儀《あいしんかくらふぎ》が退位し、三月一〇日に袁世凱が北京で臨時大総統に就任するなど情勢は目まぐるしく動いた。そんな辛亥革命ゆかりの戦線を巡視しての帰途、頭山は京城に立ち寄ったのだ。

寺内は、明日の昼食会に頭山に招くと約束した。

実際、翌九日の寺内の日記に、「十二時半　今度来京ノ福岡県ノ郷人ト云フ頭山満氏及其随行員四名トヲ午餐ニ招キ山県総監已下ト会食ス、食后暫時会談シ二時過ニ辞去セリ」と見える。寺内は、頭山と従者四名、さらには山県伊三郎も交えて総督府で昼食をとった。

寺内と頭山が椅子に座ると、幕僚たちが一斉に着席する儀式ばった昼食会だったが、頭山が戸惑ったのは西洋料理のほうだ。様子がおかしいので寺内が、「頭山さんは洋食はお嫌いですか」と尋ねると、「アー、好きません」と頭山がブッキラぼうに答えて、場が白けた。そのまま会話も進まず散会になったのを寺内が気にして旅館に戻った頭山のもとに明石を遣わし、「几帳面な寺内が決まりどおり洋食を出したことに気に病んでいる」と告げさせた。頭山は、「出してから好きか嫌いかを尋ねたって何になるか」と答え、「ハッハヽヽヽ」と笑い飛ばしたという（『巨人頭山満』「寺内総督の歓待」）。

頭山と面会した直後の寺内は、公立普通学校の校長に、朝鮮人児童の教育について、「朝鮮の歴史習慣を研究し、時勢《じせい》を察《さっ》し、人情を顧《かえり》み、之《これ》に適合すべき方法を講《こう》じ」るよう命じていた（明治四五年五月三日付『東京朝日新聞』）。また同年五月二五日には、自ら朝鮮人小学生三〇〇〇名を官邸庭園に招き、国旗や菓子などを配って慰労した。朝鮮人児童たちは嬉々として庭園を散歩し、最後に寺内に万歳をして散会したという（同年五月二七日付『東京朝日新聞』）。

明治天皇の崩御は、それから二ヶ月が過ぎた七月三〇日であった。だが、当日の寺内の日記は抜け落ちている。

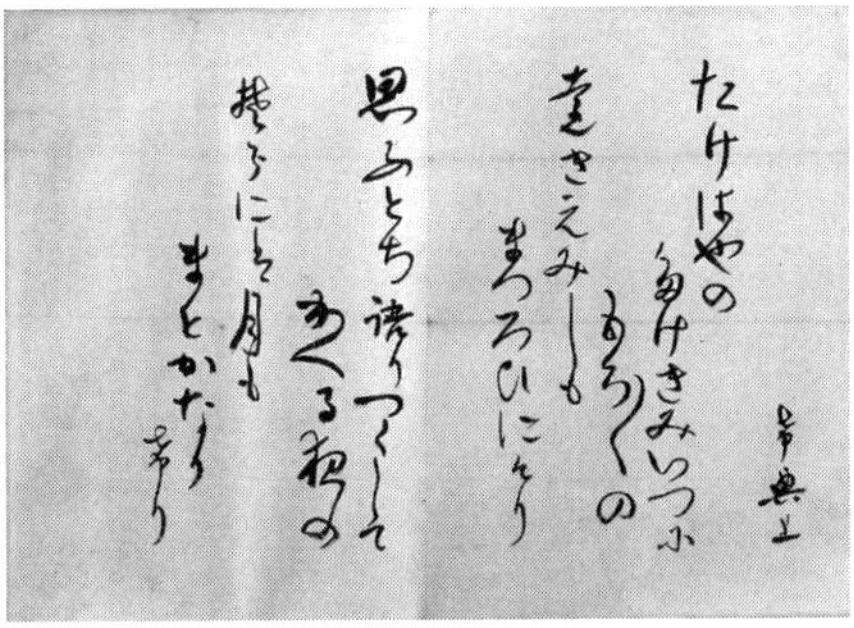

乃木希典が殉死直前に寺内正毅に贈った和歌
（山口県立大学蔵）

明治天皇の葬儀は九月一三日に東京の青山葬儀場で行われたが、時を同じくして乃木希典《のぎまれすけ》と静子夫人が殉死した。

現場は現在も東京都港区赤坂に残る旧乃木邸だ。

桜圃寺内文庫には自刃より少し前の八月三〇日の消印の封筒に入れられた乃木の和歌が残されていた。寺内に贈られたものだ。

たけはやの　たけきみいつに　もろ〳〵の
遠きえみしも　まつろひにけり
思ふとち　語りつくして　かへる夜の
そらには月も　まとかなりけり

添文《そえぶみ》に「昨年《さくねん》之《の》此頃《このごろ》ノ事《こと》」と「前夜《ぜんや》之《の》帰路《きろ》の事《こと》」を重ねて詠んだ和歌という乃木自身の説明が見える。

前半の「昨年之此頃ノ事」とは明治四四年八月ごろで、そのころは日清・日露の勝利での健速《たけはやの》命《みこと》の御稜威《みいつ》により台湾、満洲、樺太、朝鮮の諸国が帝国日本に「まつろひ」、アジア主義を実現できた喜びに満ちていた。後半の「前夜之帰路の事」とは、前夜に互いに語りつくしての帰途、夜空の月も丸く輝いていたという抒情である。

乃木が記した「たけはや」ことスサノオノミコトは、荒ぶる神として崩御した明治天皇を指していた。天皇を失ってはじめて維新開国以来、吉田松陰、大楽源太郎、前原一誠の系譜に乗る「挫折した攘夷派」の逆光として甦ったアジア主義を乃木は実感したのであろう。

その意識は、頭山満、杉山茂丸、内田良平、明石元二郎、武田範之といった寺内の背後に控える「挫折した攘夷派」から派生したアジア主義者たちとも結ばれていた。乃木の実弟であった正誼《まさよし》が吉田松陰の叔父の玉木家を継ぐが、萩の変に賊軍として加わり明治九年に戦死していたし、二人の息子も日露戦争で名誉の戦死を遂げていたからである。勝者と敗者、聖と賊、光と影が混じりあい、この世とあの世の交錯したゼロの意識の中で、乃木は荒ぶる神の崩御に殉じて、自らも二週間後に命を天に捧げたように見える。

桜圃寺内文庫には、寺内が作成したであろう『乃木大将　薨去《こうきょ》ニ関スル新聞切抜』と墨書された一巻から三巻までのスクラップブックが残されている。乃木の自刃とその後を報じた新聞記事を集められるだけ集めて貼り付けたものだ。寺内にとって乃木の自刃が特別な意味を持っていたことがわかる資料である。

朝鮮で乃木の追悼会が行われたのは、死去から一ヶ月が過ぎた一〇月一三日で、山根正次ら山口県の同志たちの主宰で午後二時から「京城ホテル」で開かれていた。寺内は、「本日ハ明治天皇陛下ノ御葬送申セシ紀念日ナルノミナラス、我畏友《わがいゆう》乃木将軍ノ殉死ノ当日ナル」と日記に書いている。

土地調査局と近代的土地所有政策

寺内正毅と頭山満が京城で面会した時期に前後して日記に出てくるのが「土地調査局」である。最初が明治四五（一九一二）年三月三〇日で、「土地調査局」の佐々木藤太郎と測量技師の土屋喜之助を招いて土地調査の状況を聞いていた。つぎが四月六日で、「土地調査局」の副総裁・俵孫一《たわらまごいち》の送別会を開いていた。

土地調査局とは、朝鮮総督府臨時土地調査局のことである。

明治四三年三月に開設した韓国政府土地調査局が八月の日韓併合により朝鮮総督府の管轄になり、一〇月にその名になった。庁舎のあった場所は景福宮の南の京城府貞洞《ちょんどん》で、現在のソウル市立美術館のある一帯だ。『朝鮮土地調査事業報告書』には、臨時土地調査局庁舎の写真が載っている。

寺内は明治四三年から大正七年までの八年間に二〇四〇万余円を投じて「土地調査局」に測量をさせて、土地の所有権を明確にする作業を進めていた。背景には李氏朝鮮時代の土地の所有が、貴族階級の両班《やんばん》に独占され、不在地主化した土地が多くあったからだ。耕作者と地主の間に中間管理者が何層にも入り込み、土地の権利関係が複雑化して不正も横行していた。こうした状況が朝鮮統治の障害となると考え、土地調査局を通じて近代的な土地所有制度を確立し、所有者のはっきりしない土地を東洋拓殖会社に管理させ、必要に応じて日本人農民に売却するなど、植民振興策を進めていくのである。

土地調査局と東洋拓殖会社の仕事は、共に植民と農地改良にあった。

朝鮮での米生産を増産させたうえで米価が三〇パーセントも高い内地に移出した。農民と地主は、より多くの所得を得て、朝鮮での全体的な経済成長を用意した（『大韓民国の物語　―韓国の「国史」教科書を書き換えよ』）。

寺内は明治四五年四月一二日の日記で、「拓殖会社補給金ノ事ニ就キ会議ヲ開キ補給利子ヲ決定ス」と書いている。「補給金」とは日本政府が支出する補助金で、この時期、補給金を巡って総裁の宇佐川一正《うさがわかずまさ》と副総裁の吉原三郎《よしはらさぶろう》との間で派閥抗争が起き（明治四五年三月一一日付『東京朝日新聞』「乱脈なる東拓会社」）、寺内も気を煩わせていた節がある。

しかしながら農地改良は全体として成功し、京城の近代化も同時進行する。

その象徴的存在こそが、大正一五年一〇月に景福宮に竣工した朝鮮総督府【第四章扉裏写真】だった。桜圃寺内文庫の『朝鮮総督府庁舎新営誌』には、三代目の総督府庁舎の建つ以前の景福宮界隈の風景と、同じ角度から撮影した竣工後の遠景が収められている。一見すると前者は牧歌的だが、よく見るとくたびれた民家が並び、景福宮だけが立派だ。一方で後者は朝鮮総督府の建物だけでなく、街全体がモダンに変わっている。街路が美しく整備され、周辺の建物も近代的に様変わりしているのだ。

実際、大正一五年二月に京城帝国大学の教授になった安倍能成《あべよししげ》が、最初に京城を見た印象は「アテーネに似て居る」（『青丘雑記』）であった。ギリシア文明の中心都市アテネそっくりだというのだ。アクアポリスのある丘は南山にある朝鮮神宮で、そこからの眺めもアクアポリスから見渡すピレウス（ミルトア海を臨む港湾都市）やファレロン（ピレウスの東の湾）に似ていると語る。

安倍の感激した「アテーネに似て居る」風景は、近代的なものと古い土着文化の混在と調和にあり、その起点が帝国日本による都市計画にあったわけである。『朝鮮総督府庁舎新営誌』の二枚の写真を比較すると、まさに現在のソウルの原形が日本統治下のこの時期に始まっていたことがわか

総督府の３代目庁舎竣工前（上）　総督府の３代目庁舎竣工後（下）
（山口県立大学蔵『朝鮮総督府庁舎新営誌』より）

る。

そもそも総督府の場所を京城に決めたのも寺内だった。

児玉源太郎は、早くも明治三八年五月一六日付の書簡で陸軍大臣の寺内に対して、「将来の経営には京城の復雑《ママ》を避け平壌《へいじょう》に新日本の根拠を置き、同処より南北に拡張する」〔※1〕と平壌を拠点にする提案していた。また、日韓併合直後に南満洲鉄道株式会社歴史調査部（以下、満鉄歴史調査部と略す）が後藤新平に「総督府は必ず平壌に置いて頂きたい」と申し入れた際にも後藤が賛同し、平壌に総督府を置くことを閣議に提出していた。これを寺内が退け（『後藤新平伯と満洲歴史調査部』）、京城を当地の拠点にしたのである。その結果、荘厳な三代目の総督府庁舎の建設と並行して、京城の街づくりも進んだ。

三代目庁舎の出来るまでを『朝鮮総督府庁舎新営誌』で確認すると、日韓併合により統監府から総督府が新設されたことで、最初は倭城台の旧統監府の庁舎をそのまま総督府と呼び変えて使っていたらしい。これが初代の総督府庁舎で、当時は韓国政府時代の各部庁舎も使っていたが、建物が分散していたので一つにまとめる案が浮上し、明治四五年度に三〇〇万円の予算で五年間継続事業として二代目の総督府庁舎の新築準備がはじまる。ところが時を同じくして初代庁舎（旧統監府庁舎）に増築した三棟が完成したので、これを統監府の二代目庁舎に流用して、改めて朝鮮神宮の建設と併せて正式な庁舎を建てるプランが立ち上がり、明治四五年度の三万円の予算で改めて調査に入るのだ。

街づくりの総合プランが練り上がるとデ・ラランデを顧問に据えて、技師の岩井長三郎《いわいちょうざぶろう》と国枝《くにえだ》博《ひろし》が三代目の総督府庁舎の設計に取りかかる。岩井は台湾や青島《ちんたお》、満洲を視察し、国枝は欧米各国を見学し、暖房設備の設計は九州帝国大学教授の岩岡保作《いわおかほさく》に依頼した（大正五年六月二五日付『京城日報』「総督府新営庁舎」）。

こうして大正五年度に総経費三〇〇万円が予算化され、大正一二年度までの八年間の継続事業として三代目の総督府庁舎の新築が決定される。景福宮で地鎮祭が行われたのが大正五年六月二五日で、日韓併合の功績により前日に元帥になった寺内も参列していた。

興味深いのは、寺内の東京麻布笄町の私邸設計を手がけたデ・ラランデが、三代目の総督府庁舎の基本設計を行っていたことであろう。寺内にとっては東京の私邸建設の延長線上に京城の近代化に向かいあったことになる。

一八七二（明治五）年にドイツで生まれたデ・ラランデは、明治三六年五月三〇日に来日し、横浜居留地で暮らした後、明治四一年に事務所を東京に移していた。麻布笄町の寺内邸の新築の打合わせ時期が、ちょうどそのころで、三代目の総督府庁舎の設計予算が計上された段階で、デ・ラランデが顧問に決まったのも寺内が話を持ちだしたからと思われる。

寺内は明治四五年五月一日に、デ・ラランデや政務総監の山県伊三郎たちを総督府官邸に招いて昼食会を開いていた。

総督府庁舎の新築が京城の都市計画とセットで行われたことは、デ・ラランデが朝鮮ホテルの設計を併せて手がけていたことでもわかる。朝鮮ホテルは大正元（明治四五）年一一月に敷地が定まり、京城の都市計画に参加していたデ・ラランデが大正二年四月に本館の基礎工事に着手し、大正三年九月三〇日に竣工させている。また、大正元年一一月には平壌の牡丹台公園の設計も手がけていた。デ・ランデは大正三年八月に病死したが、計画は総督府営繕課に引き継がれ、近代的都市建設は進んでいく。

井上馨が明治一九年にイギリス人技師コンドルを起用し、その後はドイツ人技師ベックマンを起用して日比谷練兵場（現、日比谷公園）を中心にした官庁集中計画を実践したのと同様、寺内も朝鮮での近代的街づくりをデ・ランデに託したのであろう。

〔※1〕『長岡外史関係文書　書簡・書類編』一五四頁。

朝鮮皮革会社と朝鮮郵船会社

永登浦《よんどんぽ》は京城を東西に分ける漢江《かんこう》の南岸一帯で、現在は国会議事堂の建つソウルの心臓部である。しかし明治四四（一九一一）年九月二四日に資本金一〇〇万円で朝鮮皮革株式会社（以下、朝鮮皮革会社と略す）が創立されたときは未開の荒野だった〔※1〕。この会社も、陸軍の軍靴や兵器用の革製品製造を目的に、寺内正毅の意向に沿って創立されていた。

長州萩の米屋町《こめやちょう》に札差商《ふださししょう》（高利貸し商人）の子として安政四（一八五七）年に生まれた賀田金三郎《がたきんざぶろう》に、会社創業を寺内が任せるまでを見ておこう。

賀田は明治二八年七月に大倉組台湾総支配人となった後、明治三二年五月に賀田組を立ち上げ、明治三三年八月に東京製皮合資会社を興していた。もっとも浅草の穢多頭《えたがしら》・弾左衛門《だんざえもん》（明治維新後に

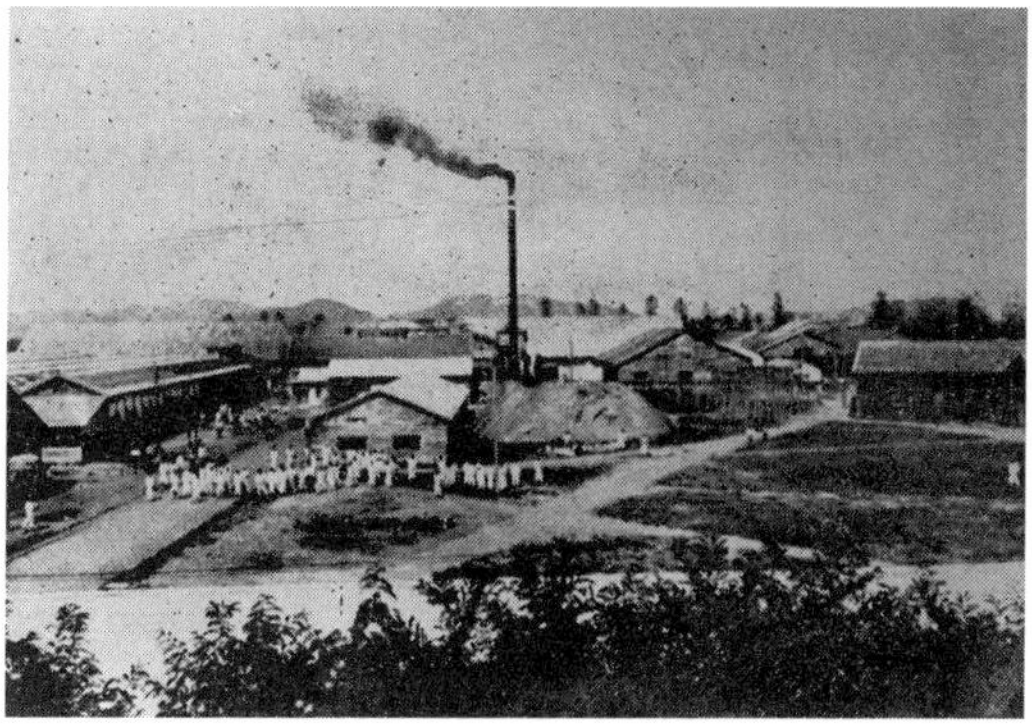

朝鮮皮革会社（『賀田金三郎翁小伝』より）

弾直樹と改名）のお家芸だった皮革製造に乗り出すまでには多くの苦労があった。

話は明治維新後にさかのぼる。大村益次郎が洋式兵制を導入したことで、武具の皮革製造を担っていた弾左衛門も、西洋軍政に沿った仕事に切り替えたのだ。『皮革産業沿革史　上巻』によれば、明治三年九月に兵部省造兵司から皮革製造用達申付の達しがあり、弾は造兵司の管轄のもとで「関口製造所」（小石川関口水道町にあった牛皮の貯蔵場）で皮革製造に取りかかっていた。だが解放令（明治四年八月二八日）で皮革製造の特権を失う。再起をはかった弾は、佐賀出身の大蔵省御用商人の水町久兵衛の援助で皮革製造を再び始めるが、損失が出たことで再び頓挫。困ったのは西洋式兵制の導入を進めようとしていた兵部省だった。結局、明治七年一一月一五日に三井組監督の北岡文平と弾の共同事業として「弾北岡組」を立ち上げて軍靴製造を再開するが、事業は赤字。やがて三井側が手を引くと言い出す。そこで陸軍省の経理局長の野田《のだ》豁通《ひろみち》が台湾での開拓事業を成功させていた賀田に皮革会社の設立を持ちかけ、明治三三年八月に東京製皮合資会社が立ち上がるのである。それから一〇年余りを経た明治四四年九月に朝鮮皮革会社が創立されるに至ったわけだ。

もっとも最初は南山の総督府（総督府の三代目庁舎が景福宮に落成したのは大正一五年一〇月一日）に

近い龍山に工場を建てる予定だったらしい。しかし総督の寺内が、「龍山の如きは忽《たちま》ちにして市街地たるべく、将来の大京城の工場地帯としては、伊藤統監以来伝統の方針に順ひ永登浦《よんどんぽ》に着手すべし」（『朝鮮皮革株式会社創立二十五周年記念写真帖』）と命じたことで、永登浦に工場が造られるのである。このときのことを児玉秀雄が、良種の牛の産地であった永登浦に工場を建てて軍用ランドセルや軍人用の靴やカバンを製造する話し合いを賀田と繰り返したと回想している（『賀田金三郎翁小伝』）。

寺内は将来的に永登浦を工業地にするため、引き込み線の準備など便宜をはかり、明治四五年一月に朝鮮皮革会社の工場の外観が出来上がり、機械も据え付けられて二月一日から営業が始まる。

人力車に乗って寺内が工場見学に来たのが四月二五日で、視察後、「一見スル処ニ由レハ好成蹟ナルカ如シ」と、日記に満足げに記している。また末尾に、「李容九ノ病状ニツキ杉山茂丸ヨリ来電アリ」と書き添えているように、日韓併合を朝鮮人側から推進した李容九が病に倒れ、余命一ヶ月（五月二二日死去）という時期でもあった。

寺内が内地と朝鮮半島を結ぶ安定的な航路開発を発議したのも、朝鮮皮革会社の創立直後の明治四四年一〇月四日である。寺内は京城府大和町で一〇月一九日に第一回発起人総会を開かせた（『朝鮮郵船株式会社二十五年史』）。

同年一二月三〇日付の『東京朝日新聞』（「朝鮮郵船会社」）は、近藤廉平《こんどうれんぺい》を委員長とする創立準備と、寺内の推薦で原田金之助（日本郵政会社取締役）が社長になることを伝えている。

そして大阪商船、日本郵船、尼崎汽船部、互光商会と地元会社の釜山汽船、合資会社吉田船舶部、木浦航運合名会社を合同し、資本金三〇〇万円で朝鮮郵船株式会社（以下、朝鮮郵船会社と略す）が明治四五年三月に立ち上がる（『創業百年史』）。会社の所在地は京城南大門通三丁目で、四月一日より営業を開始した。寺内は明治四五年四月一日より三年間、毎年二六万二〇〇〇円の補助金を出して、釜山─雄基（現、北朝鮮の羅先）線をはじめとする九航路を運営させる。

むろん最初から順調だったわけではない。明治四五年五月二三日付の『東京朝日新聞』（「朝鮮航業保護の弊」）は、総督府の保護を受けた朝鮮郵船会社により、事業を圧迫された廻船業の秋田商会一派の怒りが「憤慨激越」に達していると報じた。しかし航路の充実と改良を行い、内地と半島の連絡を密にする輸送機関として社会的責任を果たしてゆくのである。

〔※1〕朝鮮皮革会社の創業間もない大正三年の時点において永登浦は京城や龍山を消費地とした野菜、そして朝鮮総督府の産業政策に応じた桑、リンゴ、ナシ、ブドウの苗木などの栽培が盛んな地となっていた（『日本帝国勢力圏の東アジア都市経済』）。

《付記》　徳富蘇峰と『京城日報』

寺内正毅と徳富蘇峰《とくとみそほう》が一緒に写った写真が桜圃寺内文庫にある。「大正二年六月一四日　子爵尹徳栄ノ別邸ニ於ケル徳富蘇峰君ノ招待ノ席上撮影」と台紙に記され、朝鮮の政治家・尹徳栄《いんとくえい》の別邸「一陽亭」で、徳富を招待したときのポートレートだ。寺内の横に尹が座し、二人の間に挟まるように徳富の顔が背後に浮かぶ。『京城日報』の監督だった徳富は、毎年数回のペースで京城を訪ねていた。

「一陽亭」で中央に座す寺内正毅〔右〕と尹徳栄〔左〕。二人の後ろにいるのが徳富蘇峰（大正２年６月14日・山口県立大学蔵）

徳富が最初に寺内に出会ったのは明治二七（一八九四）年の日清戦争のときで、川上操六の紹介で寺内と一緒に旅順を訪ねて以来の付き合いだった。

寺内は明治三五年八月一四日の日記に、午後、徳富が来て「陸軍ノ予算」などについて意見を聞いたと書いているように、寺内の政治的情報源でもあった。

その延長線上に寺内が徳富を京城に招いたのが明治四三年九月一六日であったわけである。日韓併合の直後で、当時、京城には伊《い》東祐侃《とうゆうかん》を社長に据えた邦字新聞の『京城日報』があった。初代統監の伊藤博文の肝いりで明治三九年九月に創刊された新聞だが、併合を機に『京城日報』に韓字新聞の『毎日申報《まいにちしんぽう》』を合併して国民新聞社の支社として寺内が徳富に経営を任せるのである。『京城日報』を総督府の広告機関にしたわけで、実際、徳富は東京から吉野太左衛門を京城日報社の社長として送り込んでいた。

徳富が『京城日報』の監督を任されて間もない明治四四年五月八日に寺内に宛てた書簡が桜圃寺内文庫にあり、東京の言論界が寺内を武断政治と非難しているが、内心は皆畏怖しているという報告が見える。

翌年の明治四五年四月二一日の寺内の日記にも「徳富氏ト書画談アリ」、さらに二四日にも「午前　徳富氏来訪　京城日報ノ件ニ付意見ヲ提出セリ」とあり、徳富が寺内と頻繁に会いながら『京城日報』のかじ取りをしている様子が伺える。ちなみに明治四五年は京城新報社がフランスから輪転機一台を購入して据え付けた年でもあった。本社は京城の大和町一丁目にあったが、発行部数が増えたことで大正二年一一月に大漢門外の警衛院跡に新社屋の工事に着工し、翌大正三年一〇月に竣工して一一月に移転している（『京城日報社誌』）。

この新社屋の工事と重なる大正二年一一月八日に、京城日報社は吉野社長の個人経営から総督府嘱託の黒田甲子郎と徳富との合資会社の形に契約が切り替えられる（一九八三年一〇月号『日本歴史』「徳富蘇峰と京城日報」）。また、同じく新社屋の工事中だった大正三年八月一日の寺内の日記に、「京城日報ノ吉野病気ニテ社長ヲ辞セリ」と見える。吉野社長が病気で辞したので、後任の阿部充家《あべみついえ》が徳富の同伴で寺内のもとに「来著《らいちゃく》」し、「本日ヨリ吉野社長ヲ止メ阿部ヲ后任《こうにん》ト為セリ」と記している。

京城日報社は明治四三年一〇月から大正三年までの四年間が吉野社長体制で、大正七年六月に徳富が監督を辞するまでの四年間が阿部社長体制であったことになろう。米騒動の責任を取って寺内内閣が総辞職（大正七年九月二九日）する三ヶ月前に徳富が監督を辞したのは、寺内の失脚に連動したものだった。

欧州戦争と「対支二十一カ条」の要求

大正三（一九一四）年一月一一日の寺内正毅の日記に、午前中に明石元二郎や藤田嗣章《ふじたつぐあきら》（軍医総監）たちと江ノ島（神奈川県藤沢市）の児玉神社に参拝した様子が見える。児玉源太郎を江ノ島に祀ったのは杉山茂丸だった。

大正七年刊の『児玉大将伝』の序で杉山が語るところでは、児玉の「三回忌」（明治四一年七月）に、まずは向島《むこうじま》（現、東京都墨田区向島）の別邸に児玉神社を造ったとしている。正確に語れば、老後に備えて児玉が存命中に向島別邸を建てていたが、児玉が急逝したことで杉山が明治四一年一二月に邸園の整備をおこない、自分の別邸にしたのだ（明治四二年九月一一日付『東京朝日新聞』「向島の掘出天神」）。その向島の「杉山邸内」に児玉源太郎を祀る児玉神社を建てるため、桂太郎や佐久間左馬太《さくまさまた》、後藤新平、そして寺内たち長州閥が発起人となり、明治四二年五月一五日に児玉神社を「一般公衆の縦覧に公開する」ことになっていた（同年五月四日付『東京朝日新聞』「児玉神社の建立」）。しかし竣工間もなく洪水の被害に遭い、新たに江ノ島に二〇〇〇坪の土地を入手して児玉神社を遷座し、玄機庵《げんきあん》という庵室までしつらえたわけである。洪水の時期は、明治四三年九月三日付の杉山の寺内宛の書簡に「向嶋長年御愛顧を辱ふし候得共今回にてメチャメチャに相成不正廃庵」と見えるので、おそらくその頃であろう。こうして江ノ島に遷座した児玉神社に、寺内も参っていたわけである。

大正三年一月一一日に寺内は日記に、玄機庵で杉山に昼食をご馳走になって夕方まで団欒を過ごし、藤沢経由で東京に戻ったと書いている。

シーメンス事件で内閣が揺れたのは、それから二週間を待たない一月二三日であった。「政府ハ三日間ノ停会ヲ命セリ　近日後継内閣ノ件ニ付飛説粉々タリ」と寺内が日記に書いたように、事件の余波で山本権兵衛内閣は四月一六日に倒れ、同日、第二次大隈重信内閣が成立する。だが、慌てて作った内閣は立憲同志会と山県系官僚の寄せ集めで、政策担当能力に問題があった。

こうしたなか七月二八日のオーストリア＝ハンガリーとセルビアとの開戦をきっかけに、ドイツ、ロシア、フランス、ベルギー、イギリスが八月四日までに次々と参戦する第一次世界大戦がはじまる。日本で欧州戦争と呼ばれたこの戦いに乗じて、「我国之東亜に於ける権威確立之好機を生すへき」と七月三〇日付の書簡で明石元二郎が寺内に書き送っていた（『寺内正毅宛明石元二郎書翰』）。欧州戦争こそが、アジア主義実践の好機というのである。

八月一日付で杉山茂丸が寺内に宛てた手紙は、「巴爾幹《バルカン》の形勢」としてオーストリアとセルビアの間の関係修復は困難で、ドイツが欧州列強の間に介在してオーストリアをドイツ連邦に組み込もうとしているのは「公然の秘密」と解説していた。ドイツがバルカンに干渉することで、イギリスもドイツに軍事行動をとるだろうと推測し、日本も「支那の問題に対し根本の解決に着手すべき」と前出の明石と同じ態度で、アジアでの権益を再確立するよう寺内に促していた。さらにまた外務大臣の加藤高明も「支那問題」に関心をもっているので、杉山が自ら加藤と「折衝」をし、そのうえで参謀本部と打ち合わせたいとも述べていた。

寺内の日記に欧州戦争が登場するのは、三日後の八月四日である。

「加藤外相ノ通知ニ由《よ》レハ一日已来《このかた》独国《ドイツ》ハ戦争状態ニ、露国《ロシア》ハ動員ヲ命セリト云フ」

つづいて八月七日に、イギリスとドイツが「愈《いよいよ》戦闘ヲ開始セリトノ報アリ」と記し、翌八日には欧州でイギリス、フランス、ドイツ、ロシアの戦争がはじまり、「世界ノ大乱トナレリ」と記している。しかもその日（八月八日）も、「如例《れいのごとく》易ノ講釈ヲ杉山氏ニ聴ク」といった調子で、相変わらず杉山と交流を続けていた。

欧州戦争（第一次世界大戦）の開始について、病身の井上馨も「大正新時代ノ天祐《てんゆう》」（『世外井上公伝　第五巻』）と大喜びしていた。井上もまた明石や杉山と同じで、この戦争を日本のアジアの権益の再確立のチャンスととらえていたのだ。実際に日本が八月二三日に参戦したことで、アメリカ国務長官のランシングは日本の「支那に対する野心」と見ていたし、イギリス海軍大臣チャーチルも「三国干渉に対する復讐」と見ていた（『戦史叢書　大本営陸軍部⑴』）。

日本は日英同盟の関係からイギリス・フランス・ロシアの連合国側に加担し、同盟国側のドイツとオーストリア軍と対峙した。対独戦を決定した加藤高明はイギリスの勝利を確信していた。

宣戦布告翌日の八月二四日の寺内の日記には、ベルギーへのドイツ軍の侵入と共に明石元二郎と杉山茂丸からの電報が到着し、二六日にも明石と杉山からの電報が来たことが見える。また二七日には膠州湾《こうしゅうわん》の攻囲を開始するため、久留米に設置された神尾光臣《かみおみつおみ》率いる「独立第一八師団」が明日から出征する予定と記し、二八日には寺内が杉山に電報を返し、三〇日には明石から電報を受け取り、三一日にも杉山から電報が届いたことを書いている。寺内は杉山と明石の電報により戦況情報を手に入れていたようである。

九月一日に明石は寺内に宛てた手紙で、「加藤之対支策、深く承知不仕候」と語っていた。加藤高明の政策で袁世凱《えんせいがい》に振り回されることを懸念し、袁を「我権勢之下に拘束」しないと、「支那に於ける我権力之伸長は期し難かるへき」と寺内に忠告したのである。

九月に入るとフランス軍の劣勢が顕著となり、パリからボルドーに首都が移る（九月五日付『大阪毎日新聞』「佛大統領都落」）。日本の陸海軍は独立第一八師団と第二艦隊がドイツの拠点である青島《ちんたお》を攻撃し、一一月七日に青島、膠州湾、山東鉄道全線を占領した。「南洋諸島占領」の文字が『東京朝日新聞』の紙面を飾ったのは一〇月二一日である。

欧州戦争でもう一つ注意すべきは航空機の使用である。

寺内の肝いりで明治四二年七月に発足した「臨時軍用気球研究会」の成果が試される戦争でもあったからだ。実際、運送船の若宮が改装されて飛行機母艦となったのが八月一〇日。二〇日にはファルマン七〇馬力の飛行機を三機、二三日にファルマン一〇〇馬力の飛行機を一機の計四機を搭載して二八日に若宮は佐世保港を出港して膠州湾に向かった。そして青島偵察飛行に成功したのが九月五日で（『日本海軍航空史⑷戦史篇』）、これ以後、飛行機が積極的に戦闘に導入され、大正四年一二月には気球隊が航空大隊に改称されている（『陸軍航空史』）。

なお、青島占領を成功させた第一八師団の記念碑「第十八師団記念碑」が、福岡県久留米市諏訪野町の

久留米市の「第十八師団記念碑」
（平成29年12月）

溜池「堂女木池《どうめきいけ》」を公園にした場所に建っている。

加藤高明が袁世凱政権と交渉を始めたのが大正四年一月からで、このとき有名な「対支二十一カ条」の要求を提出した。全部で二一項目の条項だったのでそう呼ばれたが、大きく見れば第一号から第五号までの以下の内容であった。

第一号　山東省《さんとうしょう》内のドイツ権益の継承（要求）。
第二号　日本の南満洲、東部内蒙古《ないもうこ》における日本の権益拡大（要求）。
第三号　漢冶萍公司《かんやひょうこんす》の日支共同経営（要求）。
第四号　支那沿岸部の外国への不割譲（要求）。
第五号　支那政府に日本人の政治・財政・軍事顧問を置き、警察官庁に日本人を雇用し、日支合同とする（希望）。

日露戦争後の支那における日本の権益の再確認を述べただけで、特に目新しい内容ではない。日本としても日露戦争前に四〇〇〇人未満だった満洲の在留日本人が、戦後は七万六〇〇〇人余りにまで膨れていたので、安全対策が必要だったのである。

加藤は第二号を最重視していたといわれる。ドイツから奪った膠州湾周辺を一定の条件のもとで支那に還付して猿政権に恩を売り、満洲権益の租借権延長を迫ろうとしていたとの見方もある。

結局、アメリカとイギリスが不快感を示したことで第五号が削除され、第一号から第四号までを認めさせたが（五月七日）、これが反日運動の材料となる。

寺内は、神鞭知常《こうむちともつね》門下の実業家・西原亀三《にしはらかめぞう》に現地を偵察させた。

すると長春や奉天で日本製の帽子を池に捨てたり踏みにじったりする光景に出くわしたという報告が上がって来た。

寺内は「とり返しのつかんことをやってしまった」と嘆き、「この調子で進んだら、日本と支那はヨーロッパにおけるドイツとフランス以上の、永遠の敵になってしまう」と「対支二十一カ条」の要求の影響を悲観した。そして涙を流し、「大隈内閣のやることは一々東洋永遠の平和の打ちこわしだ」と苦言を述べ、「領土を侵略することはたやすいが人の心を奪うことはできない」と嘆いた（『夢の七十余年』）。

共和制を廃して袁世凱を皇帝にしようとする帝制運動が支那で起きたのも、そんな矢先だった。辛亥革命で清帝が退位したが、再び退位以前の君主制を復活する動きが出たのである。第二次大隈重信内閣は、その動きを牽制するため、イギリス、ロシア、フランスを誘って一〇月に帝制延期勧告をする（一〇月二九日付『東京朝日新聞』「対支忠告書発送」）。

袁世凱は年末に皇帝に即位すると「中華帝国」を立ちあげ、大正五年を迎えるが、再び反乱が起きて三月二二日に失脚した（『袁世凱　―現代中国の出発』）。

大正五年四月二五日に、明石は寺内に宛てた手紙で、「袁氏の運命は既に竭《つ》きたり挽回の道なし」と吐き捨て、アジアの権益を再確立すべきと訴えた。

大正五年六月六日に袁世凱は病死した。

その訃報を受けた頭山満は大喜びで、「モー死んだか、面白くなつたな、支那も是《これ》からは忙《いそが》はしくなるだらう」と『東京朝日新聞』（大正五年六月七日付）にコメントを寄せている。

袁世凱の死で、支那では黎元洪《れいげんこう》大総統のもとで親日派の段祺瑞《だんきずい》が政権を握ることになった。その段に、寺内も期待をかけるのである。

吉野作造の「寺内総督の偉大」

明治四四（一九一一）年四月三日から四月一七日まで『東京朝日新聞』で徹底した寺内への悪口雑言記事「寺内総督論」が一〇回連載された。賄賂政治をしない清潔さは認めつつも、軍人第一主義への反発や長州閥優遇姿勢に対する懐疑が述べられている。さらには警察政治による息苦しさと、言論圧迫への不満の数々だ。

しかし明治四〇年七月に高宗《こじょん》が退位した時期から朝鮮では殺人やテロ、放火を含む反日暴動が相次いでいた。このため寺内は警察権力を明石元二郎に与えて反日暴動の鎮静化を急ぎ、それが次第に功を奏し、状況が好転してくる。

実際、大正四年九月一一日から一〇月三一日まで、こうした朝鮮統治の成功をアピールする「始政五年記念　朝鮮物産共進会」が景福宮で開かれた。

寺内は大正四年九月一一日の日記で、「勤政殿《きんせいでん》ニ共進会開会式ヲ挙ク。終《おわっ》テ場内ヲ一覧ス」と、開会式に出席して会場を見学した様子を綴っている。

景福宮には第一号館をはじめ、恩賜金《おんしきん》事業や教育、経済、衛生事業を紹介する第二号館、さらには過去五年間の各種施設の成績を示す審勢館《しんせい》などが設置された。絵画、彫刻、刺繍、漆器などを展示紹介する美術館や、諸機械を陳列して動かして見せる機械館。あるいは農具、果実、盆栽などを展示した勤政殿廻廊《きんせいでんかいろう》や、赤十字社の出品物を並べた康寧殿《こうねい》なども寺内は見たであろう。ケーブルカーで館内を巡り見物できる鉄道局別館もあって、全部で九館が開設されていた。

『朝鮮案内』の「共進会会場景福宮之図」（山口県文書館蔵）

　山口県文書館には「始政五年記念　朝鮮物産共進会」で刊行された『朝鮮案内』があり、会場の鳥瞰図「共進会会場景福宮之図」を見ることが出来る。実に美しくメルヘンチックな建物や会場風景で、日本と朝鮮の融和による近代化の宣伝に併せ、総督府による五年間の統治の成功を世に示す博覧会であった。

　この「始政五年記念　朝鮮物産共進会」の開催前日の九月一〇日付の『東京朝日新聞』（「始政五年の朝鮮㈤」）に、近代化された京城の様子が載っている。

「京城は中々立派な都市だ。〔略〕差辺《さしあた》り朝鮮の京都である。南大門通り大平町、黄金町、鐘路等の大道坦々《だいどうたんたん》として幹線をなし、其《そ》れより派出する大街小路も亦なか〳〵清潔だ。其《そ》れに高《こう》廈《か》と樹木が景致《けいち》を添ふる。電車も通れば水道も完全だ。殊《こと》に瓦《が》

道路拡張を終えた大漢門通りから光化門通りの一帯（山口県文書館蔵・大正２年７月20日発行『朝鮮総督府月報』より）

斯《す》や電気の十分な利用が大通《おおどおり》の空気を華《はなや》かにして大都市たるの気分を漲《みなぎ》らす…」

　これに先駆けて海外のメディアも寺内の統治を讃えていた。例えばニューヨークの雑誌『メトロポリタン』も一九一五（大正四）年三月号で、寺内が手がけた「道路鉄道」の建設や「諸般ノ大工事」、「近代的ノ衛生法」や「教育制度」の導入、「貿易額」や「農産額」の倍増などを「欧米ノ最モ進歩」した国の統治と較べても「毫《すこし》モ遜色《そんしょく》アルヲ見《み》ス」と称賛していた〔※1〕。

　実際、京城では大正二年度以降、道路改修工事が始まり、大正七年度までの六年間に二〇〇万円弱の予算を投じて一五路線の造設が進んでいた（『京城府史　第二巻』）。大正二年七月二〇日発行の『朝鮮総督府月報』には、道幅を広げたばかりの大漢門通りから、光化門通りにかけての風景写真が掲載されている。正面遠方に景福宮の入口に鎮座する光化門が辛うじて確認できる。

　こうした都市改良事業に連動して、朝鮮総督府の肝いりで朝鮮での工業化も急速に実現されていた。

　例えば工業化に必要とされる電気事業は、明治四一年九月に渋沢栄一を会長に据えた日韓瓦斯会社が創立され、ライバル社の韓美電気株式会社を吸収合併して、大正四年九月に京城電気株式会社に社名を変えていた。

あるいは明治四〇年六月（東洋拓殖会社創立より一年以上も前）に、下関の春帆楼《しゅんぱんろう》で創立総会を開いた大韓勧農《だいかんかんのう》会社も、京城府南山町三丁目四八番地に事務所を構え、その後、旭日町二丁目一〇番地に移転して農業関連事業を開拓していた。金融業や住宅や農場経営をはじめ、苗木や肥料、農蠶具《のうさんぐ》の販売などの事業を朝鮮総督府の産業政策に沿って拡大し、大正四年七月には株式会社に改めていたのである（『創立三十周年記念　朝鮮勧農株式会社々誌』）。

三菱合資会社が旧来の兼二浦《けんじほ》鉱山《こうざん》を兼二浦製鉄所としたのも大正四年八月であった。「兼二浦《けんじほ》」は、日露戦争で黒木為楨《くろきためもと》率いる第一軍の陸軍工兵中佐の渡辺兼二《わたなべけんじ》が上陸したことで命名された地名で、付近の鉱山開発調査を始めた矢先に日韓併合が断行されたのである。そして初代朝鮮総督になった寺内が「朝鮮産業開発ノ為　製鐵事業《せいてつじぎょう》ヲ興《おこ》シテハ如何《いかが》ト」熱心に説いたことで、明治四四年に兼二浦に製鉄所を建設することが決まった（『三菱社誌　三十六』）。兼二浦は現在の北朝鮮の大同江に面した港湾都市で、その意味では平壌《へいじょう》の近代化も日本企業が先鞭をつけていたことになろう。

一方でアメリカの雑誌『ヂャーナルオヴレースデゥエルロブメント』一九一五（大正四）年一〇月号では、エール大学名誉教授のラッド博士が「寺内伯ノ施政」と題して「善政《ぜんせい》」を語っていた。寺内は「軍人」ゆえに「兵力ヲモ用」いたが、「統治ハ残忍ナルモノニアラス」、「一般鮮人ノ永久幸福」のために近代国家にふさわしい「教育ノ普及」と「道徳ノ修養」を実践させ、「行政財政ノ改革」にも大きな功績を残したという。もっとも「外人ノ非難ヲ蒙《こうむ》リタル一時代」はあったが、それは一九一二（明治四五〔大正元〕）年から翌三（大正二）年にかけての「陰謀事件裁判」期に限られることで、事件に「数名ノ我米国人カ明ニ本件ニ関係アリシ」ことは同じアメリカ人として「遺憾」とも述べていた〔※2〕。

民本主義の旗手として知られた吉野作造《よしのさくぞう》も、大正五年三月から四月にかけて朝鮮を旅した感想を『中央公論』六月号に寄せていた。「満韓《まんかん》を視察して」と題する旅行記で、やはり寺内の手法を絶賛していた。すなわち日本統治下の朝鮮が「国家の威厳を示し」ながらも、朝鮮人たちに「近世文明の恩沢《おんたく》」を与え、「昔の独立時代に見なかつた色々の生活上の便宜を供して居る」と驚きの声をあげていた。「道路はどんな田舎に行つても今や立派」で「病院も設けられ」、「朝鮮民族の精神的満足を促す文化政策にも力が注がれていると絶賛する。特に、「社会公共の秩序は立派に維持」され、「土人と内地人との別を立てぬ」権利の保障がされ、「土民を満足せしめて居る」比較的公平な裁判にも驚いていた。

吉野は現地取材を行い、父の代まで李氏朝鮮時代の官吏から捕縛されたり身代金をゆすり取られたりしていた朝鮮人から、「不当の侵害は今日は全くなくなつた」という証言まで引き出している。そのうえで、「現在の総督寺内伯は、正義の観念の極めて強烈な人で、道に合はないことは秋毫《しゅうごう》の微《び》と雖《いえど》も之《これ》を仮借《かしゃく》しない」と統治の成功を評価したのだ。

厳格で融通が利かない、自他共に厳しすぎるというマイナスイメージで語られてきた寺内の性格が、朝鮮統治では逆に公平、公正な政治の担保になっていた。

寺内の厳格すぎる態度が朝鮮統治に好影響を及ぼしたことは、大隈重信も「総督政治と寺内伯」

（『朝鮮公論』大正二年九月号）で語っていた。曾禰荒助の統監時代には、「朝鮮に於《お》ける官紀《かんき》は全く紊《びん》乱《らん》し」、統監府の役人の上から下まで「酒色を漁って怠らず」という情けなさだったが、寺内が三代目の統監に就任すると自ら品行方正の手本となり、「不品行」な職員を「淘汰」して「忽《たちま》ちにして半島の風紀一変」となったと明かす。おかげで役人の放蕩が減り、結果的に彼らの家族不和も減ったので「ビリケン以上のご利益」と述べている。

桜圃寺内文庫には、日韓併合から五年を迎えた大正四年八月二九日に寺内自身が描いた自画像が残されている。「五歳星霜向鉢巻唸聲」という賛《さん》は、五年間「鉢巻《はちまき》」をして「唸聲《うなりごえ》」をあげながらも朝鮮統治に頑張ったという意味がある。面白いのは自画像が「ビリケン」顔であることだ。添えられた「魯庵《ろあん》」の墨書は朝鮮赴任後に使い始めた雅号で、「愚かな爺」という意味らしい。これより前の雅号は生誕地の桜畠由来の「桜圃《おうほ》」であった（『元帥寺内伯爵伝』「伯の落款」）。

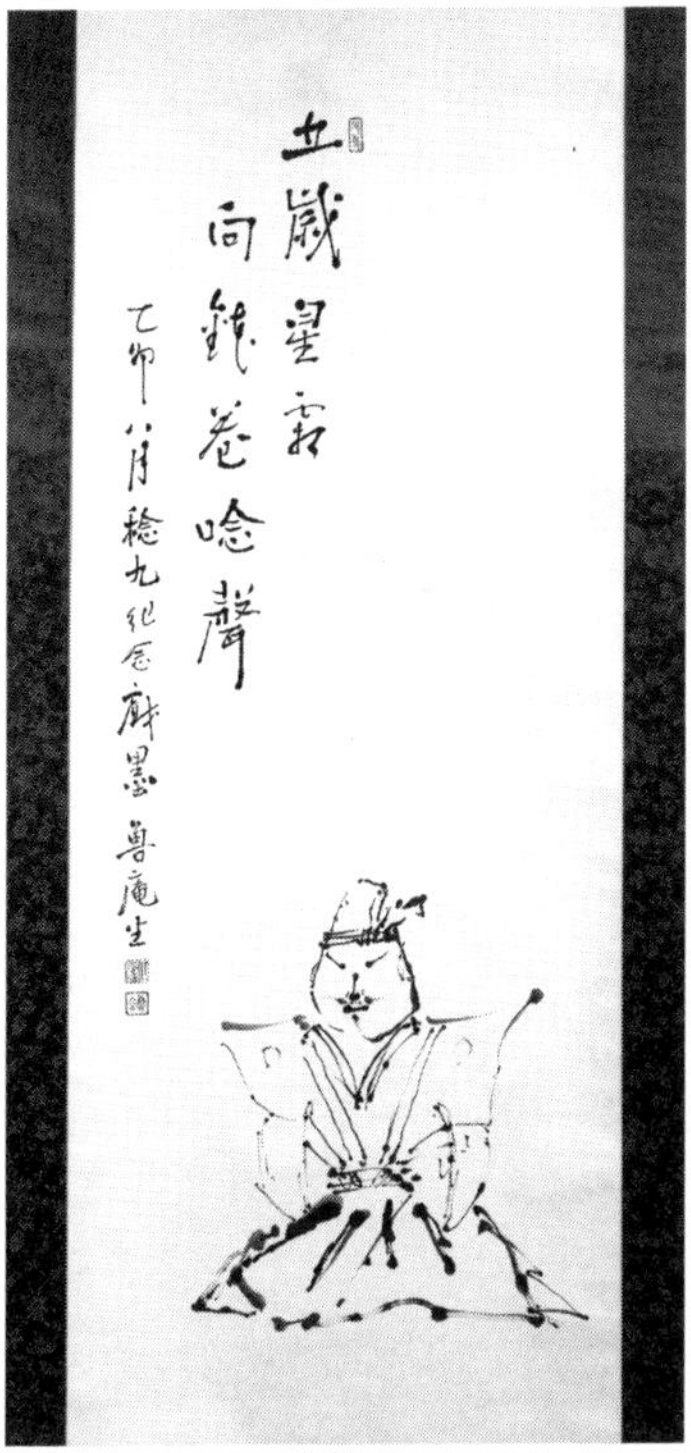

大正4年8月19日に寺内正毅自身が描いた「ビリケン」顔の自画像（山口県立大学蔵）

そして始政五年以後も、朝鮮の近代化は着々と進んでいく。

小野田セメントが朝鮮にセメント工場を建設するための調査開始を決めたのが、大正五年一月三日の取締役会の席上だった。同日、会社令に基づく許可の申請を寺内にした取締役の笠井真三《かさいしんぞう》（笠井順八《かさいじゅんぱち》の二男）は、二月三日に三井物産や毛利家などの大株主代表と会合を開くと工場建設の計画を説明し、総督府と話を詰めて平壌《へいじょう》への支社工場を進出させる。当初は大正七年夏の操業を目指したが用地買収に手間取り、輸送用の鉄道敷設なども含めて大正八年一一月に平壌工場が完成する（『小野田セメント百年史』）。

あるいは大正六年七月二五日付の『読売新聞』（「朝鮮工廠設立地」）が陸軍朝鮮兵器製造所を平壌に造ることが決まったと報じている。そして九月二〇日の同紙に平壌駅の西側の大同江畔に「兵器製造所起工」と続報が確認できる。

〔※1〕『京都女子大学研究叢書刊9　寺内正毅関係文書　首相以前』五一五頁。
〔※2〕『京都女子大学研究叢書刊9　寺内正毅関係文書　首相以前』五〇二頁。

寺内正毅内閣の出現

順調に進む朝鮮の近代化とは裏腹に、加藤高明の「対支二十一ヵ条の要求」により反日暴動が激しくなり、第二次大隈重信内閣は激しく揺さぶられていた。

大正五（一九一六）年七月二六日付の『神戸また新日報』では、大隈重信の後任として寺内正毅が推薦されたという噂を取り上げている。

早くも七月六日に寺内が大隈と会見した際、「同志会を基礎とする」体制で、「加藤男（加藤高明）と談合し提携せらるる」という、いわゆる寺内・加藤連立内閣を打診していたので（『大正初期　山

県有朋談話筆記　政変思出草』)、こうした噂が表面化したのだろう。

寺内の日記によると、大隈内閣を攻撃していた後藤新平と杉山茂丸が共に七月七日と一二日に寺内を訪ねていた。

また七月一六日には、東京築地の瓢屋《ひさごや》で加藤正義(日本郵船の幹部)、九条道実《くじょうみちざね》(貴族院侯爵議員)、高田早苗《たかたさなえ》(文部大臣)、そして杉山たちと児玉源太郎の慰霊会を寺内が主宰していた。二八日には大島義昌、西原亀三、杉山が寺内の家に訪ね、昼食後は大島と杉山と寺内の三人で小田原の古稀庵《こきあん》にいた山県有朋を訪ねている。

対支政策に期待が持てない大隈内閣に見切りをつけ、寺内を次期首相に担ぎ上げる話が水面下で進んでいたのだ。

八月二七日の午前中に大隈と会ってきた杉山が、午後に寺内を訪ねていた。その感想を、「伯〔大隈〕も政事上ノ行塞《いきふさが》リニ閉口《へいこう》ノ状ヲ語ラル、如シ」と寺内は日記に書いている。

この時期、大隈は自分が辞任することでの政府の混乱を心配していたらしい。そこで杉山が、寺内に任せたら「乱れませぬ」と口にすると、大隈が「寺内が僕の云ふ事を聞かうかネ」と怪訝《けげん》な顔をしたらしい(『俗戦国策』「大隈と寺内」)。

大隈は自身が政権を放り出した後で、加藤高明を新内閣に潜り込ませたいと考えていたようである(『夢の七十余年』)。

九月一八日の寺内の日記には、杉山が「景光《かげみつ》ノ刀」を持って来て、贈呈してくれたと書いている。これは当時、杉山が山県有朋から貰った「備州長船景光《びしゅうおさふねかげみつ》、元応裏銘の短刀」(『俗戦国策』)ではあるまいか。その「景光」の刀を寺内に贈った杉山は、前にも増して寺内詣《もう》でを行うようになる。例えば翌九月一九日に後藤新平、高田早苗たちと訪ね、二二日にも午後一時半に寺内を訪ねている。二四日には朝から寺内邸に入りびたり、大隈重信の近況を報告するといった按配だ。

二五日の夕方に寺内は瓢屋で後藤新平、加藤正義たちと晩餐を共にしていた。しかし杉山は来ていない。翌二六日の朝に杉山が寺内邸を訪ねた際、寺内が「前夜ノ断リナシ」と日記に書いているので、呼び出しておきながら主人が不在で、それを謝りもしないとは何事かといった雰囲気だ。寺内政権の立ち上げ工作が杉山を中心に進んでいたのだろう。

二七日には田中義一が寺内を訪ね、辞意を固めた大隈が加藤高明を後継に指名していることを伝えた。寺内は、「杉山等ニ談セシトハ大ニ異ル処アリ」と日記に書く。

そして結局、一〇月四日に寺内に内閣組閣の大命が下る。

決定打は一〇月四日に山県有朋、大山巌、松方正義、西園寺公望が皇居に参内して元老会議が開かれたときで、この席で、寺内に次の内閣を任せることに決まったのである（一〇月五日付『読売新聞』「元老会議開かる」）。

杉山茂丸は一〇月五日に寺内に手紙を書き、「大隈侯を枢密院議長に御推撰」してはどうかと進言した。加藤を外したことで大隈は山県有朋や、その下で動いている寺内に反感を抱いているので、大隈を枢密院議長に祭り上げることで、「山県公に対する悪感も消へ、閣下の公明も相立、此は加藤子入閣よりも好事と存候」と調整役に徹していたのである。

一〇月六日付の『防長新聞』（「色めく寺内伯邸」）は、大命がおりるや杉山茂丸が訪問し、つづいて平田東助、柴田家門、児玉秀雄、後藤新平たちが次々と寺内邸に入ったことを報じている。いずれも内閣立ち上げに奔走したメンバーだ。

同日付の『東京朝日新聞』は、「この度はおめでとうございます」と記者が言ったら、「何がめでたいんだ」と寺内が怒っていたと伝えている。寺内の苛立ちの背景は、組閣に手間取っている様子が一〇月五日の『原敬日記』に見えることでも伺える。「本日は寺内少々不快にて引籠《ひきこも》り居《お》り何《なん》ら進行せずと云ひたる」とあるからだ。

しかしともかく寺内正毅内閣の誕生が公になると、東株（東京株式取引所自体の株）、汽船、紡績、砂糖、南満洲鉄道が三五円から一気に一〇円前後高騰し、他の株も引っ張られて一斉高になった（一〇月七日付『読売新聞』「株式界活躍」）。市場は新内閣に期待を寄せたのだ。

閣僚は一〇月八日に決まる。

寺内は総理大臣と大蔵大臣を兼任した。その大蔵大臣には西原亀三が寺内に進言して、一二月に朝鮮銀行総裁の勝田主計《しょうだかずえ》を据える。外務大臣は本野一郎《もとのいちろう》に決まったが、駐露大使だったので一一月二一日の帰朝後に就任する。ほかは内務大臣が後藤新平。陸軍大臣が大島健一。海軍大臣が加藤友三郎。文部大臣が岡田良平。司法大臣が松室致《まつむろいたす》。逓信大臣が田健治郎。農商務大臣が仲小路廉《なかしょうじれん》。陸相の大島と海相の加藤は第二次大隈重信内閣からの留任組だった。

ところが寺内内閣が発足した一〇月九日付の『東京朝日新聞』は、「新内閣と諸政党」と題し、早くも内閣攻撃をはじめている。大日本帝国憲法にも法律にも規定がない「無責任の機関」である「元老会議」が寺内内閣を創設したことを批判したのだ。記事では政党からの入閣がないことで「非立憲内閣」と早くも揶揄しているが、これが寺内の仇名《あだな》「ビリケン」とかけて寺内内閣の別称となる。

なお、『東京朝日新聞』が問題視した「元老」とは伊藤博文（長州）、黒田清隆（薩摩）、山県有朋（長州）、松方正義（薩摩）、井上馨（長州）、西郷従道（薩摩）、大山巌（薩摩）の長州三名、薩摩四名のいわば薩長藩閥政治のバックボーンを指していた。大日本帝国憲法を運用する天皇の輔弼役《ほひつやく》で、天皇の最高意思決定機関である。その元老会議が寺内を総理大臣に推したので制度上、絶対的決定なわけであるが、それをもって新聞は「非立憲内閣」と罵倒したのだ。ちなみに寺内が首相になったことで、朝鮮総督は山口県の岩国出身の長谷川好道が就任した。

寺内内閣の出現は「対支政策の刷新」の意味があり、自ずと内務大臣の後藤新平の仕事も、「対支外交策樹立」となる（『後藤新平　第三巻』）。第二次大隈内閣で蹂躙された大陸の権益を再構築するアジア主義の実現が、解決すべき緊急課題であった。

組閣間もないころの主要閣僚たちの集合写真が桜圃寺内文庫に残されている。

ただしマスコミが「非立憲内閣」と罵倒するほど、実際の寺内の足場は強固ではなかった。一〇月一一日の『原敬日記』には、山県の「干渉」に辟易する寺内の姿が見える。人事を巡って山県が、「寺内は到底自分の云ふ事を聞く者にあらずと捨てぜりふを云ひたる」ということもあったようだ。

杉山茂丸は一〇月二四日に寺内に宛てた手紙で「支那浪人」、すなわち大陸を放浪するアジア主義者たちと関係を持つときは「一応御下問」して欲しいと打ち明けていた。「下手に手を付けると食はれ申《もうす》」からだという。政権を担う立場上、「支那浪人」を使う際は自分を窓口にするようにと

前列左から松室致〔司法相〕、寺内正毅〔首相〕、後藤新平〔内相〕、大島健一〔陸相〕。後列左から仲小路廉〔農相〕、有松英義〔法制局長官〕、岡田良平〔文相〕、田健治郎〔逓信相〕、不明、児玉秀雄〔内閣書記官長〕（山口県立大学蔵）

いうわけだ。

一二月に大蔵大臣に収まる勝田主計の回想談（昭和三年九月二四日付『東京朝日新聞』「〈西原借款〉の誤解」）によると、最初の試練は第二次大隈重信内閣からの「対支政策の転換」だったらしい。支那人が「対支二十一ヵ条の要求」を外交問題に持ち出し、アメリカも「日本の侵略の魔手《まのて》」と見るに至ったので、それを払拭するために「支那の経済的開発」と「支那の連合国加入」という「二つの大目的」で「一億四千万円の対支借款《たいししゃっかん》」が成立したと語る。これが親日派の段祺瑞《だんきずい》の軍閥政府強化のために寺内内閣が日本興業銀行、台湾銀行、朝鮮銀行などの日系銀行を使って大正六年から翌七年にかけて援助した西原借款《にしはらしゃっかん》であった。寺内の私設秘書たる実業家の西原亀三が最初の借款の話し合いを段祺瑞に持ちかけたのが同じく一二月の終わりである（『夢の七十余年』）。

杉山茂丸が大正五年一二月二〇日付で寺内に宛て

た意見書には、「段祺瑞《だんきずい》、徐世昌《じょせいしょう》の如きは、支那に珍らしき愛国憂世の真面目なる国士にして、一面段祺瑞は日本の閣下に均しき人格との批評もありし位にて…」と段祺瑞を持ち上げている。さらに我々は「支那の主権を傷く可からず」、「支那を威圧すべからず」、日本側の誠意を解ってもらうために「犠牲をも払ふべし」と忠告もしていた〔※1〕。

西原が交通銀行借款の協定をまとめたのが年も押し迫った一二月二八日で、大正六年の年明け早々の一月四日に調印に漕ぎつく。以後、大正七年九月の参戦借款に至るまで帝国日本が提与した資金が前掲の西原借款に他ならない。

大正六年一月一六日の朝、寺内は頭山満を呼び出すと「支那ニ対スル意見」を求め、力を貸すよう頼んでいる。西原借款絡みの協力要請であろうか。しかし大正七年七月二八日付の『東京朝日新聞』は「段閣前途困難」と段内閣の南方進出の頓挫を伝え、同年八月一日に「亀さん葬らる」と西原亀三の失脚を伝えた。そして段政権も大正九年に下野したのである。

〔※1〕『京都女子大学研究叢刊10　寺内正毅関係史料（上）』二九〇〜二九三頁。

ロシア革命とシベリア出兵

寺内正毅は大正六（一九一七）年三月一六日の日記に、「十三日来露都《ろと》ニ於《おい》テ革命的動乱《かくめいてきどうらん》ヲ発生《はっせい》ス。モスコー亦同《またおな》シ」と記している。ロシアの二月革命の報が届いたのだ。

露都とはペトログラード（帝政ロシア時代の首都サンクトペテルブルグが第一次世界大戦期に改称）で、

モスクワと共に暴動が起きたのだ。

明治三八年一月に勃発した「血の日曜日」から一二年が経っていた。

ロシア歴で二月二三日（新暦三月八日）の国際婦人デーに女性労働者たちがストライキに入ってデモ行進を行い、二月二七日（新暦三月一二日）にロジャンコを議長とする国会臨時委員会が成立し、三月三日（新暦三月一六日）にケレンスキー臨時政府が樹立される。

スイスからレーニンがペトログラードに入ったのが四月であるが、レーニンはケレンスキー首相の臨時政府を支持せず、ソビエト政権の樹立を訴えた。その主張を最初はボルシェビキ（ソビエト連邦共産党の前身）も受け入れなかったが、その後、党の方針としてボルシェビキ革命が始まり、ケレンスキー臨時政府が倒れて一〇月二五日（新暦一一月七日）にソビエト政権が樹立されるのである。いわゆる「一〇月革命」で、一一月一〇日付の『時事新報』は「天下を取ったレーニン」と、その事実を報じた。

しかし革命による無政府状態により、極東ロシアでは在留外国人への迫害が起きる。このため日本の参謀本部は一一月中旬に、「居留民保護ノ為メ極東露領ニ対スル派兵計画」を策定し、出兵の準備に入る（『戦史叢書　大本営陸軍部(1)』）。

ハルビンの日本人経営の倉庫や三井物産出張所がロシア兵に襲撃される事件が続発し、陸軍中将の堀内文次郎が邦人保護のために出兵論を叫ぶ事態になった結果だった（一一月二八日付『万朝報』「我出兵の時到る」）。

一二月一日にベルサイユで開催された連合軍最高軍事会議でフランス代表のフォッシュ元帥が提

案したのは、日米両軍でシベリア鉄道を占領し、ドイツの対露占領を防ぐ計画だった（『田中義一伝下巻』）。これがきっかけとなり、参謀本部は具体的なシベリア出兵計画に本腰を入れることになる。参謀総長は上原勇作だったが、立案に直接的役割を果たしたのは参謀次長の田中義一だった（『ロシア革命と日本』）。

一二月三日の『京朝日新聞』は「西伯利《シベリア》の独立宣言書は反レニン熱の烽火《のろし》」と題して、シベリア出兵の正当性を報じた。

レーニン政権に対する巻き返しは、日本ではアンドレーフの亡命の形で表面化する。アンドレーフは日本の助けを借りて、反革命派の白系露人による独立国の建設をシベリアで計画していた。中野二郎の紹介で西原亀三がアンドレーフに会ったのが一二月一〇日。西原は寺内や参謀次長の田中儀一らにその計画を打ち明け、了解を得る。そのうえでアンドレーフを帰化させて沢野秀雄《さわのひでお》と改名し、年が明けた大正七年一月にシベリアに出発させたのだ（『夢の七十余年』）。

こうした反革命工作と連動するように、参謀本部も中島正武少将をシベリアに派遣してロシアの反革命派の支援に乗り出す（『大正七年乃至十一年西伯利出兵史〔上〕』）。

しかしながら寺内の体調は芳しくなかった。大正七年一月二七日の夕食後に突然咳き込み「発病臥《ふ》ス」と日記に記している。翌二八日も「病気臥床」のまま、赤十字病院の院長・平井政遒《ひらいまさかつ》の診察を受ける。脈拍が高く「百七十余ニ及ビ心臓ノ鼓動多ク頗《すこぶ》ル疲労ス」というのだ。それでもどうにか持ち直し、三月四日には「大磯ニ至リ宅地ノ決定ヲ為ス」と書いている。神奈川県大磯に別荘地を買うことにしたようだ。顧みれば明治三四年二月に陸軍大学校長になったときもインフルエンザに罹り、一週間余り大磯で療養したが、いよいよ終の棲家を温暖で大磯に決めたのである。

寺内は翌三月五日の午後に官邸に来た三浦梧楼《みうらごろう》と世情を語った。話題の中心はむろんシベリア出兵の是非である。イギリス、フランス、イタリアの連合国側が日本に対してシベリア出兵を要請してきたからだ（三月八日付『東京日日新聞』「出兵依嘱　連合国間の意見一致」）。しかしアメリカは、日本が大陸進出の足掛かりとすることを恐れて出兵に反対した。寺内は日記に、「露国ノ瓦解ニツキ西伯利亜《シベリア》出兵論盛ナリ」と書いている。

シベリア出兵に関しては、外務大臣の本野一郎《もとのいちろう》が賛成派だったが、寺内は慎重だった。当時の寺内のメモには、「此機会《このきかい》ニ乗《じょう》シ一部ノ露領ヲ占領セントスルノ企図ヲ有セス」（『後藤新平　第三巻』）と見え、積極的に出兵してシベリアを占領する気持ちがなかったことが伺える。

帝国日本の経営者としてリスクはなるべく避けたいとの思惑は、日露戦争開戦前と同じであった。帝国日本の運命を左右する事態は、できるなら避けたかったのだ。

結局、出兵慎重派の寺内と出兵賛成派の本野とはソリが合わず、病気が悪化したこともあり本野が四月に辞任する。空席となった外務大臣の席に、内務大臣の後藤新平が滑り込んだが、本野と同じで出兵論を主張した。

しかし寺内は相変わらず重い腰を上げなかった。

杉山茂丸は、「寺内総理大臣とは、西比利亜《シベリア》出兵の事にて庵主と数回の衝突があつた」と『俗戦国策』で明かしている。

杉山はイルクーツク以東に「新露国」を建設し、保護条約を結んで極東での親日派政権を誕生させるためにシベリア出兵は当然と考えていた。日韓併合と同じやり方で、シベリアを日本の保護領下に置くという発想である。

アジア主義の拡大版としての杉山のシベリア出兵論は、後藤新平のそれと連動しており、大正七年三月に頭山満や五百木良三《いおきりょうぞう》、佃信夫《でんのぶお》たちと反革命派のセミヨノフ将軍援助を政府に訴え、三月末に政府の方針が固まる（『国士内田良平伝』）。

五月七日には西原亀三もセミヨノフ将軍への援護を寺内に申し出ていた。セミヨノフには久原房之介《くはらふさのすけ》からの資金援助もなされていた（『夢の七十余年』）。

当時シベリア出兵に反対していた尾崎行雄は、「私が会つた限り、殆《ほとん》ど皆な賛成であつた」と、多くが出兵論者であったことを明かしている（『尾崎行雄全集　第十巻』）。三浦梧楼に至っては、アメリカから出兵提議が出たことで、「この際幸いに兵を出して満洲の土地を取れるだけ取っておこうという腹があった」（『観樹将軍回顧録』）と露骨に当時のポピュリズムの内実を暴露する。

セミヨノフへの援軍と同様、ロマノフ王朝末裔の反革命派、反ユダヤ主義者のホルワット将軍を担ぎあげてシベリアに親日派政権を樹立する構想も同時進行中だった。

ホルワット将軍がウラジオストックより約一五〇キロ北にある旧ロシア領のグロデコボで、親日派の極東政府組織を立ち上げたのは大正七年七月九日である（七月一二日付『読売新聞』「極東政府組織」）。退位したニコライ二世とその家族が処刑されたのが、その直後の七月一七日だった。

こうした親日派政府を助ける目的でのシベリア出兵を、杉山は山県有朋と話し合い、寺内に実行させていく。もっとも軍事的な名目はシベリアにおけるチェコスロバキア軍の救出であった。そもそも彼らはチェコ人とスロバキア人で、オーストリアのハプスブルク家の支配下に置かれたことでロシア帝国に亡命した移民者の子孫たちである。その後、ロシア革命で成立したソビエト政権がオーストリアと講和して居場所がなった矢先の一九一八（大正七）年五月に、オーストリアでの民族紛争がもとで、ソビエト政府がチェコ人を逮捕した。その奪還のためにチェコ軍が蜂起し、ソビエトと対峙したのである（『シベリア出兵』）。すなわち彼らを救出するのが、日本の出兵の名目だった。

結局、寺内は日露開戦のときと同じで、出兵論者たちに追い込まれる形で大正七年八月二日に第一次のシベリア出兵に踏み切るのである。

具体的にはアメリカの提案に応じる形で派兵を告示し、八月八日に第一二師団の第一梯団が門司港と宇品《うじな》港からウラジオストックに向かう。「寺内は自己の権力に任せて、ズン〳〵と出兵した」と杉山は振り返るが、時を同じくして勃発していたのが米騒動だった。奇しくもウラジオストックと日本海を挟んだ対岸に位置する富山県の魚津町などの沿岸部で、漁民の婦女たちが米価引き下げを求めて蜂起したのだ。

これにより、寺内内閣への非難が一気に高まる。

八月一六日付の『読売新聞』は「所謂《いわゆる》〈善意の悪政〉」と題し、米騒動が大阪、京都、神戸のみならず全国に拡大したことで、寺内が国庫金を支出して米の強制買収を行い、各地で外米や朝鮮米の廉売《れんばい》をするなど、混乱を招いたことを厳しく糾弾していた。ただ、興味深いのは、「今次の騒動は、「反対党」反対党の扇動に出で、政府の関する處に非ず」という巷の噂も併せて載せていたことだ。「反対党」

とはロシア革命に影響を受けた日本の社会主義勢力を示していた。

シベリア出兵も米騒動も、どこまで寺内個人に責任があるのか、実のところよくわからない。そもそも寺内自身は出兵などしたくなかったが、決断したのは自分であった。九月には三井三池炭鉱で炭坑夫たちの暴動まで始まり、久留米の歩兵第四八連隊が鎮圧にかかっていた（九月六日付『読売新聞』「三池炭坑大暴動」）。

寺内は持病の悪化で内閣を支えることにも耐えられなくなっていく。

日韓併合間もなく糖尿病を発症し、すでに見たように大正七年一月には発作で倒れて平井院長から治療も受けていた。

総理大臣の激務と糖尿病の悪化、動かぬ右腕、主戦論者に押し切られたシベリア出兵と、商人の米の買い占めで起きた米騒動、全てが自らの失策の形で責任追及の声があがってきたのをどういう気持ちで眺めていたのか。そんな矢先に、「君の病気は決して軽くはないぜ。〔略〕何時までも愚図々々《ぐずぐず》する時は、終《つい》には命を失って仕舞《しま》うぜ」と三浦梧楼が警告した。寺内は、「イヤ私も左様《さよう》思って居る。ヂャア罷《や》めると仕《し》ませうが、誰にも決してお話し下さるな」と答えた（『観樹将軍回顧録』）。

大正七年九月八日の寺内の日記に、松方正義と西園寺公望の二人に「病気辞職ノ決意ヲ書面ヲ以テ通告ス」と見える。そして一四日の午後に皇居に赴き、「辞職ノ内意ヲ奏上《そうじょう》ス」というのが、事実上、寺内内閣が幕を下ろしたときだった。寺内の人生は、失敗だったのだろうか。

奇しくも九月一六日には外務大臣を務めた本野一郎《もとのいちろう》も息を引きとる。

実際の辞表捧呈は二一日で、二九日には原敬内閣が発足する。

全てが終わったのだ。このときも寺内にとっては、「此《こ》の世は假《かり》の世」だったのだろう。

面白いのは、文学界では華族出身の武者小路実篤《むしゃのこうじさねあつ》が「新しき村」運動を始めていたことである。ロシア革命による大正デモクラシーの影響を受けた武者小路は、大正七年六月に東京本郷森川町の木村荘八の画室で「新しき村」の初例会を開き、人道的理想国家の建設を目指していた。そしてドイツに革命が起きて欧州戦争（第一次世界大戦）が終結した一一月に、宮崎県中央部の山間地である児湯《こゆ》郡《ぐん》木城《きじょう》村《むら》石河内《いしかわち》字《あざ》城《じょう》での「新しき村」の建設に漕ぎつく。

寺内が決断を強いられたシベリア出兵と武者小路の「新しき村」運動は理想郷の創出という意味では似ていた。米騒動で足を引っ張られたが、アジア主義者たちとの妥協で生まれた軍事絡みの「新しき村」運動が、寺内たちのシベリア出兵に見える。しかし時代の前に屈したのだ。

シベリア出兵とそれに連動した親日派政権の樹立構想は、原敬内閣に引き継がれる。そして新たな陸軍大臣を、寺内子飼いの田中義一が務めた。しかし大正一四年に北樺太から撤兵するまで七年を要したのは、日本がソビエト政府を国家として認めず出兵したので、講和条約が結べなかったことにあった。しかも戦争でさえなく、親日派政権も完成できなかった。麻田雅文は『シベリア出兵』で、昭和一二年から敗戦までの日中戦争のドロ沼化とよく似ていたと語っている。

《付記》鉄道唱歌と宮野駅

山口市宮野の寺内家の敷地内に建てられた旧桜圃寺内文庫のすぐ傍に、現在はＪＲ山口線の宮野駅が位置している。近くに実弟・中島丹《なかしまたん》の家も残る。丹は宇多田正輔とタケ（猛）の三男として安政五（一八五八）年四月に生まれていた。長男恒太が夭折したので、次男の正毅が実質的な長男で、丹が実際的な二男だ。現在の当主は孫の中島淳《あつし》さん（昭和一五年生まれ）で、丹が宮野村の村長（明治四四年二月〜大正四年一月）時代に正毅が建てた家という。中島家の土地と屋敷は山口駅前にあったが、丹が四〇歳である明治三一年一一月から中島家を継ぐことになり、寺内家の土地を守る方策として、その地に中島家の屋敷が建てられたらしい。

その中島家の応接間の鴨居《かもい》に、「写真師　丸木利陽　東京芝新シ橋角」と額縁に印刷された寺内正毅の肖像写真が掛けてあった。それも兄を偲んで丹が飾ったものらしい。

古いアルバムには軍刀を左手で握り、杖代《つえが》わりにして立つ寺内のポートレートがあり、「宇多田《うただ》正毅《まさたけ》」と台紙に鉛筆書きがある。

寺内正毅の実弟・中島丹（中島家蔵）

児玉源太郎の長男夫妻の写真もあったが、理由は児玉秀雄の夫人が寺内の長女サワであったからだ。むろん若いころの丹の顔写真もあったが、「正毅に似ていません」と淳さんが言うとおり、寺内より細身で凜々《りり》しい顔つきだった。

そんな寺内の旧宅近くに鉄道が通るきっかけが、明治四三年一月二七日の寺内の日記に記されていた。山口県と島根県の一部の代議士が、「山口間ノ鉄道ノ件ニツキ陳情《ちんじょう》セリ」という。この時期から鉄道敷設計画がはじまり、小郡―山口間の延長線路として大正六年七月一日に「山陽縦貫鉄道津和野線」の駅と

開通記念で植えられた宮野駅前のイブキ
（平成30年4月）

して宮野駅が開設されていたのだ。駅の位置は寺内が「うちの前がよかろぞ」（『宮野八百年史』）といって決めていた。

開通式翌日の七月二日の『防長新聞』（「山篠目間鉄道開通祝賀会」）に報じられたのは、臨時列車が宮野駅に着いた際、開通祝いで歌われた鉄道唱歌の替え歌の二番歌詞が、〈寺内伯のふるさとと　しばし語らふほどもなく　宮野川なる鉄橋を　渡れば恋路のさとひろし〉というフレーズだったことである。

式典では首相の寺内からの祝辞を弟の丹が代読していた（七月三日付『防長新聞』「開通祝賀余聞」）。いま、駅舎前に生えている大きく育ったイブキの樹も、宮野駅新設を記念して植えられていた。

発病と大磯の別荘

寺内正毅内閣が幕を閉じた翌日の大正七（一九一八）年九月二九日から、原敬内閣が発足した。日記によれば、寺内は一〇月一日に山県有朋を訪ね、二年間の「厚意」に礼を述べていた。そして六日に再び山県を訪ねると転地療養を報告し、翌七日から神奈川県の大磯で静養をはじめる。

別荘地として三月四日に大磯に土地を求めたのも、そもそもは体の弱かったタキ夫人（寺内の後妻）の療養のためであった。高田慎蔵の紹介で立野という山の斜面を開いた地を買い、和洋二棟の別荘を建てるための基礎工事を大正七年夏に着工し、一一月三日に棟上式を行っている（『元帥寺内伯爵伝』「伯の精錬潔白」）。

寺内は一〇月一〇日に東京に戻ると、新旧の大臣や犬養毅たちと面会し、一二日には持病が悪くなったので午前中は寝て過ごし、一八日に再び大磯で療養に入るのだ。この時期、寺内は東京と大磯を行き来していた。

一方で、欧州戦争（第一次世界大戦）で敗れたドイツに一一月に革命が起きた。日露戦争中に「黄《おう》禍論《かろん》」を吹聴したドイツ皇帝ウィルヘルム二世（カイゼル）が退位し、休戦となった時期でもある。ドイツの陸海兵の革命派がハンブルクを支配し、港内の各船舶に赤旗が翻《ひるがえ》っていると一一月一一日の『東京朝日新聞』（「独逸動乱拡大」）が報じている。寺内が療養に入って間もなくしたときである。

寺内の最晩年を過ごした大磯を訪ねてみた。

都心から東海道本線で一時間程度であるが、昔はもう少し時間がかかったのだろう。大磯町は人口三万人の鄙《ひな》びた町で、駅前のアーチ門に「湘南発祥《しょうなんはっしょう》の地　大磯海水浴場にようこそ」と書いてあった。明治一八年に初代陸軍軍医総監の松本順により海水浴場が開設されて以来、避寒、避暑、療養地として政財界や文化人たちが相次いで別荘を建てた地である。

駅を出たところの観光案内所で貰った「大磯散策マップ」には海岸沿いに旧徳川茂承《とくがわもちつぐ》（和歌山藩主）邸、旧徳川義恕《とくがわよしくみ》（尾張藩主）邸、旧山県有朋邸、旧陸奥宗光邸、旧大隈重信邸、旧西園寺公望邸が

大正８年５月11日に撮影された「別荘外観全景」。向かって左が和館、右が洋館（『大磯町文化財調査報告書三七集　大磯のすまい(1)』より）

並んでいた。ただし寺内邸は海岸沿いではなく、代官山の南麓近くの傾斜地にあった。

東小磯まで歩いて坂の上の寺内邸に着くと、別荘が建てられた当時の柱にタイルを貼った巨大な門が現れた。家を守る寺内多恵子さん（寺内正毅の血のつながらない孫）にお話を伺うと、大正七年に建てられた別荘は和館と洋館の二棟であったが、洋館は大正一二年九月の関東大震災で崩れたため、養嗣子の寺内寿一《てらうちひさいち》が簡略な洋館を立て直したということであった。古い時代の和館（といっても、かなり改装されていた）と寿一が建て直した洋館が長年残っていたが、それも平成四年に土地ごと他人に売却して、現在の住居を敷地内に建て直したのだと話された。

多恵子さんは和館と洋館を壊す直前に大磯町の教育委員会が調査してまとめた『大磯町文化財調査報告書三七集　大磯のすまい(1)』（平成四年三月刊・非売品）を見せてくださった。「寺内正毅　別荘」の箇所には大正八年五月一一日に撮影された震災被害前の和館と洋館の写った「別荘外観全景」の写真が置かれている。ずいぶん立派な姿だ。その下に「大正七年一一月三日」のキャプションの付いた「洋館の上棟式」の写真が見え、骨組みが出来上がった状態がわかる。

大正七年一一月一四日の『読売新聞』（「寺内伯病む」）は、「腎臓炎再発」で寺内が麻布笄町の自

別荘の和館の一室が移設保存された現在の寺内邸（平成30年2月）

邸で静養していると報じていた。一三日に首相官邸で開催される外交調査会にも欠席し、訪客とも謝絶しているので、容態はかなり悪い。やがて杖なしでは歩けないほどになり、一二月二六日から大磯での療養に専念することになった。『元帥寺内伯爵伝』（「伯の精錬潔白」）によれば、大磯の別荘の完成は大正八年四月とあるが、おそらく洋館の完成であろう。和館の方は少し早く竣工しており、当初、寺内が療養したのは和館だったのかもしれない。ともあれ大正八年に入ってからは、ずっと大磯での療養生活になるわけだ。

奇しくも寺内が病床に臥《ふ》したのと重なる大正八年一月二一日に、朝鮮では徳寿宮《とくじゅみや》李《り》太王《たいおう》が六七歳で亡くなっていた。日韓併合後にその名に代わった高宗《こじょん》が世を去ったのである。葬儀は三月三日に京城で行われたが、当日の『東京朝日新聞』に「不穏な檄文配布」と題して、三月一日に京城の南大門駅前に朝鮮人の書いた檄文が張り出され、各地で朝鮮人が暴動を起こした様子がわかる。朝鮮人たちが三・一独立運動と呼ぶ万歳騒動が起きたのだ。三月四日の同紙に「鮮人の運動」と題する記事があり、平壌《へいじょう》で旧大韓帝国の旗を立てて万歳を叫びながら彼らが暴れた様子が報じられている。

多恵子さんに、新しく建てた自宅に引っ張ってつなげたという古い屋敷の座敷の一部を見せて戴いた。主な柱や調度類は昔のままで、和室の天上からぶら下がる二燈シャンデリアにも大正ロマンが感じられる。重厚なテーブルや味わい深い籐椅子も昔のままという。

「総理大臣を辞めた後の寺内正毅は、この部屋で過ごしたのでしょうか」

「ええ、そのように聞いております」

　鴨居の上に、「風寿人倚楼　己未神恵　魯庵生」と書かれた額が掲げられていた。「己未《つちのとひつじ》」は最晩年の大正八年だ。「魯庵《ろあん》」は寺内のもう一つの号である。亡くなる年に大磯で墨書した書であった。


　没する直前の病状を『読売新聞』の記事で追うと、大正八年一〇月一七日には平井《ひらい》政遒《まさかつ》院長が大磯に往診に来て、一九日には危篤に陥っていた。二〇日は意識が少し戻るが、この日は寺内に元帥刀が親授される日でもあった（大正八年一〇月一八日付で大正天皇の侍従長・正親町《おおぎまち》実正《さねまさ》の名で書かれた墨書・桜圃寺内文庫蔵）。一年前の大正七年八月二〇日の閣議で海軍の東郷平八郎、井上良馨《いのうえよしか》、そして陸軍の伏見宮貞愛親王《ふしみのみやさだなるしんのう》、山県有朋、奥保鞏《おくやすかた》、長谷川好道《はせがわよしみち》、川村景明《かわむらかげあき》、そして寺内を合わせた八元帥に親授されることを前提に制定されていたものだ（大正七年八月二一日付『中外商業新聞』）。

　陸上自衛隊山口駐屯地の防長尚武館には、寺内順子さん（寺内寿一の後妻）が寄贈した寺内の元帥刀がガラスケースに入れられて保存展示されている。鞘にも刀身にも菊の紋が刻まれた眩《まぶ》しい刀で、向かって右が正毅の元帥刀で、左が息子の寿一の元帥刀である。むろん病床にあって参内は無理なので、陸軍副官の建川美次《たてかわよしつぐ》が代理出席していた。付言すればタキ夫人も不眠で看病したことで持病の脳脊髄病が悪化して同じく危篤状態で、おめでたい日なのに夫婦で臥せていたのも妙な話であった。

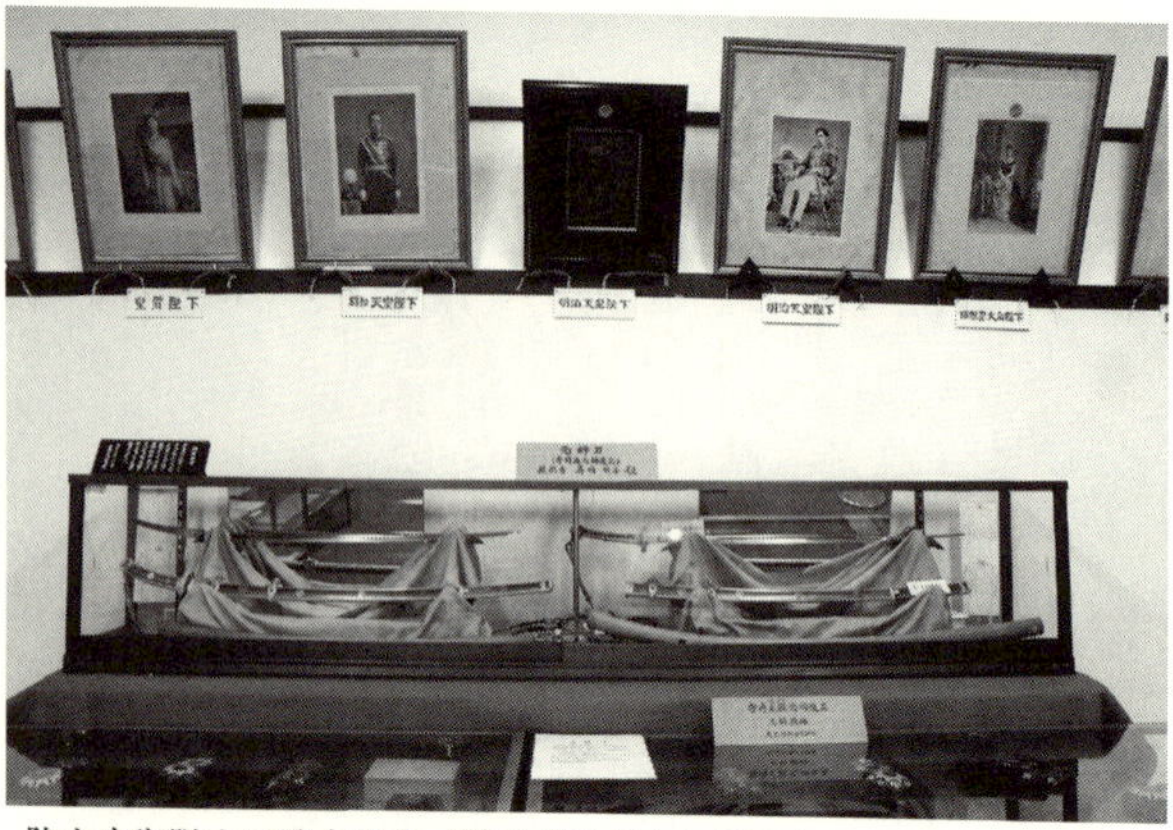

陸上自衛隊山口駐屯地内「防長尚武館」に展示されている寺内正毅の元帥刀（向かって右）

寺内の病態のつづきを見ると、二一日には病の峠を越えて意識が戻り、閑院宮《かんいんのみや》家から昨日（二〇日）スイカが届いたことを伝えると、「それは辱《かたじ》けない。早速アイスクリームにせよ」と命じて、調理人が氷菓子にしたのを大喜びで三杯も食べていた。しかし二五日には午後から足に浮腫《ふしゅ》が出て、精神も朦朧《もうろう》となり、三一日には夕方から咳が止まらず不眠となり、一一月一日になっても改善しなかったので平井院長らが詰めかける。

一一月二日には心臓機能が著しく低下し、脈拍不正、足背に浮腫が現れて危篤になった。そして翌三日に息を引き取るのである。

不思議なのは当日付の『読売新聞』に「明石総督余栄けふ台北で葬儀」と題して、台湾における明石元二郎の葬儀の記事が載ったことだ。日露戦争以来、寺内の右腕となって活躍した明石も、寺内の落命と時を同じくして亡くなっていた。さらに奇妙なことに、寺内の没する二日前（一一月一日）に、弟の中島丹も急性肺炎で宮野の自邸で亡くなっていたのである。

山県有朋は、「元帥寺内伯を悼みて」と題した惜別の歌を詠んでいた。

〈鷲《わし》の山《やま》　高《たか》ねの月《つき》や詠《(眺)》むらむ　おくれし老《ろう》の　袖《そで》ぞ時雨《しぐれ》る〉

《付記》最後の仕事「桜圃寺内文庫」

寺内正毅の最晩年の地となった大磯で計画したのが郷里の山口県の旧邸跡に桜圃寺内文庫《おうほてらうちぶんこ》を作ることであった。軍人の最後の仕事が図書館建設という文化事業だったのも面白い。

桜圃寺内文庫には「大正八年某月某日　創立者　寺内正毅」と記された「桜圃文庫創設趣旨」と題する罫線紙二枚の墨書が残されている。

表題の「桜圃」と「文庫」の間に鉛筆書きで「寺内」と書き加えているので、最終的に「桜圃寺内文庫」になったのだろう。本文の所々に「。」や訂正、挿入文が細かく朱書きしてあるのは寺内が自ら筆を入れたものに見える。病身でも徹底的に細部にこだわる文面は、「宮野村字桜畑ハ文庫創設者ノ生レタル故郷ナリ」で始まり、幕末維新期に長州藩が「正俗党」（討幕派の諸隊を示す正義党と幕府側に加担した俗論党のこと）に分かれて内乱となり、僅《わず》か一三歳の寺内が整武隊に入って四境戦争で芸州口の戦いに参じたなど、回想を込めた経歴となっている。以後、郷里を離れて軍事を鞅掌《おうしょう》したが、長州の先輩である村田清風《むらたせいふう》、吉田松陰たちの「遺訓」を後世に伝えるのが死ぬ前の義務と語っていた。そのために財があれば史書を買い求め、自分でも一〇数年間資料を集め、朝鮮総督時代も収集をつづけて準備したので、文庫を造ることにしたというのである。最晩年の文化事業も計画的に、そして情熱的に進められていた。

顧みれば、児玉源太郎は陸軍大臣を寺内に譲ると、郷里の山口県徳山に児玉文庫を開設するために奔走していた。明治三五（一九〇二）年三月のことで、そんな児玉に寺内も倣《なら》い、図書館建設を考えていたことになろう。

児玉文庫への書籍寄贈や寺内自身が親戚として開設に関わったことで、図書館の重要性は熟知していた。明治四五年一〇月一五日の日記にも書いているように、朝鮮総督の時代には昌徳宮（景福宮のすぐ東）の敷地内にあった李氏朝鮮の王立図書館「奎章閣《けいしょうかく》」の「整理ノ状況ヲ」見にも行っていた。書籍そのものの重要性も、大正四年に『朝鮮古蹟図譜』全一五巻を発行するなどで自ら世に示していた。しかし、そもそも近代的な図書館は、フランス革命でナポレオン一世（ナポレオン・ボナパルト）が王室の図書館をフランス国民図書館と改称したことにはじまっていたことを忘れてはなるまい。新刊書の献本を定め、軍事征服した周辺諸国からの戦利品も所収したことで、フランス国民の図書館を作り上げていたからだ。実際、こうしたフランス革命由来の「国威＝図書館」の意識は、後の満洲国で建国大学図書館を立ち上げる際、「国運ノ隆替ハ図書館ニ反映ス」として、「ナポレオン覇業ハパリー国立図書館ニ見ルヘシ」と「建国大学図書館開設要綱」（『建国大学年表』）にわざわざ明記されたことでもわかる。

フランス好きの寺内がナポレオン一世に倣い、最後の力をふりしぼって郷土に図書館建設を企てたとしても不思議はなかった。

現在、山口市宮野の旧寺内邸跡に、最晩年の寺内の仕事となった桜圃寺内文庫の建物だけが朽ち果てて建っている。バス停「宮野駅前」の背後に窓がトタンで覆われ、剥奪したコンクリート壁の

寺内正毅の最後の仕事になった桜圃寺内文庫の建物（平成29年6月）

表面から鉄骨の錆《さび》が浮き出す哀れな外観だ。平屋根部分が雑草に覆われた風情は廃墟同然で、その哀愁のある姿に寺内の光と影が強烈ににじみ出ている。なお、中に納められていた資料だけが、隣接する山口県立大学附属図書館に入れられたのは本書で示したとおりである。

桜圃寺内文庫の建物は、寺内の生存中には着工されず、息子の寿一が事業を引き継いで大正九年五月一三日に着工されていた。総経費三万八九〇〇余円の多くを遺産でまかない、大正一〇年一一月に竣工し、翌大正一一年二月五日に開庫式を行った。一階が男子閲覧室、二階が女子閲覧室と律儀に区分され、山口県の私設図書館としては児玉文庫につづく第二号となる。北側に朝鮮館が建てられたが、この建物もすでに崩れ、跡形もなく、地元でも忘れ去られた。

朝鮮総督府時代の部下であった工藤壮平や黒田甲子郎たちも協力して収集した膨大な資料は、文庫完成後に寺内のもうひとつの号「魯庵《ろあん》」を冠した魯庵財団が三万円の基金で維持管理をしていた（『桜圃寺内文庫の研究』「桜圃寺内文庫の成立」）。

長州閥の政治的弔鐘《ちょうしょう》

大正八（一九一九）年一一月三日の正午（正確には一二時一〇分）に寺内正毅は大磯で息を引き取った。遺体は、麻布《あざぶ》笄町《こうがいまち》の本邸に運ばれ、奥の一二畳の畳の間に敷かれた白羽二重の褥《しとね》（布団）の上に安置された。床の上には身につけることのなかった元帥刀と大勲位菊花大綬章が飾られ、四日の早朝から葬儀委員たちが葬儀の準備に入った。そして七日の午後一時に自邸を出棺、芝増上寺で葬儀が行われ、桐ケ谷《きりがや》の火葬場（現、東京都品川区西五反田五丁目に桐ケ谷斎場）で焼かれた後、郷里の山口に遺骨が送られ、埋骨式が行われるという葬儀日程が決まる。また、実際、その通りに進められた。

葬儀委員長は長谷川好道で、同副委員長が陸軍中将の田中義一と海軍中将の加藤友三郎だった（大正八年一一月五日付『防長新聞』「寺内伯薨去」）。

埋骨式までの流れを『防長新聞』の一一月の記事から追ってみよう。

まず、寺内の戒名が「峻徳院殿忠誉義順正毅大居士」と決まり、遺骨は一〇日の朝、東京発の汽車に乗せられ、長男の寿一（大佐）と二男の毅雄（中尉）、長女サワ（児玉秀雄の妻）、二女の須恵（福羽真城の妻）ら親族が付き添い、一一日の朝に山口駅に着いた。山口町の家々の軒先には弔旗が掲げられ、官民が出迎える騒ぎようだった。遺骨は菩提寺の法界寺《ほうかいじ》（山口市下竪小路）に運ばれて本堂で法要が行われ、宮野の自邸近くの墓地に埋骨される。墓が出来るまで一尺角材で長さが一丈四尺（約四・二メートル）の檜《ひのき》の墓標が設置された。

両脇に前妻と後妻の墓を配した寺内正毅の墓（平成29年6月）

寺内の墓所は、今も山口バイパス（国道九号線）沿いにある。山崎の陸軍墓地に上がる途中の斜面を切り開いた見晴らしの良い広場で、没する「十餘年前自ら地を卜《ぼく》して選定し置きたる」（一一月九日付記事）というので、明治の終わりには自身が用意していたようだ。

寺内の墓は、「元帥陸軍大将伯爵寺内正毅之墓」と刻まれた巨大な神道墓《しんとうばか》として鎮座し、裏に「大正八年十一月三日薨去」の文字が見える。角柱の天辺《てっぺん》が尖《とが》った神道式の墓石なのは陸軍軍人として生涯を全うした証だろうが、両脇の二基の小柄な前妻と後妻の墓まで神道式である必要はない気もする。片方は「明治二十三年九月二十日没」の最初の妻タニこと「谿子」の墓で、もう片方は「大正九年六月四日没」の後妻タキこと「多喜子」の墓である。

三基の墓石は大正九年一〇月三〇日に後妻タキの埋骨式を兼ねて行われた寺内の墓前法要に際して用意されたものだ（大正九年一〇月三一日付記事）。完成したばかりの墓石の写真は同年一一月二日の『防長新聞』に掲載されたが、寺内と前後妻の三基の神道式墓石が見えるだけだ。

現在は背後の一段高い丘に、両脇に石燈籠を配したごく普通の仏式の「寺内家之墓」が鎮座する。裏に「大正十年五月建之」と刻まれ、三基の墓石の完成後に、古くからあった寺内家の墓をまとめて一つにしたものとわかる。

また、寺内と前後妻の墓石の奥に、現在は息子の「元帥陸軍大将寺内寿一墓」が建ち、裏に「昭和二十一年六月十二日於馬来戦病死」と刻まれている。大東亜戦争（アジア・太平洋戦争）の終戦後にマレーシアで拘留中に病死した寿一の墓は仏式で、両脇に前妻で「明治四十四年七月三十日没」の「百合子」の墓と、後妻で「昭和六十三年九月三十日没」の「順子」の墓が並んで建つが、いずれも仏式の角柱墓である。

寺内が亡くなって四九日目の大正八年一二月二一日の午後、墓所に山口県知事の中川望をはじめ、山口地方裁判所所長の三浦通太《みうらみちた》〔※1〕、山口県会議長の宇野英助、副議長の富田恒祐、防長武学生養成所主監の国司精造（少将）、吉敷郡長、宮野町長、山口町長、各学校の校長、宮野村の有志数十名の追悼会発起人たちが集まった。二時過ぎから僧侶の読経で盛大な法要が行われたのだ。翌一二月二二日付の『防長新聞』（「昨日執行されたる故寺内伯追悼会」）によると、国司精造が追悼式後の挨拶で、東京で寺内を顕彰する桜圃会を結成するので、山口県でも桜圃会分会を立ち上げ、伊勢小路の武学生養成所に仮事務所を置きたいと語っていた。

寺内の銅像建立と伝記編纂計画が立ち上がったのは、四九日より前の一二月一〇日に永田町の陸軍大臣官邸で開かれた第一回協議会の席上である。第二回目の協議会は二五日に同じく陸軍大臣官邸で開かれ、伝記編纂と銅像建立のための予算が「約二十万円」と定まり、大正九年「三月上旬」に銅像建設に着手することや、一一月三日の一周忌までに伝記を完成させることが決まった（大正八年一二月二九日付『防長新聞』「寺伯銅像建設確定」）。

伝記の『元帥寺内伯爵伝』は黒田甲子郎の手で編まれ、大正九年一〇月一五日に発行されている

寺内正毅の銅像があった台座に座す三宅坂の「平和の群像」。前方が皇居（平成30年２月）

ので間に合ったが、銅像の除幕は大正一二年五月六日と大幅にズレ込む。

その銅像の建っていた三宅坂《みやけざか》（東京都千代田区永田町一丁目）の交差点を訪ねると、そこは国立国会図書館から坂を下ったところで、現在は最高裁判所の建物を背にして三体の女性裸像「平和の群像」が建っていた（現在のモニュメントは昭和二五年七月に日本電報通信社が創立五〇年の記念で元の台座に据えたもの）。

寺内の銅像は大東亜戦争中の金属供出で撤去され、現在はミニチュアが陸上自衛隊山口駐屯地の防長尚武館に展示されている。マントを羽織った馬上姿の像で、馬の足元に「SEIBO」と刻まれているので北村西望《きたむらせいぼう》の作とわかる。

その自衛隊のより大きな銅像のミニチュアは、井の頭恩賜《おんし》公園（東京都武蔵野市御殿山）内の「彫刻館B館」で見ることができた。なるほど、「寺内正毅元帥騎馬像　大正一〇年　ブロンズ」と記されたプレートが台座に貼られ、大きいだけあって堂々としている。むろんデザインは同じで、マントを羽織る馬上の寺内像は左手で手綱を握り、右手はマントの下に隠れて見えない。実際に馬にまたがる寺内のポートレートが桜圃寺内文庫のアルバムに残されているが、右腕が使えないので左手だけで手綱を握っているのは銅像と同じだ（第一章「田原

井の頭恩賜公園内「彫刻館Ｂ館」に展示されている寺内正毅像のミニュチュア（平成30年３月）

坂と動かぬ右腕」四一頁写真）。右腕不能のリアリズムが、北村西望の銅像にも正確に反映されていたことがわかる。

銅像設置が遅れたのは、二度に渡るデザインの変更にあった。

東京毎日新聞の記者だった中山啓（本名・中山忠直）が、雑誌『アトリエ』（二巻一一号・大正一四年一一月刊〔※2〕）で語るところでは、最初は平和の象徴の鳩と、戦争を表す鷲をレリーフにした台座に寺内が虎に腰かけている姿だったという。しかし中山が、「平和主義者か好戦主義者か分からぬ」と書いたことで、北村西望が跳ねている馬に寺内が乗る像に変更したのだという。ところが今度は「羊の如く優しく乗りこなせる」姿でないといけないと抗議が来て、結局、馬の背にマント姿でまたがる静かな寺内の像に落ち着いたのである。

それで終わりではなく、坪二五〇円以上もする目抜き通りに銅像を建てることへの反対論が大正一一年一二月の新聞に載った。宮城に向かう場所とはケシカラヌとか、「腕にかけても叩《たた》き壊すぞ」という脅迫文まで紙面を飾ったという。

実際、除幕直前の大正一二年四月二二日付の『読売新聞』は「破壊を恐れて巨像を監視」と題する記事を載せた。「国民の批評の声は益々高まって来た」ことで、建設委員長の志村源太郎、発起人の児玉秀雄や後藤新平がいくら何と言っても脅迫状や嘲笑罵倒の手紙が毎日「何十通」と届くと報じている。このため警視庁に銅像の警護を頼んだが、それはそれで問題になって、「ビリケンの銅像は須《すべか》らく人里離れた飛騨の山中に建つべし」と警視庁に舞込んだ投書まで紹介されている。

興味深いのは寺内の銅像批判が、長州閥への批判であったことだ。

実際は寺内の銅像の寄付金は軍人より実業家から多く集まり、予定の二二万円を大幅に上回り、一〇万円の余剰金まで出る人気ぶりだった。建立資金が集まらなかった山県有朋の銅像に対して〔※3〕、寺内像への寄付金が予想以上だったわけだが、それと反比例する形で長州閥への批判が銅像に集中したのである。

寺内の死について、「伯の死は長州閥の政治的《せいじてき》弔鐘《ちょうしょう》かも知れぬ」と語ったのは民権家出身の政治家・大石正巳《おおいしまさみ》だった（大正八年一一月四日付『読売新聞』「逝ける寺伯の面影」）。なるほど伊藤博文は明治四二年一〇月に暗殺され、盟友の児玉源太郎は明治三九年七月に突然死を果たしていた。桂太郎は大正二年一〇月に死んだし、井上馨も大正四年九月に病死していた。山県有朋は寺内が没したときに八一歳で、翌大正九年一二月の東宮妃《とうぐうひ》色盲事件（宮中某重大事件）により政界から身を引いている。

寺内の死は長州閥の減退を意味し、その反作用として反長州閥勢力のテロが巷で露呈し始める。兆候は寺内が倒れた直後の大正八年三月一日に朝鮮で起きた万歳事件（三・一独立運動）で早くも浮かび上がっていた。

つづいて没後半年を待たない大正九年四月に、皇族の梨本宮守正王《なしもとのみやもりまさおう》の娘・方子《まさこ》と李氏朝鮮の高宗の息子・李垠《りぎん》との結婚式を狙っての暗殺未遂事件が起きている。反日朝鮮人の徐相漢（二〇歳）が二人の結婚式のタイミングで事件を企てて検挙されたのだ（『警視庁史　大正編』）。

実をいえば、朝鮮王朝の末裔と日本の皇族との結婚にも寺内が絡んでいた。『梨本宮伊都子妃の日記』によると、大正五年七月二五日に方子側が寺内に李垠との結婚の申し入れをしていた。

大正五年八月一日の寺内の日記には、「午前参内　宮内大臣ニ面晤シ李王世子婚儀ニツキ相談ス次テ　拝謁ヲ賜リ　李王ニ内意ヲ伝達シ　奉答スヘキ旨ヲ奉答シ退下ス」と見える。

第二次大隈重信内閣の終盤のこの日、寺内は宮内大臣の波多野敬直《はたのよしなお》と会って皇族の梨本宮方子と朝鮮の李王家との婚姻について調整を行い、天皇に拝謁して李王家の結婚に向けた意向も伝えていた。

二人の結婚は大正八年一月二一日の徳寿宮李太王《とくじゅみやりたいおう》（高宗《こじょん》）の死で延期され、寺内没後の大正九年四月に持ち越されたが、長州の重しが取れるタイミングでテロ未遂事件となったわけである。

それから猛烈な勢いで政治テロがはじまる。

大正一〇年九月二八日には朝日平吾《あさひへいご》が安田善次郎を暗殺し、一一月四日には原敬が中岡艮一《なかおかこんいち》に東京駅で暗殺される。

大正一二年一二月二七日には、難波大助《なんばだいすけ》が摂政宮《せっしょうのみや》（皇太子裕仁親王《ひろひとしんのう》）をステッキ銃で狙撃する暗殺未遂事件を起こす。

昭和に入るとますます激化し、昭和五年一一月一四日に佐郷屋留雄《さごうやとめお》が浜口雄幸を銃撃したことで、浜口は翌年、絶命した。

昭和六年三月の「三月事件」は、宇垣一成《うがきかずしげ》陸軍大臣を首班とする反長州閥の軍事政権樹立のため、陸軍革新派「桜会」のクーデター未遂事件だった。

昭和六年一〇月一七日の「一〇月事件」も「桜会」が満洲事変遂行のため、荒木貞夫《あらきさだお》を首班とする軍事政権樹立にむけて起こしたクーデター未遂事件である。

昭和七年二月九日には井上準之助が小沼正《おぬましょう》に銃殺され、三月五日には団琢磨《だんたくま》が菱沼五郎《ひしぬまごろう》に暗殺される（血盟団事件）。五月一五日には犬養毅が海軍の青年将校たちに暗殺される五・一五事件が起きる。

昭和八年七月一一日には神兵隊事件が発覚する。

大規模テロは未遂に終わるが、これは昭和一一年二月二六日の二・二六事件の伏線となる。二・二六事件は反長州閥運動の総決算といってよい。

寺内の死が引き金となり、明治維新後の長州閥が構築した帝国日本の枠組みを無に帰す動きが表面化したのだ。実際に二・二六事件以後、明治維新以来の長州閥由来の欧化政府のシステムは瓦解し、無法化した陸軍の暴走が始まる。日露戦争や欧州戦争（第一次世界大戦）で寺内が遵守した国際法も大東亜戦争では反故《ほご》にされ、最後には身ぐるみ剥がされて日本は惨めな敗戦を迎える。全てがゼロに戻る起点が、三宅坂の寺内銅像の建設期にあったように見える。

〔※1〕大正八年一二月二二日付の『防長新聞』には「三浦裁判所長」としかないが、同年六月八日付の同紙に米騒動の裁判記事「安下庄暴動　公判は十九日」に開廷予定裁判長・三浦通太の名が見えるので同一人物とした。

〔※2〕『美術批評家著作選集　第一三巻　近代日本彫刻と批評』所収。

〔※3〕寺内正毅没後も生き長らえた山県有朋だが、昭和天皇が皇太子のときに嫁した良子《ながこ》妃の縁談を巡り、良子妃の母方の島津家に色盲の遺伝があることを材料に大正九年秋から冬にかけて結婚妨害を企てて失脚し、大正一一年二月に八三歳で没した。晩節を汚したと見られたこの「宮中某重大事件」の影響で、山県の銅像建設費の集まりが悪かった可能性は十分にある。

甦る寺内正毅

大正末から昭和戦前にかけての政治テロの嵐の中で、旧幕府軍復権運動も起きた。両者は密接に連動していた。

寺内の一周忌を迎える大正九（一九二〇）年の秋から冬にかけて山県有朋が興味深い動きをしている。後に昭和天皇となる裕仁親王《ひろひとしんのう》、すなわち皇太子の時代に縁談話が持ち上がった良子《ながこ》妃に対して、彼女の母方の島津家に色盲の遺伝があることを問題視して結婚妨害に乗り出したのである。

事件は宮中某重大事件《きゅうちゅうぼうじゅうだいじけん》と呼ばれ、長州閥と薩摩閥の権力闘争と見られてきた。しかし山県が本当に恐れたのは、良子妃の父方の血筋が皇室に与える影響だったのではあるまいか。父方の祖父・朝彦親王《あさひこしんのう》が、幕末に皇室と徳川家とを結合する公武合体運動を推進した反長州派の首魁だったからだ。しかし山県は失脚して、大正一一年二月一日に八五歳で亡くなる。その晩年は寂しいものだった。

山県工作の不発に併せて安田善次郎の暗殺事件（大正一〇年九月）などテロ時代が幕開けしたのは、明治維新以来の長州閥主導の帝国日本の綻《ほころ》びを示していた。実際にそれと呼応するように、長州閥が幕末に制した公武合体も再現されてゆく。戊辰戦争で賊軍となった徳川系の女性たちがつぎつぎと皇族に嫁しはじめたのである。

まずは昭和三年九月二八日に松平容保《まつだいらかたもり》の孫娘の松平節子が秩父宮に嫁した。明治元年の戊辰か

寺内正毅の銅像前に並ぶ実行委員たち（山口県立大学蔵『故寺内総督銅像除幕記念』より）

ら一回り（六〇年経過）した戊辰の年で、未だ会津が朝敵、賊軍と言われていた時代だった。賊軍の血を引く妃が皇族に嫁ぐ慶事は、名実ともに徳川一門の名誉回復の意味があり、会津では提灯行列や旗行列が繰り出したり、お盆でもない九月なのに盆踊りが開催されたりと大騒ぎになった〔※1〕。

つづいて昭和五年二月四日には、徳川慶喜の孫娘である徳川喜久子《きくこ》が高松宮に嫁す。当日の『東京朝日新聞』には前夜（二月三日）に徳川公爵邸の門前にお祝いで押し寄せた人々の姿が大きな写真で載っている。

ついでにいえば大東亜戦争直前の昭和一六年一〇月二二日には、旗本の血を引く高木百合子が三笠宮《みかさのみや》に嫁した。

近代に再現された賊軍復権運動が、反長州閥運動としての政治テロと表裏一体だったことは、昭和一一年二月二六日に反長州閥運動の総決算として輪郭を現わす二・二六事件に尾張徳川家を継いだ徳川義親《よしちか》が反乱軍側に協力していたことでもわかる。義親は、越前福井藩主の松平春嶽（慶永《よしなが》）の子である（『革命は藝術なり　―徳川義親の生涯―』）。

実は、その二・二六事件の起きる半年前の昭和一〇年八月が、日韓併合から二五周年であった。このため九月三〇日の午後二時から朝鮮総督府庁舎大ホールで寺内正毅の銅像除幕式が行われていた。当時の記録写真集『故寺内総督銅像除幕記念』が桜圃寺内文庫に残されているが、正面を見据えた寺内が椅子に腰かけ、杖のように両手を軍刀の上に置いた堂々たる姿で復活している。彫刻家の朝倉文夫《あさくらふみお》が制作したもので、台座の石板に「施政二十五周年」の文字が見える。

翌一〇月一日付の『防長新聞』には、「朝鮮初代総督寺内伯　銅像除幕式　卅日盛大に挙行さる」と題する記事が見える。寺内の娘婿で拓殖大臣になっていた児玉秀雄は参列できなかったようで、「誠《まこと》に欣快《きんかい》の至《いた》りに堪《た》へざるなり」という祝電のみを紙面に寄せていた。同じく一〇月一日の『大阪朝日新聞』は「けふ朝鮮施政廿五周年」と題し、二・二六事件で命を狙われながらも生き長らえた岡田啓介首相が「帝国の全域」で「精神的結合をいよいよ強固ならしめ」るように語っている。

明治維新以来の欧化主義と「挫折した攘夷派」から生まれたアジア主義の融合の最終幕が、「施政二十五周年」で姿を現した寺内像だったように見える。しかし二・二六事件で暗黒のテロリズムの時代に入り、コントロール不能となった陸軍が日中戦争に突入する。寺内が銅像となって復活してから僅か一〇年後の敗戦で身ぐるみはがされ、明治以来の近代が泡と化すなど誰も考えてはいなかったはずだ。


〔※1〕「礼宮妃と会津藩」（平成二年一月刊『別冊文藝春秋　第一九〇新春特別号』）での会津史学会会長・宮崎《みやざき》十三八《とみはち》氏の発言。

【寺内正毅関係年表】　※は国内外の重要事項

嘉永　五年〔一八五二年〕　〇歳

閏二月・誕生（周防国吉敷郡平井村で宇多田寿三郎として生まれる）。

安政　五年〔一八五八年〕　六歳

四月・実の弟である中島丹（宇多田丹）誕生。

安政　六年〔一八五九年〕　七歳

一二月・寺内寛右衛門の養嗣子となって家督を相続。

※一〇月・吉田松陰が江戸の伝馬町の獄舎で処刑。

元治　元年〔一八六四年〕　一二歳

五月・大楽源太郎が冷泉為恭《れいぜいためちか》を暗殺。

※七月・禁門の変（蛤御門の変）。

慶応　元年〔一八六七年〕　一三歳

一月・大田・絵堂の戦いで足軽隊「多治比隊《たじひたい》」で参戦。士族隊「御楯隊《みたてたい》」に抜擢。三田尻で大楽源太郎が忠憤隊を結成するが解散。大楽が西山塾の母体を三田尻で開設し、門下となる。

慶応　二年〔一八六六年〕　一四歳

八月・芸州口大野玖波四十八坂の戦い（四境戦争）に出征。この年、大楽源太郎が台道村で西山塾を開設。

慶応　三年〔一八六七年〕　一五歳

二月・整武隊《せいぶたい》に編入。

※一二月・王政復古の大号令で新政府が発足。

慶応　四年（明治元年）〔一八六八年〕　一六歳

一月・備後福山に出征。五月・長州兵（官軍）が上野の彰義隊を攻撃。久留米藩で応変隊が結成。一〇月・青森に出征。

※一月・鳥羽・伏見の戦い（戊辰戦争の開始）。九月・明治に改元。

明治　二年〔一八六九年〕一七歳

四月・蝦夷、松前、箱館に出征。五月・箱館の五稜郭を陥落させる（戊辰戦争の終結）。七月・フランス式歩兵学修行を命じられる。九月・京都の河東《かとう》操練場内の兵営に入営。大阪に転営し第一教導隊と改称。大楽源太郎の門下が京都で大村益次郎を襲撃。丸山作楽が樺太に出張。一〇月・大楽源太郎が親戚筋の中川家に身を隠す。一一月・大村益次郎の死去。一二月・山口藩の脱隊兵の鎮圧で出征。

明治　三年〔一八七〇年〕一八歳

二月・脱隊兵の鎮圧完了。三月・大阪に帰営。山口の諸隊会議所が大楽源太郎に出頭を要請（九州に逃亡）。六月・教導隊を卒業。九月ごろ・九州に上陸した大楽源太郎を古松簡二らが匿う。一一月・軍曹となる。一一月ごろ・日田県一揆。

明治　四年〔一八七一年〕一九歳

一月・御親兵五番大隊付となり上京。二月・久留米で（久邇宮）朝彦親王《しんのう》を担いだ政府転覆計画が画策される。三月・久留米で大楽源太郎が暗殺（久留米藩難事件）。八月・陸軍歩兵少尉となる。一一月ごろ・「寺内寿三郎」から「寺内正毅」に改名。陸軍歩兵中尉となる。一二月・外山光輔《とやまみつすけ》と愛宕通旭《おたぎみちてる》の二卿が切腹（二卿事件）。丸山作楽《まるやまさくら》の逮捕。

※七月・廃藩置県。

明治　五年〔一八七二年〕二〇歳

二月・陸軍歩兵大尉となる。三月・近衛兵四番大隊兵となり、教導団付となる。六月・教導団付を免ぜられて兵学寮管轄に移される。

明治　六年〔一八七三年〕二一歳

八月・学生として戸山出張所に入舎。

※一月・徴兵令。一〇月・西郷隆盛の辞任（明治六年の政変）。一二月・皇族への軍人義務付け。

明治　七年〔一八七四年〕二二歳

六月・戸山学校を卒業。七月・陸軍士官学校付となる。一一月・陸軍士官学校の生徒検査官となる。

※二月・戸山出張所が陸軍戸山学校に。一二月・陸軍士官学校（市ヶ谷台）の校舎の一部が完成。

明治　八年〔一八七五年〕　二三歳

一月・陸軍士官学校生徒指令副官となる。七月・前妻タニと結婚。

明治　九年〔一八七六年〕　二四歳

六月・歩兵操法改正係となる。

※二月・日朝修好条約。三月・廃刀令。一〇月・神風連の乱。秋月の乱。萩の乱。思案橋事件。一一月・玉木文之進が萩で自刃。一二月・前原一誠の処刑。

明治一〇年〔一八七七年〕　二五歳

二月・西南戦争が始まり、後備歩兵第六大隊長の心得となる。三月・近衛歩兵第一聯隊第一大隊第一中隊長で田原坂に出征。節右胸鎖骨右上膊に銃創を受けて高瀬軍団病院に入院。四月・大阪臨時病院に転入（右腕の手術）。九月・西郷隆盛が城山で自刃（西南戦争の終結）。一〇月・東京に戻る。一一月・陸軍士官学校へ復帰。

※三月・福岡の乱。一一月・頭山満たちが福岡に開墾社を開設。

明治一一年〔一八七八年〕　二六歳

五月・陸軍士官学校生徒大隊副官となる。六月・西南戦争鎮圧の功績で叙勲五等金五〇〇円を貰い、士官学校生徒大隊指令官となる。一二月・士官学校生徒大隊司令官心得となる。

※五月・大久保利通の暗殺（紀尾井坂事件）。八月・竹橋事件。一二月・頭山満たちが福岡に向陽社を創立。

明治一二年〔一八七九年〕　二七歳

二月・陸軍少佐となり、陸軍士官学校生徒大隊司令官となる。一二月・叙従六位。一二月・大楽源太郎の門人たちが大楽の「墓碑」建設を計画。

※一二月・向陽社が玄洋社となる。

明治一四年〔一八八一年〕二九歳

九月・陸軍士官学校生徒司令官となる。

※一〇月・明治一四年の政変。

明治一五年〔一八八二年〕三〇歳

九月・閑院宮載仁親王の随行でフランス共和国行きを命じられる。一〇月・横浜港を出航。一一月・マルセイユ（フランス）着。パリに入る。一二月・パリのガリレー街に閑院宮と部屋を借りる。

※一月・軍人勅諭。七月・壬午の軍乱（漢城〔ソウル〕）。

明治一六年〔一八八三年〕三一歳

三月・フォンテーヌブローに赴き、留学中の楠瀬幸彦中尉の案内で陸軍砲工学校を見学。四月・日本で陸軍大学校が始業。五月・フランス国留学生徒取締となる。七月・パリ祭の「閲兵式《えっぺいしき》」に参加。

※一二月・日本で山県有朋が軍備拡張論を演説。

明治一七年〔一八八四年〕三二歳

二月・大山巌視察団（一五名）が横浜港から出航。三月・大山巌視察団を迎えるためナポリに向かう。四月・ローマで大山巌視察団と別れてパリに戻る。五月・大山巌と共にフランス陸軍卿二人と面会。六月・イギリスに向かう大山巌視察団を見送る。七月・ベルトー大尉たちの雇用手続きに入る。ベルサイユ第二輜歩兵大隊へ村田銃を三挺送る。ベルトー、キュール、ド・ビラレ、ルルーたちに四人分の渡航費一二万一八〇〇円を渡す。八月・ベルサイユで村田銃の改良実験を見学。九月・レジオン・ドヌール五等勲章を貰う。歩兵中佐となる。一〇月・大山巌に呼び出されてベルリンに到着（二等軍医だった森鷗外とベルリンで会う）。叙正六位。一一月・アームストロング社（英）、ホルジュシャンチェー社（仏）に各一門の大砲発注を決定。

※八月・清がフランスへ宣戦布告（清仏戦争）。一二月・甲申事変（漢城〔ソウル〕）。

明治一八年〔一八八五年〕三三歳

一月・日本に向かうメッケルと面会。大山巌視察団が横浜港に戻る。二月・ホルジュシャンチェー社（仏）とアームストロング社（英）から大砲設計図が届く。四月・外遊中の陸奥宗光が来訪。六月・ホルジュシャンチェー社へ大砲代金を支払う。七月・帰朝命令。一〇月・パリの下宿を引き払い、ドイツ視察に向かう。閑院宮載仁親王がサン・シール士官学校に入学。ベルリンからパリに戻る。一一月・汽車でパリを出発。マルセイユから日本向けて出港。

※一二月・第一次伊藤博文内閣が発足。

明治一九年〔一八八六年〕　三四歳

一月・横浜港に到着。陸軍大臣官房副長となる。三月・陸軍大臣秘書官。歩兵操典と鍬兵操典の取調委員となり、臨時陸軍制度審査委員となる。四月・フランス学校設立を企画（→一一月に東京仏学校創立）。戸山学校の次長となる。

明治二〇年〔一八八七年〕　三五歳

六月・陸軍士官学校長心得となる。一一月・陸軍歩兵大佐となり、士官学校長となる（～明治二四年六月一三日まで第九代校長）。

※この年、日本の陸軍教育はフランス式からドイツ式に変更。

明治二一年〔一八八八年〕　三六歳

七月・『偕行社記事』第一号発行。九月・偕行社幹事に当選。偕行社編纂部長として『偕行社記事』を刊行。この年、黒田甲子郎が陸軍士官学校を退学。

※四月・黒田清隆内閣の発足。

明治二二年〔一八八九年〕　三七歳

※二月・大日本帝国憲法の発布（大赦令）。一二月・第一次山県有朋内閣の発足。

明治二三年〔一八九〇年〕　三八歳

一月・叙従五位。四月・陸軍士官学校条例を改正し、将校の使命を三ヶ条で示す。九月・前妻タニの死去。

※一〇月・教育勅語の発布。

明治二四年〔一八九一年〕　三九歳

六月・来日したロシアの陸軍大臣クロパトキンを晩餐会に招く。七月・フランスからレジオン・ドヌール四等勲章を貰う。一〇月・繁枝《しげし》神社に大楽源太郎顕彰碑「大楽先生之碑」が建つ。一一月・後妻タキと結婚。

※五月・第一次松方正義内閣の発足。シベリア鉄道の工事着工。皇太子時代のニコライ二世が日本で遭難（大津事件）。

明治二五年〔一八九二年〕　四〇歳

九月・参謀本部第一局長となる。一一月・参謀演習旅行補助官となる。

※八月・第二次伊藤博文内閣の発足。

明治二六年〔一八九三年〕　四一歳

一月・紀淡・芸予・下関の各海峡を巡視。三月・鉄道会議々員となる。四月・戦用器材審査委員を辞める。有栖川宮熾仁親王に「屯田兵司令部条例改正意見」を上申。五月・出師準備品々目数量取調委員となる。六月ごろ・山陽本線「三原‐広島」間の土地買収がおおむね完了。八月・オーストリア帝国のフランツ・フェルディナント親王殿下観兵式に出席。輜重《しちょう》車両審査委員となる。新潟・山形・宮城・福島地方へ出張。一〇月・陸軍大臣の大山巌に「修正陸軍召集条例草案」を提出。

※この年、久留米の遍照院に「耿介《こうかい》四士之墓」建立。

明治二七年〔一八九四年〕　四二歳

二月・「戦時陸軍電信取扱規定」、「戦時弾薬補給令」、「戦時輜重兵《しちょうへい》大隊勤務令草案」、「弾薬大隊勤務令草案」、「架橋縦列勤務令草案」を配布。三月・九州鉄道筑豊鉄道線路などの調査を命じられる。四月・山陽本線「三原‐広島」間竣工。六月・日本郵船に保有船舶一覧の提出を求める。広島に臨時大本営を設置。運輸通信長官（日清戦争で鉄道、船舶、電信、郵便の四業務を監督）となる。山陽本線「三原‐広島」間の営業運転開始。第一次輸送船団が仁川《じんせん》に到着。工兵第五大隊に通信線架設隊の命令書を送付。第二次輸送船団が仁川に到着。七月・豊島沖の海戦。八月・

日本が清に宣戦布告（日清戦争の開始）。「釜山―漢城」間の通信線全通。宇品線（軍事輸送用専用線路）が竣工。陸軍少将となる。九月・東京を出発して広島の大本営に向かう。平壌《へいじょう》陸戦。黄海《こうかい》海戦。一〇月・叙正五位。

※一一月・全羅道古阜郡で東学党が蜂起。一一月・ハワイのホノルルで孫文が興中会を結成。

明治二八年（一八九五年）　四三歳

一月・山口に防長武学生養成所が出来る。四月・日清講和条約調印（→露、仏、独が遼東半島の返還を迫る〔三国干渉〕）。広島を出発、旅順口へ到着。五月・営口、旅順口を経て神戸に帰還。東京へ戻る。六月・参謀本部第一局長となる。八月・日清戦争の功績で功三級金鵄勲章、年金七〇〇円、旭日中綬章を貰う。

※一〇月・孫文が第一回の広州武装蜂起。

明治二九年（一八九六年）　四四歳

二月・陸軍省軍務局長となる（児玉源太郎の病気による交代）。三月・台湾事務局委員、参謀本部付となる。六月・ヨーロッパの軍制視察のため欧州へ派遣。一〇月・歩兵第三旅団長となる。

※八月・露清条約（清がロシアに鉄道施設権を提供）。九月・第二次松方正義内閣の発足。

明治三〇年（一八九七年）　四五歳

一月・レジオン・ドヌール三等勲章を貰う。六月・帰朝。七月・仙台へ赴任。

※八月・ロシアが清領内で東清鉄道の敷設工事に着工。一〇月・高宗《こじょん》が国王に即位して国号が朝鮮から大韓帝国となる。

明治三一年（一八九八年）　四六歳

一月・教育総監（陸軍士官学校、砲工学校、中央地方幼年学校、戸山学校、教導団、将校試験委員を管轄する立場）となる。二月・陸軍士官学校長となる（～一二月二三日まで第一四代校長）。一〇月・陸軍中将となる。叙従四位。一一月・弟の中島丹（宇多田丹）が中島家を継ぐ。一二月・陸軍士官学校長を辞める。

※一月・第三次伊藤博文内閣の発足。四月・アメリカとスペインが開戦（米西戦争）。六月・第一次大隈重信内閣の発足。アメリカがハワイを併合。一一月・第二次山県有朋内閣の発足。

明治三二年〔一八九九年〕　四七歳

※五月・ハーグで第一回万国平和会議が開催（〜七月）。

明治三三年〔一九〇〇年〕　四八歳

四月・参謀本部次長となる。六月・陸兵派遣の準備に着手（北清事変）。義和団を支持した西太后《せいたいごう》が西欧列強に宣戦布告。七月・清国へ出発（東京から広島に向かう）。天津でアレキシーフ（露将軍）や英仏露の将軍たちと面会。各国軍と作戦計画を練る。八月・帰国（着京）。

※四月・義和団が河北省に流入。一〇月・第四次伊藤博文内閣の発足。

明治三四年〔一九〇一年〕　四九歳

二月・流行性感冒（インフルエンザ）罹患。下血。陸軍大学校長となる（〜明治三五年三月二七日まで陸軍大学校長）。三月・療養先の神奈川県大磯から東京の自宅に戻る。四月・長女沢子が児玉秀雄に嫁す。五月・山陽鉄道が下関まで開通。一二月・北清事変鎮圧の功績で勲一等旭日大綬章及金三〇〇〇円を貰う。

※二月・内田良平が黒龍会を発会。六月・第一次桂太郎内閣の発足。九月・黒龍会が『露西亜亡国論』を発行して即刻発禁。

明治三五年〔一九〇二年〕　五〇歳

三月・陸軍大臣となる（児玉源太郎から引き継ぐ）。一一月・熊本地方特別大演習に参加。

※一月・日英同盟の締結（発表は二月一二日）。五月・井上馨内閣の発足が噂されるが消滅。

明治三六年〔一九〇三年〕　五一歳

一月・徳山で児玉文庫の開庫式。五月・デ・ラランデが来日。

※八月・頭山満たちが「対外硬同志大会」を開く。九月・「対外硬同志大会」が「対露同志会」に発展。一二月・井上馨が三井集会所で国債一億円を募集。

明治三七年〔一九〇四年〕　五二歳

一月・開戦に向けた軍資金の調達を児玉源太郎や曾禰荒助たちに相談。二月・御前会議で開戦の聖断。日露戦争が始まる。日本郵船会社の近藤廉平に輸送船について相談。日韓議定書。旅順港閉塞作戦の第一回目。秋山雅之介に俘虜情報局事務官の兼務を命じる。三月・高田慎蔵を招いて輸出入禁止の武器の相談。児玉源太郎が満洲軍総司令部創設プランを提示。奥保鞏率いる第二軍の編成。旅順港閉塞作戦の第二回目（広瀬武夫中佐の戦死）。四月・叙従三位。五月・第一軍が清国領の九連城を占領。旅順港閉塞作戦の第三回目。満洲義軍の結成。乃木勝典（乃木希典の長男）の戦死。乃木希典率いる第三軍を編成。六月・乃木希典が宇品港から出征。臨時気球隊（以後、気球隊）の編成。「満洲軍総司令部」の名が決まる。常陸丸がロシア軍艦から攻撃。七月・児玉源太郎の家で親戚の会。八月・気球隊が旅順港の東で気球をあげる。第三軍の第一回旅順総攻撃。第一次日韓協約。九月・カール・アントン（ドイツ皇族）が来日。一〇月・カール・アントンの招待で芝離宮において晩餐会。カール・アントン一行が下関港から満洲に渡る。第三軍の第二回旅順総攻撃。一一月・第三軍の第三回旅順総攻撃。乃木保典（乃木希典の二男）が二〇三高地で戦死。一二月・旅順を占領。

明治三八年〔一九〇五年〕　五三歳

三月・奉天を占領。鉄嶺を占領。四月・カール・アントンが再来日（〜五月一六日）。六月一・長岡外史の樺太占領プランを許可。七月・樺太占領軍（第一三師団）がメレヤ（女麗）に上陸。一〇月・陸軍大臣の立場で日比谷焼打ち事件を批判。一一月・第二次日韓協約（統監府の設置、保護化の確定）。伊藤博文が初代統監となる。

※一月・旅順のロシア軍が降伏。ステッセルと水師営の会見。第一次ロシア革命「血の日曜日」。

五月・京釜鉄道開通。日本海海戦。九月・ポーツマス条約締結。日比谷焼打ち事件。関釜連絡船の開設。

明治三九年（一九〇六年）　五四歳

二月・統監府の開庁式。四月・日露戦争の功績で功一級金鵄勲章と年金一五〇〇円を貰う。東京競馬会の創設。五月・馬政局の設置（軍馬の品種改良）。七月・児玉源太郎と南満洲鉄道（満鉄）の総裁人事について会談。児玉の突然死。南満洲鉄道株式会社設立委員長となる。一一月・後藤新平が満鉄総裁に就任。任陸軍大将。一二月・南満洲鉄道株式会社設立委員長を辞める。

※一月・第一次西園寺公望内閣の成立。

明治四〇年（一九〇七年）　五五歳

二月・杉山茂丸が来て朝鮮統治の意見を述べる。三月・「奉天大会戦」を記念して陸軍記念日として「戦利兵器奉納ノ記」を書く。内田良平と宋秉畯《そうへいしゅん》が来て、朝鮮併合論を主張。五月・叙正三位。南満洲と韓国の巡視のために出発。六月・統監府が日韓瓦斯《ガス》会社の設立許可を出す。七月・帰京。フランス大使館のパリ祭に出席。第三次日韓協約。子爵となる。一〇月・明石元二郎が韓国憲兵隊長に就任。

※一月・内田良平が伊藤博文に一進会を使った朝鮮でのクーデターを提案（伊藤が拒否）。四月・満鉄の営業開始。六月・ハーグで第二回万国平和会議が開催（〜一〇月）。ハーグ密使事件。七月・朝鮮で高宗《こじょん》が退位（反日運動の激化）九月・曾禰荒助が副統監に就任。

明治四一年（一九〇八年）　五六歳

一月・杉山茂丸との交流が増す。四月・ドイツ人技師デ・ラランデが来る（笄町《こうがいちょう》の新築依頼）。六月・杉山茂丸の招きで両国の常盤家で密談（第二次桂太郎内閣の立ち上げ準備か）。デ・ラランデと笄町の新築の打ち合わせ。杉山茂丸に『児玉大将伝』の題字を郵送。七月・第二次桂太郎内閣の発足で臨時外務大臣になる。九月・馬券の売買禁止を内定。一〇月・馬券を禁止。馬政長官となる（馬券発行禁止撤回を求める話し合いがはじまる）。この年、アメリカの女流美術がビリケン人形を発案。

明治四二年〔一九〇九年〕　五七歳

七月・臨時軍用気球研究会を発足。夏・福沢大四郎がアメリカから持ち帰ったビリケン人形がブームとなる。

※一〇月・伊藤博文がハルビンで暗殺（反日テロ）。一二月・李完用が襲撃される（反日テロ）。

明治四三年〔一九一〇年〕　五八歳

一月・内田良平から一進会の説明を聞く。三月・乃木希典、長谷川好道、大島義昌たちと防長武学生養成所の増資を話し合う。五月・井上馨の麻布内田山邸での皇太子行啓に臨席。韓国統監となる（第三代統監）。六月・馬政長官を退官。七月・親戚や知人家族たちとの送別会。第三代統監に着任し、漢城（ソウル）の街を馬車で通る。八月・日韓併合の調印（大韓帝国が朝鮮となる）。夏・京城（ソウル）を訪ねた鳥居《とりい》龍蔵《りゅうぞう》と会う。九月・徳富《とくとみ》蘇峰《そほう》が京城に着く。一〇月・初代朝鮮総督となる。統監府で「朝鮮の改革」を訓示。一一月・東京偕行社で帝国在郷軍人会を発会。一二月・朝鮮北西部を巡回した際に朝鮮人二人から尾行される（暗殺危機）。

明治四四年〔一九一一年〕　五九歳

一月・朝鮮で会社令を施行。二月・弟の中島丹が宮野村の村長となる（〜大正四年一月）。四月・伯爵となる。八月・陸軍大臣を辞めて朝鮮総督の専任となる。九月・デ・ラランデ設計の笄町の新居に入る。秋・久留米の遍照院の「耿介《こうかい》四士之墓」を拝み、墓地清掃料一〇〇円を託す。一〇月下旬・内田良平が辛亥革命への援助を求める。

※八月・第二次西園寺公望内閣の発足。一〇月・武昌で辛亥革命が勃発。

明治四五年（大正元年）〔一九一二年〕　六〇歳

一月・一〇五人事件でキリスト教宣教師たちと面談。三月・総督府に鳥居龍蔵が第二回目調査の報告に来る。鳥居の調査報告会を開く。西南戦争での右腕負傷三五周年パーティーを開催。四月・総督府で頭山満らと昼食会。朝鮮皮革会社を視察。五月・叙従二位。一〇月・京城ホテルで乃木希典の追悼会。

※一月・孫文が中華民国臨時大総統に就任。七月・明治天皇の崩御。九月・明治天皇の葬儀。乃木希典の自刃。一二月・第三次桂太郎内閣の発足。

大正　二年〔一九一三年〕　六一歳

※二月・第一次山本権兵衛内閣の発足。

大正　三年〔一九一四年〕　六二歳

一月・明石元二郎たちと江ノ島の児玉神社を参拝。八月・杉山茂丸がヨーロッパ情勢を分析した手紙を送ってくる。

※四月・第二次大隈重信内閣の成立。七月・第一次世界大戦の開始。八月・日本が参戦。一一月・日本軍が青島《ちんたお》、膠州湾、山東鉄道全線を占領。

大正　四年〔一九一五年〕　六三歳

一月・総督府の職員に対して朝鮮語の勉強を求める。三月・『朝鮮古蹟図譜』の第一巻を発行。八月・始政五年を記念して自画像を描く。九月・景福宮で「始政五年記念　朝鮮物産共進会」を開催（〜一〇月三一日）。

※一月・加藤高明が「対支二十一カ条」の要求を提出。

大正　五年〔一九一六年〕　六四歳

三月・吉野作造が朝鮮を視察。寺内の統治を讃える（〜四月）。六月・元帥となる。七月・日本初の史蹟保存法「古蹟及び遺物保存規則」を朝鮮で公布。東京築地の瓢屋《ひさごや》で杉山茂丸たちと児玉源太郎慰霊会を主宰。八月・皇族の梨本家と朝鮮の李王家との婚姻話を宮内大臣に持ちかける。九月・杉山茂丸が景光の刀を贈る。一〇月・内閣総理大臣となる（寺内正毅内閣の発足）。

大正　六年〔一九一七年〕　六五歳

一月・西原亀三が段祺瑞《だんきずい》と借款協定に調印（西原借款）。七月・宮野駅（山口）の開業。九月・朝鮮に兵器製造所を起工。一一月・神奈川県大磯の別邸の棟上式。参謀本部が「居留民保護ノ為メ極東露領ニ対スル派兵計画」を策定（シベリア出兵の準備に入る）。一二月・フランスが日米両軍によるシベリア鉄道占領を提案。

※三月・ロシアでケレンスキー臨時政府が成立。四月・ロシアにレーニンが入る。一一月・ソビエトの誕生。

大正　七年（一九一八年）　六六歳

一月・発病。三月・神奈川県大磯に別邸用土地を決める。三浦《みうら》梧楼《ごろう》とシベリア出兵の是非を議論。八月・第一次シベリア出兵を決断。米騒動の勃発。閣議で元帥刀《げんすいとう》を制定。九月・総理大臣を辞める（原敬内閣の発足）。一〇月・山県有朋を訪ねて二年間の礼を述べる。一二月・神奈川県大磯で療養に専念。

※三月・杉山茂丸や頭山満たちが反革命派セミヨノフ将軍援助を政府に求める。七月・反革命派ホルワット将軍が親日派の極東政府を建設。ニコライ二世の処刑。一一月・ドイツ革命。第一次世界大戦の終結。

大正　八年（一九一九年）　六七歳

四月・神奈川県大磯の別邸完成。八月・気管支カタルを併発。一〇月・危篤。元帥刀を与えられる。一一月・危篤、死去。芝増上寺で葬儀。遺骨が汽車に乗せられ東京駅を出発。山口の法界寺で法要後に遺骨を宮野の墓地に埋葬。一二月・銅像建立と伝記編纂計画が立ち上がる。宮野墓地で「四九日」追悼会。

※一月・徳寿宮《とくじゅみや》李《り》太王《たいおう》（高宗《こじょん》）の死去。三月・朝鮮で万歳騒動（三・一独立運動）。

大正　九年（一九二〇年）　―

一月・黒田甲子郎が『元帥寺内伯爵伝』の執筆をはじめる。六月・後妻タキの死去。一〇月・『元帥寺内伯爵伝』の刊行。一一月・平川（山口）で生誕地碑の起工式。

※一二月・山県有朋の宮中某重大事件。

大正一〇年〔一九二一年〕――

一二月・平川（山口）で生誕地碑の除幕式。

大正一一年〔一九二二年〕――

二月・宮野（山口）で桜圃寺内文庫の開庫式。

大正一二年〔一九二三年〕――

五月・三宅坂（東京）に銅像が建つ。

大正一五年〔一九二六年〕――

一〇月・朝鮮総督府の三代目庁舎が景福宮内に落成。

昭和一〇年〔一九三五年〕――

九月・朝鮮総督府庁舎大ホールで寺内の銅像除幕式。

あとがき

寺内正毅に興味を持つきっかけは祖父・磨《みがき》が朝鮮総督府に勤めていたからだ。明治二三年に大分県直入郡宮砥村《なおいりぐんみやどむら》（現、大分県竹田市）で生まれた祖父は、中学校二年を終えると明治三九年に、父の頼彦《よりひこ》が村長を辞めたタイミングで渡鮮した。日韓併合の四年前だが、明治三九年二月に京城には統監府が開庁しており帝国日本の保護下にあった。それから祖父は朝鮮の郵便局で働き、郵便局の局長となる。祖父が呼び寄せた兄の金馬《かねま》は公立普通学校の教師を歴任して校長となり、頼彦も大正の半ばに渡鮮して、一家で、朝鮮で過ごす。その後、祖父は山口県宇部市の沖ノ山炭鉱から頼まれて朝鮮人坑夫を監督する人事係りとして宇部に入るが、履歴書の最後は「総督府営林廠書記官」となっている。なぜ朝鮮人労働者のまとめ役になったかといえば、朝鮮語が話せたからだ。実は、そのことで前々から気になっていたことがあった。帝国日本は朝鮮人から言葉を奪い、朝鮮総督府は彼らに日本語を強要したと批判されつづけてきたからだ。そうであるなら祖父は朝鮮語を話す必要はないのに、どうして話せたのか。しかし寺内の足跡を追ううちに、大正九年から朝鮮語奨励政策が総督府で制度化されていたことを知った。祖父たちは仕事上、朝鮮語を学ぶことで朝鮮人と意志疎通をはかっていたのである。本書で示したとおり、それも寺内が総督府の職員に求めた結果であった。

気が付くと私は、置き去りにされてきた祖父たちの影を追いながら、寺内の足跡を書いていた。それにしても寺内は不思議なくらいに運の強い男であった。多くの人はそれを長州閥の庇護という一言で片づけてきたが、半島や大陸に希望を抱いた祖父たちのような無名の若者たちに支えられた結果に見えた。

調査を進めるうちに、これまでの武張《ぶば》った寺内像が壊れ、陸軍を通じて近代を移植し、アジアにまで近代社会を構築しようとした実直な知恵者に思えてきた。そうなるとますます興味がわき、神奈川県大磯の旧宅跡にまで押しかけて子孫の寺内多恵子さんに質問を浴びせることになった。今考えると山口県から突然飛び込んできた輩の不躾《ぶしつけ》な取材にも献身的に応じてくださり、感謝の限りである。同様に山口県側でも、寺内の弟の家を継いだ山口市宮野の中島淳《なかしまあつし》さんに、ゆかりの地を案内して戴くなど、ご足労をおかけした。また、山口県立大学図書館でも桜圃寺内文庫を長年管理されてきた司書の町田敬一郎さんに、膨大な資料の閲覧や複写を助けて戴いた。

フランス時代の日記の調査では国立国会図書館の憲政資料室の職員のお手を煩わせ、陸上自衛隊山口駐屯地広報室には「防長尚武館」の資料調査に協力して戴き、山口県文書館では文書解読、山口県立図書館にはレファレンスその他でずいぶんお世話になった。他にも福岡県立図書館、久留米市立図書館、靖国神社の偕行文庫や遊就館展示史料課、防衛省、法政大学史センター、山口大学総合図書館、下関市立大学附属図書館、防府市教育委員会文化財保護課、山口市歴史民俗資料館、一般財団法人愛山青少年活動推進財団の職員の方々にお世話になった。執筆の場とさせて戴いた宇部市立図書館にも毎度のことながら便宜をはかって戴いた。付言すれば若き日に寺内が過ごしたパリの風景の撮影は、東京で漫画家修行中の娘が渡仏のついでに取材してくれた。各位に、心よりの感謝を申し上げたい。

それにしても何度も打ち合わせを行い、時に筆が折れそうになって悶絶する私の愚痴にもお付き合いくださり、その都度、的確なアドバイスで助け舟を出してくださった弦書房の小野静男社長には頭が下がりっぱなしだ。この作品の著者は私になっているが、小野さんとの共同作業で完成にこぎつけた。

こうした一切合切を含め、本書が和製ナポレオン一世としての寺内の再評価につながれば、私の責任も少しは果たせるのだろう。「此《こ》の世は假《かり》の世だから確《しっか》り遣《や》らねばならぬ」という寺内の言葉が一番好きである。

平成三一年（二〇一九）は寺内没後一〇〇年となる。奇遇にも御代替わりの年でもある。忘れ去られた寺内の実像をひとりでも多くの人たちに知ってもらいたいものだ。

二〇一九年一月

堀　雅昭

〈主要参考文献〉

桜圃寺内文庫所蔵寺内正毅関係資料（山口県立大学蔵）
防長尚武館（陸上自衛隊山口駐屯地内設置資料館）所蔵寺内正毅関係資料
「明治十五年　懐中日記」（国立国会図書館憲政資料室『寺内正毅関係文書　五十一』所収）
「1883（明治一六年　寺内日記）」（国立国会図書館憲政資料室『寺内正毅関係文書　五十一』所収）
「AGENDA 1884（明治一七年　寺内日記）」（国立国会図書館憲政資料室『寺内正毅関係文書　五十一』所収）
「CLENDRIER 1885（明治一八年　寺内日記）」（国立国会図書館憲政資料室『寺内正毅関係文書　五十二』所収）
「明治二十六年　懐中日記」（国立国会図書館憲政資料室『寺内正毅関係文書　五十三』所収）
山本四郎〔編〕『京都女子大学研究叢刊5　寺内正毅日記―一九〇〇〜一九一八―』京都女子大学、昭和五五年
山本四郎〔編〕『京都女子大学研究叢刊9　寺内正毅関係文書　首相以前』京都女子大学、昭和五九年
山本四郎〔編〕『京都女子大学研究叢刊10　寺内正毅関係史料（上）』京都女子大学、昭和六〇年
黒田甲子郎〔編〕『元帥寺内伯爵伝』元帥寺内伯爵伝記編纂所、大正九年
伊藤幸司・永島広紀・日比野利信〔編〕『寺内正毅と帝国日本』勉誠出版、二〇一五年
橋川文三『橋川文三著作集　7』筑摩書房、一九八六年
斎藤聖二「西南戦争前後の寺内正毅」（『シオン短期大学研究紀要　三六』シオン短期大学、一九九六年一二月）
斎藤聖二『日清戦争の軍事戦略』芙蓉書房、二〇〇三年
小田原市郷土文化館〔編〕『小田原市郷土文化館研究報告№53』小田原市郷土文化館、平成二九年三月
『仏蘭西学研究　第四二号』日本仏学史学会、二〇一六年
『仏蘭西学研究　第四三号』日本仏学史学会、二〇一七年
葛生能久『東亜先覚志士記伝〔上巻〕』黒龍会出版部、昭和一〇年〔第三版〕
葛生能久『東亜先覚志士記伝〔中巻〕』黒龍会出版部、昭和一〇年
『黒龍会三十年事歴』黒龍会、昭和六年
黒龍倶楽部〔編〕『国士内田良平伝』原書房、昭和四二年
黒龍会『明治百年史叢書　日韓合邦秘史　上巻』原書房、昭和四一年
児玉如忠〔編〕『維新戦役実歴談』マツノ書店、一九九四年
河野通毅〔編〕『大内村誌』大内公民館、昭和三三年
内田伸『大楽源太郎』風説社、昭和四六年
山口県教育会〔編〕『吉田松陰全集　第八巻』大和書房、

昭和五五年〔四刷〕
山口県教育会〔編〕『吉田松陰全集　第十巻』大和書房、昭和五五年〔四刷〕
石川卓美・田中彰〔編〕『奇兵隊反乱史料　脱隊暴動一件紀事材料』マツノ書店、昭和五六年
史談会〔編〕『史談会速記録　合本四十』原書房、昭和五〇年〔覆刻原本＝大正七年〜十年刊〕
十時英司〔編〕『毛利空桑全集』毛利空桑先生追遠会、昭和九年
谷川健一『谷川健一全集二〇　―最後の攘夷党　私説神風連　明治三文オペラ―』冨山房インターナショナル、二〇一〇年
日本史籍協会〔編〕『木戸孝允日記　一』マツノ書店、一九九六年
福岡県庁庶務課別室史料編纂所〔編〕『福岡縣史料叢書第参輯』福岡県庁庶務課別室史料編纂所、昭和二三年
久留米碑誌刊行会〔編〕『久留米碑誌』久留米碑誌刊行会、昭和四八年
吉富莞爾〔編〕『松村雄之進』吉富莞爾、大正一〇年〔非売品〕
川島澄之助『明治四年　久留米藩難記』金文堂書店、明治四四年
鶴久二郎・古賀幸雄〔編〕『久留米藩幕末維新史料集〔下〕』昭和四二年（同書〔上〕の奥付けより）
石井良助〔編〕『太政官日誌　第五巻』東京堂出版、昭和五六年
井上和雄〔編〕『新旧時代』（大正一四年一一月号）明治文化研究会
井上和雄〔編〕『新旧時代』（大正一五年六月号）明治文化研究会
丸山正彦『丸山作楽傳』明治三二年〔非売品〕
入江湑『丸山作楽』さくら会、昭和一九年
「久留米開墾八十周年記念　刀を鍬にかえて八十年」〔久留米市立図書館所蔵のガリ版刷り冊子〕
鶴崎町〔編〕『豊後鶴崎町史』歴史図書社、昭和五三年
永田成美〔編〕『月刊　福岡県人』福岡県人社、昭和六年一月
篠原正一『久留米人物誌』久留米人物誌刊行委員会、昭和五六年
石黒直悳『懐旧九十年』博文館、昭和一一年
平野岑一『長州の天下』日東堂書店、大正元年
『元帥公爵大山巌』大山元帥伝刊行所、昭和一〇年
篠原宏『陸軍創設史』リブロポート、一九八三年
三浦梧楼『観樹将軍回顧録』中央公論社、昭和六三年
徳富猪一郎〔編〕『公爵桂太郎伝　乾巻』故桂公爵記念事業会、大正六年
桜井忠温『大砲の秋』新紀元社、昭和一六年

雑賀博愛〔編〕『川上操六征清意図並に荒尾義行復命書』東半球協会、昭和一七年
後藤勇夫〔編〕『邦家の大事を語る』原口会、昭和八年
長岡外史文書研究会〔編〕『長岡外史関係文書　回顧録篇』吉川弘文館、平成元年
長岡外史文書研究会〔編〕『長岡外史関係文書　書簡・書類編』吉川弘文館、平成元年
小松緑『政治外交秘話』原書房、昭和五一年
尚友倶楽部史料調査室〔編〕『寺内正毅宛明石元二郎書翰』芙蓉書房出版、二〇一四年
秋山雅之介伝記編纂会〔編〕『秋山雅之介伝』秋山雅之介伝記編纂会、昭和一六年〔非売品〕
森銑三〔編〕『明治人物逸話辞典　下巻』東京堂出版、昭和四〇年
『福岡市パン組合史　パン発達史』福岡市パン協同組合、二〇〇二年
咲山恭三『博多中洲ものがたり（前編）』文献出版、昭和五四年
山名正二『満洲義軍』月刊満洲社東京出版部、昭和一七年（山名正二『アジア学叢書19　満洲義軍』大空社、一九九七年）
小松緑『朝鮮併合之裏面』中外新論社、大正九年（小松緑『韓国併合史研究資料㊸　朝鮮併合之裏面』龍渓書舎、二〇〇五年）
尚友倶楽部史料調査室・伊藤隆〔編〕『寺内正毅宛田中義一書翰』芙蓉書房出版、二〇一八年
松本重威〔編〕『男爵目賀田種太郎』昭和一三年〔私家版〕
安倍能成『青丘雑記』岩波書店、昭和七年
山内利之〔編〕『後藤新平伯と満洲歴史調査部』南満洲鉄道株式会社鉄道總局弘報課、昭和一四年
皮革産業沿革史編纂委員会〔編〕『皮革産業沿革史　上巻』東京皮革青年会、昭和三四年
西村虎太郎〔編〕『賀田金三郎翁小伝』大正一二年
北村敬直『夢の七十余年』平凡社、一九九〇年〔第七刷〕
『京城府史　第二巻』京城府、昭和一一年
『京城日報社誌』（波形昭一・木村健二・須永徳武〔監修〕『社史で見る日本経済史　植民地編　第二巻』ゆまに書房、二〇〇一年）
『朝鮮郵船株式会社二十五年史』（波形昭一・木村健二・須永徳武〔監修〕『社史で見る日本経済史　植民地編　第二巻』ゆまに書房、二〇〇一年）
『創立三十周年記念　朝鮮勧農株式会社々誌』（波形昭一・木村健二・須永徳武〔監修〕『社史で見る日本経済史　植民地編　第九巻』ゆまに書房、二〇〇二年）
『京城電気株式会社二十年沿革史』（波形昭一・木村健二・須永徳武〔監修〕『社史で見る日本経済史　植民地編　第一七巻』ゆまに書房、二〇〇三年）

『（朝鮮皮革株式会社）創立二十五周年記念写真帖』（波形昭一・木村健二・須永徳武〔監修〕『社史で見る日本経済史　植民地編　第二七巻』ゆまに書房、二〇〇四年）
三菱社誌刊行会〔編〕『三菱社誌　三十六』東京大学出版会、昭和五六年
中村初五郎〔編〕『朝鮮公論』大正二年九月号、朝鮮公論社
日本経営史研究所〔編〕『小野田セメント百年史』小野田セメント株式会社、昭和五六年
原奎一郎『原敬日記　第四巻　總裁就任』福村出版、二〇〇〇年
鶴見祐輔『後藤新平　第三巻』勁草書房、一九八三年
大竹博吉〔訳〕『ウイッテ伯回想記　日露戦争と露西亜革命　上』南北書院、昭和六年
『私立児玉文庫報告』明治三八年四月（ガリ版刷り冊子・山口県立図書館蔵）
南満洲鉄道株式会社総裁室弘報課〔編〕『南満洲鉄道株式会社三十年略史』南満洲鉄道、昭和一二年
久保寺山之輔『日韓離合之秘史』日本乃姿顕彰会（昭和三九年〔国立国会図書館受入スタンプより〕）
鄭大均〔編〕『日韓併合ベストエッセイ集』筑摩書房、二〇一五年
鳥居龍蔵『ある老学徒の手記』岩波書店、二〇一三年
『朝鮮彙報　大正四年三月一日』朝鮮総督府
有馬義隆〔編〕『朝鮮総督暗殺陰謀事件』福音館、大正二年
『日本の朝鮮統治と国際関係　―朝鮮独立運動とアメリカ1910-1922』平凡社、二〇〇五年
『朝鮮土地調査事業報告書』朝鮮総督府、大正八年
参謀本部〔編〕『大正七年乃至十一年西伯利出兵史〔上〕』新時代社、昭和一六年
尾崎行雄『尾崎行雄全集　第十巻』平凡社、昭和二年
田村哲夫〔編〕『宮野八百年史』宮野八百年史刊行会、昭和五六年
『桜圃寺内文庫の研究』国守進、昭和五一年
小田部雄次『梨本宮伊都子妃の日記』小学館、一九九二年
齋藤祐子〔編〕『美術批評家著作選集　第一三巻　近代日本彫刻と批評』ゆまに書房、二〇一一年

主要人名索引

た

ち

つ

て

著者略歴

堀　雅昭（ほり・まさあき）

一九六二年、山口県宇部市生まれ。山口大学理学部卒。作家。放送大学及び山口大学非常勤講師歴任。著書に『戦争歌が映す近代』（葦書房）。『杉山茂丸伝』、『ハワイに渡った海賊たち』、『中原中也と維新の影』、『井上馨〈開明的ナショナリズム〉』、『靖国の源流』、『靖国誕生〈幕末動乱から生まれた招魂社〉』、『鮎川義介〈日産コンツェルンを作った男〉』、『関門の近代〈二つの港から見た一〇〇年〉』（以上、弦書房）、『炭山の王国〈渡辺祐策とその時代〉』（宇部日報社）、『うべ歴史読本』（NPO法人うべ未来一〇〇プロジェクト）、『いぐらの館ものがたり』（阿知須地域づくり協議会）などがある。

寺内正毅《てらうちまさたけ》と近代陸軍《きんだいりくぐん》

二〇一九年三月五日発行

著　者　堀　雅昭

発行者　小野静男

発行所　株式会社　弦書房
（〒810・0041）
福岡市中央区大名二－二－四三
ELK大名ビル三〇一
電　話　〇九二・七二六・九八八五
FAX　〇九二・七二六・九八八六

組版・製作・合同会社キヅキブックス
印刷・製本　シナノ書籍印刷株式会社

ISBN978-4-86329-185-0　C0021

◆弦書房の本

井上馨　開明的ナショナリズム

堀雅昭　傑物か、世外の人か、三井の番頭か──長州ファイブのリーダー、初代外務大臣として近代国家形成に尽力した井上馨。虚像と実像のはざまを埋める戦後初の本格評伝。彼が描いた近代化＝欧化政策の本質はどこにあったのか。〈Ａ５判・３２０頁〉２４００円

鮎川義介　日産コンツェルンを作った男

堀雅昭　鮎川義介は満洲建国後、岸信介、松岡洋右、東条英機、星野直樹らとともに「二キ三スケ」と呼ばれ、満洲政財界を統括した実力者のひとり。戦前、戦中、戦後までの全生涯を描く。戦後経済成長を支えた実業界の巨魁の生涯。〈四六判・３３６頁〉２２００円

靖国誕生　幕末動乱から生まれた招魂社

堀雅昭　靖国神社は、創建にいたる歴史にほとんどふれられていない。「靖国」と呼ばれるに至った明治12年までの創建史を、長州藩の側からまとめた一冊。「靖国神社のルーツ」をたどり、浮びあがってくる招魂社としての〈靖国〉の実像。〈四六判・２５０頁〉２１００円

西南戦争　民衆の記　大義と破壊

長野浩典　西南戦争とは何だったのかを民衆側、惨禍を被った戦場の人々からの視点で徹底して描き問い直す。戦場のリアル（現実）を克明に描くことで、「戦争」の本質（憎悪、狂気、人的・物的な多大なる損失）を改めてうったえかける。〈四六判・２８８頁〉２２００円